山东省教育财务管理研究

(第8辑)

刘振鹏　主编

山 东 大 学 出 版 社

图书在版编目(CIP)数据

山东省教育财务管理研究. 第8辑 / 刘振鹏主编.
—济南:山东大学出版社,2020.8
ISBN 978-7-5607-6656-0

Ⅰ. ①山… Ⅱ. ①刘… Ⅲ. ①教育经费—财务管理—研究—山东 Ⅳ. ①G526.7

中国版本图书馆 CIP 数据核字(2020)第132451号

责任编辑 李艳玲
封面设计 张 荔

出版发行 山东大学出版社
社　　址 山东省济南市山大南路20号
邮政编码 250100
发行热线 (0531)88363008
经　　销 新华书店
印　　刷 济南新科印务有限公司
规　　格 880毫米×1230毫米 1/32
　　　　 11.25印张 350千字
版　　次 2020年8月第1版
印　　次 2020年8月第1次印刷
定　　价 49.00元

《山东省教育财务管理研究》编委会

前言

为了推动山东省教育财会事业的发展，提高教育财会管理水平，引导财会人员全面掌握教育与管理理论、财务会计理论，熟练运用会计业务技能，不断提高专业判断和分析能力，有效参与教育财会管理，山东省教育会计学会决定编辑出版《山东省教育财务管理研究》第8辑，意在展现教育财会人员的智慧与研究水平，提升教育财会队伍的履职能力。

2019年10月，各会员单位从学会2018年批准的123个立项科研课题中，上报了科研课题研究成果76项。按照《山东省教育会计学会科学研究项目管理办法》规定，学会组织专家组对研究成果进行了评审。经过组织申报，结题材料审核，初评、复评、终评、结题批复，最后评出获奖课题项目26个，其中一等奖4个、二等奖6个、三等奖15个，调研报告一等奖1个。

本辑选编了1份调查研究报告，25篇课题论文，全部是科研课题优秀成果。《山东省中小学校固定资产管理现状及对策研究调研报告》内容丰富，数据真实，建议客观、可行，是一篇很有价值的政策素材。其他论文分别从不同角度进行了卓有成效的研究探讨，主要涉及政府会计制度改革背景下的高校会计改革研究、高校财务管理绩效评价研究、高等学校内部控制制度与实践研究、高校教育成本核算问题研究、专项资金预算管理研究、高校财务报告理论与实践研究、地方高校会计人才队伍建设研究等研究方向，被选的优秀论文做到了理论联系实际，坚持了政治性、实用性、创新性、科学性的撰写原则，成功运用了新的研究方法，获取了大量第一手资料，研究体系完整、系统，研究设计与实施规范、严格，资料可靠、系统，论述全面，概念清楚，逻辑严密，引证规范，具有较强的现实意义和较大的实用价值。本辑的出版对进一步推动学术研究，促进学术交流，指导教育财会工作，必将产生积极的作用。

我们对论文的学术观点和内容全部保持原貌，仅对论文的格式作了统一要求。在修改、整理过程中难免存在不足之处，敬请批评指正。

本书的出版得到了山东大学出版社的大力支持，在此表示衷心感谢！

山东省教育会计学会秘书处、学术研究部

2020年3月

目　录

山东省中小学校固定资产管理现状及对策调研报告

钟京志　徐　磊　孙永波

【摘要】 固定资产的有效管理是中小学校正常开展教学工作的前提和保证。近年来,我省教育在由基本均衡向优质均衡的发展过程中,各级政府对教育事业的重视程度不断提高,对学校的投资力度也在不断加大,学校的固定资产规模在大幅增加。然而目前全省中小学固定资产管理仍旧是学校管理的一个薄弱环节,抑制了对固定资产的有效管理和利用。为了能真正提高学校固定资产的使用效率,提高学校的教学水平,提升学生的综合素质,迫切需要在制度建设、人员配备、管理流程、数据运用等方面制定切实可行的中小学校固定资产管理措施。

【关键词】 中小学　资产管理　现状　对策

一、选题背景

固定资产是保障教育事业持续健康发展的重要物质基础。完善资产管理体系、提升资产管理水平,掌握固定资产数据、防止资产流失,优化资产配置、提升资产使用效益,使其在教育教学过程中发挥更好的作用,是教育财务工作的一项重要任务。近年来,随着社会的进步、经济的发展,各级政府对教育的投入在不断加大,中小学校的办学规模也在逐步扩大,固定资产总量有了大幅度的提高。但日前我省中小学校固定资产管理工作较为薄弱，部分市、县仍然存在“重资金、轻资产，重采购、轻管理”的现象，固定资产管理工作亟待加强。

（一）教育事业持续健康发展的内在要求

近年来，为推进县域义务教育均衡发展，我省先后实施了“解决大班额”“全面改薄”等一系列重大工程，2014～2018 年两项工程就已完成建设投资 2070 亿元，形成了数量庞大的校舍资产和教学仪器设备资产。截至 2018 年年末，两项工程已完工并入账的固定资产就达到了 1006 亿元。如何管好用好这些教育资产，如何进一步优化资源配置、助力我省义务教育优质均衡发展，是我们面临的一项重要任务。图 1、图 2、图 3 为实施“解决大班额”“全面改薄”两项工程的固定资产增加情况。

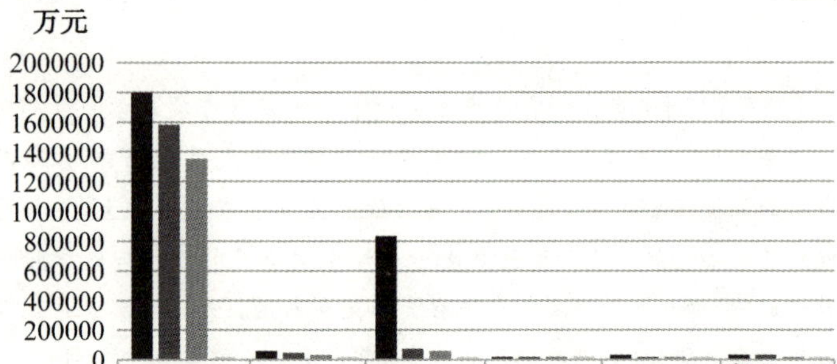

	房屋及构筑物	专用设备	通用设备	文物和陈列品	图书、档案	家具、用具、装具及动植物
■小学	1801864.16	56812.83	842653.99	217.52	35314.39	36534.64
■初中	1589072.32	42389.89	78439.20	216.85	13251.45	37268.02
■普通高中	1355257.34	35202.26	61591.22	290.72	5613.52	21241.58
■特殊教育学校	5953.47	528.28	510.66	3.00	22.88	82.51

图 1　2018 年年末各市“解决大班额”建设工程固定资产增加情况

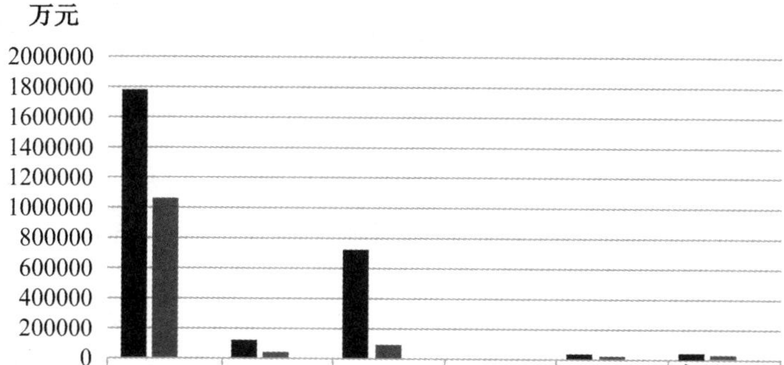

	房屋及构筑物	专用设备	通用设备	文物和陈列品	图书、档案	家具、用具、装具及动植物
■小学	1792448.71	137354.89	727937.97	153.22	49745.38	53996.98
■初中	1073098.28	50202.82	90294.26	77.56	18632.56	39531.65
特殊教育学校	3967.86	575.13	515.80	3.00	61.54	576.25

图 2　2018 年年末各市“全面改薄”建设工程固定资产增加情况

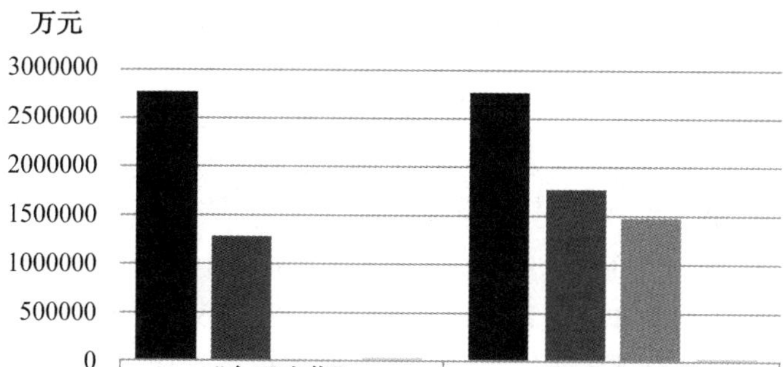

	“全面改薄”	“解决大班额”
■小学	2761637.15	2773397.53
■初中	1271837.13	1760637.73
■普通高中		1479196.64
特殊教育学校	5699.58	7100.80

图3　2018 年年末各市“全面改薄”及“解决大班额”建设工程固定资产增加情况

(二)新时期提升教育财务管理水平的必然要求

首先,这是加强单位内部控制的必然要求。2012 年年底,财政部印发了《行政事业单位内部控制规范》,加强资产业务的内部控制是非常重要的一个环节;自 2017 年起又要求每年编报内部控制报告,加强内部控制建设已经成为提升行政事业单位内部管理水平,加强廉政风险防控机制建设的重要抓手。其次,这是保障政府会计制度改革顺利实施的必然要求。《政府会计制度》已于 2019 年开始实施,此次政府会计制度改革对中小学校固定资产计提折旧提出了明确要求,做好资产日常维护和定期清查盘点工作是计提固定资产折旧的前提,这也要求我们进一步加强资产管理工作。

二、调研工作开展情况

此项调研自 2019 年 4 月份开始,到 7 月份已全部完成调研任务。

(一)实地调研

4～5 月,教育厅财务处有关人员分别赴潍坊市奎文区、昌乐县、莒县、滕州市等县(市、区)开展实地调研。主要采取了实地查看固定资产现状、座谈了解工作开展情况、与教育局具体负责同志和学校专(兼)职资产管理员进行个别访谈等方式开展调研工作。

(二)书面调研

6 月,专门下发《山东省教育厅关于开展中小学校固定资产管理工作调研的通知》,拟订了调研提纲,针对中小学校固定资产管理的现状、存在的问题及加强固定资产管理的意见建议开展书面调研。7 月上旬,16 个地市及黄河三角洲农高区书面调研工作已全部完成。

(三)交流研讨

7 月 11～12 日,厅财务处委托山东省教育会计学会在淄博市临淄区举办了中小学校固定资产管理工作交流研讨活动。此次研讨活动现场观摩了临淄区中小学校固定资产管理流程标准化工作;邀请临淄区教育局和滨州学院国有资产管理处分别从县(市、区)教育局和学校两个视角介绍了固定资产管理的先进做法和经验;此外,还安排了16个地市及16个县(市、区)的工作人员分别进行了交流发言，对全省16个地市中小学校固定资产管理工作有了较为全面的了解。

三、调研数据分析

(一)固定资产基本情况

通过书面调研，基本摸清了我省中小学校固定资产的现状。截至2018年年末，我省中小学校(含小学、初中、高中、中职及特殊教育学校，均为公办)固定资产总值达到2064.74亿元，较2016年年末增加521.16亿元，增长33.76%。从调研数据看，近年来我省中小学校固定资产账面价值增长较快。

1.按学段看

2018年，普通小学固定资产总值达到797.33亿元，较2016年年末增加235.33亿元，增长41.87%;生均固定资产达到11714.55元，较2016年年末增加3164.43元，增长37.01%。普通初中固定资产总值达到607.4亿元，较2016年年末增加150.75亿元，增长33.01%;生均固定资产达到19118.01元，较2016年年末增加3567.33元，增长22.94%。普通高中固定资产总值达到460.22亿元，较2016年年末增加78.47亿元，增长20.56%;生均固定资产达到31323.23元，较2016年年末增加6477.08元，增长26.07%。中职学校固定资产总值达到187.76亿元，较2016年年末增加53.83亿元，增长40.2%;生均固定资产达到38845.44元，较2016年年末增加11238.63元，增长40.71%。特殊教育学校固定资产总值达到12.04亿元，较2016年年末增加2.78亿元，增长30.08%;生均固定资产达到67629.52元，较2016年年末增加39699.43元，增长142.14%。图4、图5为2016～2018年各类学校固定资产总量、生均对比情况。

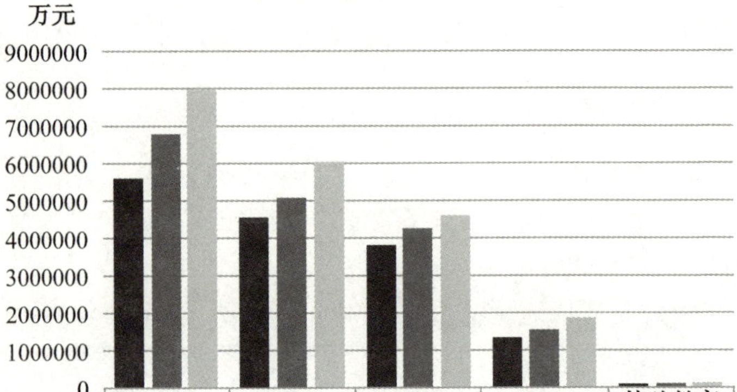

	小学	初中	普通高中	中职学校	特殊教育学校
■2016年	5620054.70	4566512.83	3817462.25	1339247.90	92563.10
■2017年	6813237.70	5109564.16	4275544.83	1571255.15	105867.11
■2018年	7973323.24	6073963.32	4602171.77	1877559.32	120407.59

图 4　2016～2018 年各类学校固定资产总量对比

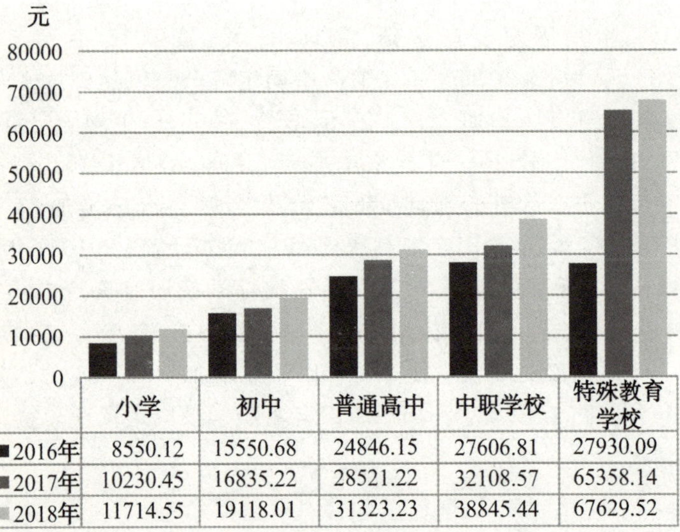

	小学	初中	普通高中	中职学校	特殊教育学校
■2016年	8550.12	15550.68	24846.15	27606.81	27930.09
■2017年	10230.45	16835.22	28521.22	32108.57	65358.14
■2018年	11714.55	19118.01	31323.23	38845.44	67629.52

图 5　2016～2018 年各类学校固定资产生均对比

2. 按分类看

2018 年，各类学校房屋及构筑物资产为 1535.61 亿元，较 2016 年年末增加 396.15 亿元，增长 34.77%；专用设备为 141.37 亿元，较 2016 年年末增加 36.97 亿元，增长 35.41%；通用设备为 227.55 亿元，较 2016 年年末增加 62.22 亿元，增长 37.63%；文物和陈列品为 1.29 亿元，较 2016 年年末减少 0.11 亿元，减少 7.61%；图书、档案为 56.54 亿元，较 2016 年年末增加 8.27 亿元，增长 17.12%；家具、用具、装具及动植物为 102.38 亿元，较 2016 年年末增加 17.66 亿元，增长 20.85%。图 6 为 2016～2018 年各类学校固定资产分类对比。

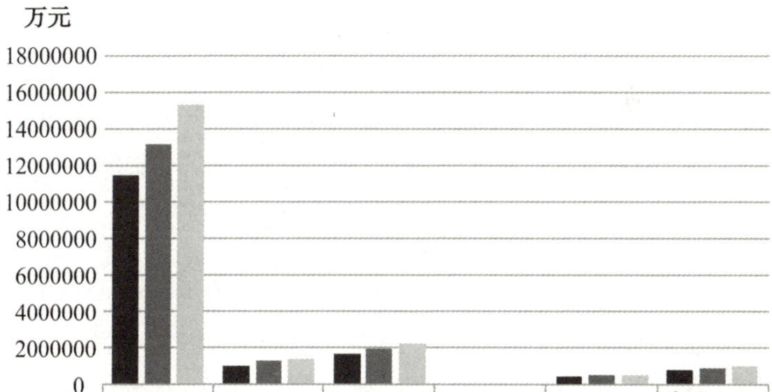

	房屋及构筑物	专用设备	通用设备	文物和陈列品	图书、档案	家具、用具、装具及动植物
■2016年	11394611.68	1043983.37	1653270.19	13996.15	482785.65	847193.74
■2017年	13140295.23	1329886.09	1964865.35	12122.32	523648.9	904651.06
■2018年	15356120.74	1413653.11	2275472.27	12931.66	565441.16	1023806.3

图 6　2016～2018 年各类学校固定资产分类对比

3. 按地市看

2018 年，济南市中小学固定资产总值为 179.35 亿元，生均 2.06 万元，较 2016 年年末增加 34.8 亿元，增长 28%；青岛市中小学固定资产总值为 210.23 亿元，生均 2.16 万元，较 2016 年年末增加 45.49 亿元，增长 37%；淄博市中小学固定资产总值为 88.03 亿元，生均 1.81 万元，较2016 年年末增加 23.96 亿元，增长 47%；枣庄市中小学固定资产总值为 78.99 亿元，生均 1.44 万元，较 2016 年年末增加 25.27 亿元，增长 20%；东营市中小学固定资产总值为 68.64 亿元，生均 2.66 万元，较 2016 年年末增加 11.33 亿元，增长 17%；烟台市中小学固定资产总值为 126.14 亿元，生均 2.25 万元，较 2016 年年末增加 18 亿元，增长 29%；潍坊市中小学固定资产总值为 201.37 亿元，生均 2.07 万元，较 2016 年年末增加 45.46 亿元，增长 32%；济宁市中小学固定资产总值为 144.05 亿元，生均 1.37 万元，较 2016 年年末增加 34.62 亿元，增长 13%；泰安市中小学固定资产总值为 104.36 亿元，生均 1.67 万元，较 2016 年年末增加 11.65 亿元，增长 73%；威海市中小学固定资产总值为 92.24 亿元，生均 3.82 万元，较 2016 年年末增加 38.91 亿元，增长 21%；日照市中小学固定资产总值为 72.34 亿元，生均 1.97 万元，较 2016 年年末增加 12.37 亿元，增长 31%；临沂市中小学固定资产总值为 226.5 亿元，生均 1.42 万元，较 2016 年年末增加 53.22 亿元，增长 67%；德州市中小学固定资产总值为 117.52 亿元，生均 1.78 万元，较 2016 年年末增加 47.35 亿元，增长 42%；聊城市中小学固定资产总值为 82.75 亿元，生均 0.97 万元，较 2016 年年末增加24.41 亿元，增长 44%；滨州市中小学固定资产总值为 107.86 亿元，生均 2.51 万元，较 2016 年年末增加 32.71 亿元，增长 60%；菏泽市中小学固定资产总值为 163.49 亿元，生均 1.12 万元，较 2016 年年末增加 61.62 亿元，增长 2%。固定资产总值增加最多的是临沂市，增加到 226.5 亿元；固定资产总值增长比例最大的是泰安市，增长 73%；生均资产最多的是威海市，生均 3.82 万元。图 7 为 2016～2018 年各地市固定资产总量对比，图 8 为 2018 年各地市生均固定资产对比。

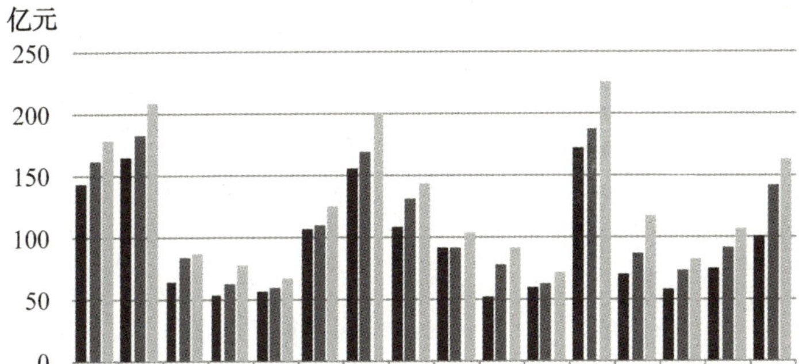

	济南	青岛	淄博	枣庄	东营	烟台	潍坊	济宁	泰安	威海	日照	临沂	德州	聊城	滨州	菏泽
■2016年	145	165	64	54	57	108	156	109	93	53	60	173	70	58	75	102
■2017年	162	184	85	64	60	111	170	131	92	78	64	188	88	74	92	142
■2018年	179	210	88	79	69	126	201	144	104	92	72	227	118	83	108	163

图 7　2016～2018 年各地市中小学固定资产总量对比

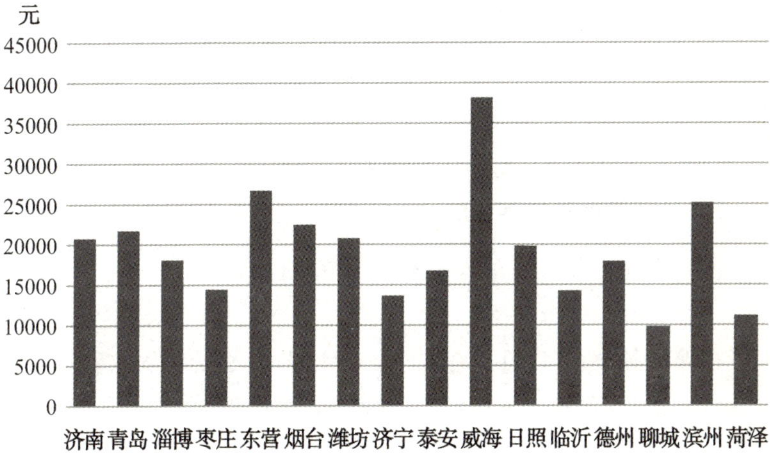

图 8　2018 年各地市中小学生均固定资产对比

（二）资产管理人员情况

全省各县（市、区）资产管理人员共计1015人。从专兼职情况来看，专职102人，占比10%；兼职913人，占比90%。从年龄段来看，30岁以下62人，占比6%；30～39岁217人，占比21%；40～49岁475人，占比47%；50岁以上261人，占比26%。从学历情况来看，有硕士研究生学历的13人，占比1.3%；本科学历的586人，占比57.7%；专科学历的388人，占比38.2%；中专学历的23人，占比2.3%；高中学历的4人，占比1.4%；初中学历的1人，占比0.1%。图9为各市、区、县资产管理员学历情况。

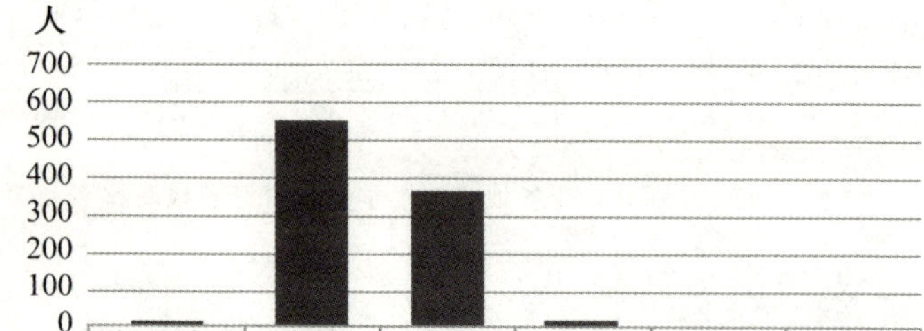

	硕士研究生	本科	专科	中专	高中	初中
■人数	13	586	388	23	4	1

图9　各地市、区、县资产管理员学历情况

四、资产管理工作存在的主要问题

（一）管理体制还需进一步理顺

1.管理机构不够健全

按照义务教育“以县为主”的管理体制，中小学校固定资产主要由县（市、区）教育局为主管理。此次书面调研的195个县（市、区，含开发区、旅游度假区等）中仅有14个县（市、区）教育局单独设置了资产科、校产科等归口管理部门，绝大多数县（市、区）教育局都由计财科统筹管理。我省高校“统一领导、归口管理、分级负责、责任到人”的国有资产管理体制已经非常健全，所有公办本科高校均已单独设置了国有资产管理处，归口管理固定资产。与高校固定资产管理工作相比,中小学机构不健全的问题尤为突出。

2. 基层管理人员业务素质亟待提升

县(市、区)的"全面改薄""解决大班额"等校舍建设任务多数也由教育局计财科负责,近年来计财科工作人员忙于"抓投入、搞建设",针对资产管理工作安排的人员和投入的精力不足,基本上都是兼职管理,且这部分兼职管理人员平均年龄已达42岁;各学校的资产管理员也多为兼职且年龄偏大,如莱州市平均年龄50岁、临邑县平均年龄47岁;基层管理队伍年龄结构偏大、学历结构偏低、业务素质较低的现象较为突出。此外,在当前教育大环境影响下,县(市、区)教育主管部门普遍存在重前勤、轻后勤的现象,各类评先树优、职称晋升侧重前勤工作,后勤工作人员职称晋升的渠道很窄、待遇偏低,工作积极性和责任心都受到影响,使得年轻有为的人员不愿参加资产管理工作,导致资产管理队伍出现老龄化的问题。

(二)管理制度还需进一步健全

1. 顶层设计还需加强

2012年财政部、教育部印发的《中小学校财务制度》规定:"中小学校的固定资产明细目录由教育部制定,报财政部备案。"但截至目前,中小学校的固定资产明细目录一直未能出台,造成基层单位固定资产明细管理和计提折旧工作标准不统一、数据不规范,亟须在中央和省级层面加强顶层设计。

2. 业务管理层面缺乏可操作、可执行的制度规范

调研发现,仅有淄博市临淄区、威海市文登区等少数县(市、区)制定出台了教育系统(或中小学校)固定资产管理办法(或实施细则),其他绝大多数县(市、区)均执行同级财政部门出台的行政事业单位国有资产管理的相关规定,而财政部门的统一规定不能体现教育系统固定资产管理的行业特点,执行层面也缺乏可操作性,管理较为粗放。

(三)管理基础工作还需进一步规范

主要表现为财务账与资产账"账账不符"、账面资产与实物资产"账实不符"。出现上述问题的主要原因有三个:

1. 资产清查核实工作不规范、不彻底

多数县(市、区)未能做到每年开展一次资产清查工作,特别是2016年财政部部署全国行政事业单位资产清查工作时,部分县(市、区)工作流于形式,造成目前中小学校固定资产"账账不符、账实不符"的现象较为普遍。

2. 部分应报废而未报废的资产长期挂账

部分县(市、区)财政部门、教育行政部门和学校资产管理基础工作不规范、协调配合工作不到位,导致工作脱钩,长期未对已达到使用年限和失去使用价值的资产进行报废处置,造成账面资产价值虚高。

3. 部分新增资产一直未被纳入学校财务账和资产账进行管理

2014～2018年,"全面改薄""解决大班额"两项工程已完成建设投资2070亿元,但调研发现两项工程形成的资产仅入账1006亿元,仍有大量的教育资产未被纳入学校大账管理,存在资产总量、生均资产数据失真问题,导致在填报各类教育评价、督导等指标时不占优势,也在一定程度上存在资产流失的风险。

(四)管理使用效益还需进一步提升

县(市、区)对资产管理没有实现固定资产全生命周期的管理,存在维修维护不到位、闲置资产调剂不到位的现象,没有发挥出固定资产的使用效益,造成资产浪费。

一是部分县(市、区)只侧重资产购建和处置两头的管理,对中间使用环节监管不到位,导致基层学校忽视资产维护维修,存在部分资产未达到报废年限就损坏的情况。

二是部分基层学校由于购建计划不合理、生源数量变动等原因,出现部分固定资产闲置的情况。而部分县(市、区)并没有形成定期调查、调剂闲置资产的工作制度,造成了固定资产的闲置。

(五)信息化水平还需进一步提高

一是部分县(市、区)仍未配备"山东省中小学校国有资产管理信息系统",仅在年度末通过"山东省行政事业单位国有资产管理信息系统"进行年报统计工作,未对固定资产全生命周期过程进行信息化管理。

二是“山东省中小学校国有资产管理信息系统”中部分数据填报不准确、不完整，更新不及时。

三是多数县(市、区)应用水平不高，仅仅停留在数据采集和统计层面，数据分析利用、数据共享等管理辅助功能发挥不充分。

五、工作建议及努力方向

(一)管理流程标准化

按照“管理制度化、制度流程化、流程标准化”的要求，进一步建立健全中小学校资产管理规章制度，努力做到资产购建、配置调拨、清查核实、报废处置等全生命周期都有章可循、有法可依。一方面，中央和省级需在政策层面完善相关管理制度，进一步加大对基层单位的业务指导和督促检查。另一方面，基层单位要按照“以县为主，因地制宜”的原则在业务操作层面建立健全固定资产管理制度，按照同级财政部门有关规定，科学梳理固定资产全生命周期管理流程，并予以规范化、标准化，进一步增强制度的可操作性、可执行性；同时，要把标准化的管理流程以“文件”形式予以制度化，增强管理的刚性和约束力。

(二)管理软件智能化

按照“操作简单、应用便捷、功能强大、数据共享”的原则，进一步推进资产管理业务和应用软件的深度融合。“操作简单”，就是将资产管理复杂的业务流程通过信息化手段变得操作简便，要让 50 岁以上的资产管理员也能熟练使用和操作；“应用便捷”，就是要推广手机客户端 APP(手机应用程序)，通过手机 APP 与原有资产管理系统数据库的互通，实现随时随地都能浏览和查询资产信息的目标；“功能强大”，就是要除了数据采集和统计之外，更多应用于多重查询、对比分析、决策参考、业务办理等管理辅助功能；“数据共享”，就是要做到会计核算、资产管理、专项资金管理等多个数据平台互联互通，实现信息共享，提升各项工作的工作效率和工作质量。

(三)管理队伍专业化

首先要进一步理顺“归口管理、责任到人”的中小学校固定资产管理工作体制，未单独设置资产科的县（市、区）教育局要将资产业务明确归口到计财科进行管理；省、市、县、学校四级都要明确专人负责固定资产管理工作。其次要不断提升基层资产管理队伍的业务素质和工作水平。省、市、县（市、区）三级教育行政部门要采取多种形式开展业务培训和交流研讨，特别是各县（市、区）每年至少要组织一次面向所有中小学校资产管理员的全员培训，并注重突出培训的针对性和可操作性。同时，要充分考虑基层工作人员的切身利益，尽可能创造条件提升他们的工作待遇，努力保障资产管理队伍的稳定性和工作积极性。

（四）培训资料系统化

按照“系统筹划，集中管理”的原则，进一步完善固定资产管理工作培训资料，逐步形成系统化的培训资料库。一是整理资产管理相关政策文件，整理归档到培训资料库；二是依据“管理制度化、制度流程化、流程标准化”的原则，定期组织业务骨干对固定资产管理制度、管理流程进行研讨，形成固定资产管理制度的参考模板，并采用视频、图文相结合的方式制作固定资产管理重点工作、难点工作的教程资料；三是进一步完善“山东省中小学校国有资产管理信息系统”的用户手册，并对使用频率较高、操作难度较大的环节制作视频教程。培训资料库将为基层学校资产管理员提供学习平台，有助于基层工作人员业务能力的提升。

（作者单位：山东省教育厅）

高校财务报告理论与实践研究

孙 栋　李 颖　张 斌　于 坤　魏龙华

【摘要】 财务报告是财务信息公开的重要和主要形式，是高校提升内部管理水平、建立社会公信力的关键。本文通过研究近十年来我国高校财务报告，总结和评述了高校财务报告编制和公开的现状，分析了高校财务报告存在的问题，并以山东大学为例，通过与美国、英国高校财务报告公开情况进行对比研究，提出构建我国高校权责发生制的财务报告体系的建议。

【关键词】 高校财务报告　现状分析　构建建议

一、研究的背景

2019 年 4 月，教育部发布了 2018 年全国教育经费统计快报。数据显示，2018 年全国教育经费总投入为 46135 亿元。其中，国家财政性教育经费为 36990 亿元，占 2018 年我国 GDP（国内生产总值）的 4.11%，连续 7 年超过我国 GDP 总量的 4%。而高等教育经费投入占全国教育经费投入的比例已经达到 26.04%。教育经费的投入规模庞大，如何管好用好这些资金，越来越多地引起社会的关注。随着我国高等教育事业的不断发展，众多利益相关者对于高校财务信息和非财务信息的需求也日益迫切。高校教育信息的不公开、不透明也是财政资金使用低效、腐败案件频发的主要原因。为促进高校依法治校，教育部先后印发了《高等学校信息公开办法》和《教育部关于公布〈高等学校信息公开事项清单〉的通知》,要求各高校要以清单为底线,不断完善本校主动公开目录,主动接受外部监督。

十八届三中全会通过的《中共中央关于全面深化改革若干重大问题的决定》明确提出要"建立权责发生制的政府综合财务报告制度"。高校财务报告是政府综合财务报告的重要组成部分。尤其是自 2019 年 1 月 1 日新的政府会计制度实施起,在财务会计与预算会计适度分离并相互衔接的会计核算模式下,高校权责发生制的综合财务报告应该包括哪些内容,如何才能满足众多利益相关者的需要,是本文研究的主旨。

二、国内外研究现状

(一)国外研究现状

国外对高等院校的财务报告进行的研究较早,在高校财务报告的内容、信息披露模式、信息披露程度等方面的研究成果丰硕。

在高校财务报告的内容方面,约兰达·拉米雷斯·科尔科莱(Yolanda Ramírez Córcoles)等认为:智力资本的相关信息应该被纳入会计信息系统,并在财务报告中予以披露,以提高财务报告的相关性,满足财务报告使用者的信息需求。约兰达 2013 年又以现行的西班牙公立高校财务信息披露为研究对象,发现在财务报告中披露高校智力资本等方面的信息,可以提高高校财务报告的相关性,丰富财务报告的披露内容。

在高校财务报告信息披露模式方面,费舍尔(Fischer)等研究了一般公认会计准则的变化对高校财务报告信息披露的影响;将高校按照性质进行分类研究,发现采用新的报告标准后,高校的整体信息披露质量都得到了显著提高;相比较而言,公立高校财务报告信息披露模式可以更好地满足财务报告使用者的信息需求。

在高校财务报告信息披露程度方面,伊莎贝拉·加列戈(Isabel Gallego)等分析了西班牙高校网上信息披露的现状,发现高校网站主要披露教学和科研活动及行政管理机构的信息,却较少披露财务信息、社会责任履行情况和战略规划等。苏海扎·伊斯梅尔

(Suhaiza Ismail)研究了马来西亚高校信息披露的途径,从年报和网站披露两个维度比较了年轻高校与老牌高校在信息披露方面的不同,发现马来西亚高校主要通过年报来披露相关信息,网上信息披露不是其主要渠道。达格巴什扬(Daghbashyan Z)等指出英国高度重视高校信息公开工作,高校的财务部门每年除必须公布收支状况以及收支结构情况外,还要公开预测的财务信息及财务规划,增强事前监督,提高财务管理工作的计划性和前瞻性。

(二)国内研究现状

近年来,国内学者在高校财务报告的研究,主要从财务报告的范围或边界、披露模式、报告体系等方面开展,取得一系列研究成果。

在财务报告编制范围及边界方面,李华丽认为,高校食堂可以作为高校内部的独立核算单位被纳入高校的合并财务报告。王守军等认为,高校财务报告范围应该同管理责任边界相一致,校办企业的情况应在财务报告中披露。王守军等对财务报告附注的内容进行了详细研究,认为应该包括会计期间的说明、编制方法的解释以及其他基本信息等。朱久霞和赵璐研究了权责发生制基础下政府综合财务报告编制难点,提出要加快大数据时代的政府会计建设,提高审计监督水平,加大对外公开力度。

在财务报告披露方面,冀跃芳认为,高校财务报告应引入独立的第三方会计师事务所进行审计;高校对外公开时,应同时公布其审计报告和财务报告。李洁雯、张界新认为,受托责任是高校在办学过程中应履行的职责,提出可以借鉴注册会计师审计的鉴证作用,聘用注册会计师审计高校的财务报表。单雅迪等将我国高校与美国高校财务信息公开现状进行对比分析,进而提出完善我国高校财务报告的框架、内容等方面的建议。梅斌从公共受托责任观出发,从财务报告的目标、会计信息的质量特征、财务报告的获取和传递等方面提出改进我国高校财务报告的建议。蒋莉平提出“根据部门决算报表,采用调整的方法”编制部门财务报告。

在财务报告分析体系方面,姜宏青等提出高校的财务报告应注重披露“年度绩效报告”,建立以绩效分析为目标的信息披露机制,提高财务报告的效益性。马福云根据高校办学实际，构建了高校财务分析指标，主要包括 4 个大类 18 个财务指标。齐观彬总结了我国高校财务信息公开透明度低、缺乏监督机制等现状，提出了提高财务信息公开透明度的建议。王微微等认为我国高校会计信息披露形式和体系方面都不成熟，存在披露内容和表现形式失真等问题，造成公开信息的失真。

通过以上回顾可以看出，对于高校财务报告的研究取得了丰硕的成果，但是仍然存在一些不足之处，主要表现为高校职能特征没有在报告中得到反映，非财务信息披露不充分，新增报表的结构和内容没有得到进一步阐释，报告披露的及时性问题研究不够等。这些将是我们下一步研究的方向。

三、高校财务报告的现状分析

(一)我国高校财务报告现状

1998 年财政部、教育部发布实施了《高等学校会计制度(试行)》(1998 年版)。该文件中的财务报告体系没有涵盖非财务信息，包括的主要报表有资产负债表、收入支出表、附表及收支情况说明书；附表主要包括支出明细表、财政拨款支出表和预算外资金支出表等。

2013 年财政部、教育部对《高等学校会计制度(试行)》(1998 年版)进行了修订和完善，出台了《高等学校会计制度》(2013 年版)。该文件中的财务报告体系包括资产负债表、收入支出表、财政补助收入支出表和报表附注。该报告体系增加了财政补助收入支出表和报表附注，进一步丰富了财务信息，同时可以将非财务信息通过附注加以披露，但该报告体系下非财务信息并不是很多。

2019 年 1 月 1 日起高校实施政府会计制度，构建财务会计与预算会计适度分离并相互衔接的会计核算模式，为编制权责发生制的综合财务报告打下基础。关于政府会计制度下高校如何编制财务报告，尚未出台相关具体准则。对于报表而言，要编制基础财务报表和预算会计报表。基础财务报表一般包括资产负债表、收入费用表和净资产变动表及其附注。预算会计报表至少包括预算收入支出表、预算结转结余变动表和财政拨款预算收入支出表。该报表体系引入权责发生制，增加了收入费用表，更加科学准确地反映了资产负债和成本费用，但该报表体系涉及的非财务信息没有具体提及。

目前，财务信息的公开主要是以财务预决算的形式进行。高校财务预决算经过上级主管部门批复后，通过学校的信息公开网站予以公开。预算信息的公开主要包括学校基本情况、收支预算总表、收入预算表、支出预算表、财政拨款支出预算表及相关报表说明。决算信息的公开主要包括学校基本情况、收支决算总表、收入决算表、支出决算表、财政拨款支出决算表及相关报表说明。另外，还可以通过学校教职工代表大会报告通报学校年度收入、支出预算执行情况及年度预算方案。尚未有直接对外公开的财务报告。

为推进直属高校现代大学制度建设，在财务预决算信息公开的基础上，参照国际通行做法，教育部直属高校自 2014 年开始试编制财务报告。以财务预决算信息为依据，采用更加符合直属高校财务工作特点、更加清晰直观、更加便于社会公众理解的方式反映高校的财务决策、财务收支等信息，进一步提升高校财务工作透明度，主动接受社会监督。

（二）国内外高校财务报告案例分析

1. 美国高校财务报告案例——以加州大学为例

美国是世界上高等教育非常发达的国家，其财务报告公开制度健全，财务信息公开经验较为成熟。本文选取加州大学总校 2016～2017 年的财务报告进行分析。报告范围包括加州大学、加州大学基金会、加州大学退休系统和加州大学退休人员健康信托基金。加州大学财务报告项目如表 1 所示。

表 1　　加州大学财务报告主要内容

财务报告项目	具体内容	备注
校长和首席财务官致信		
基本简介	学生和在职人员情况	2016～2017 年入学人数、教职工人数
	加州大学和加州大学基金会财务信息概况	主要收入来源;经营支出;净资产增加(或减少)财务状况
	加州大学退休系统和加州大学退休人员健康信托基金	参与计划;主要收入来源;主要支出;净资产增加(或减少);精算信息等
学校情况简介	学校基本信息	学生信息;学位授予情况;在职人员信息;图书馆藏信息;占地面积等
	财务信息	经营收入;政府资助;加州大学捐赠收入;基金会捐赠收入;资产负债等
管理层讨论与分析	总资产报表;负债表;净资产报表;收入表;费用表;净资产变动表;现金流量表	
独立审计师报告	管理层责任报告;审计师责任报告;审计师意见	
财务报表附注	财务报告实体和重大会计政策说明;金融衍生品;投资和负债;受托人投资;抵押;捐赠资产等	
管理人员与管理机构	管理人员与管理机构简要介绍	

加州大学财务报告具有以下几个特点：

(1)具有鲜明的可比性。在财务报告“基本简介”里面详细列示了2016～2017年的师生人数、主要收入、支出、资产状况的具体数据，以方便信息需求者纵向了解加州大学的财务概况；在“管理层讨论与分析”模块中，比较分析了2016～2017年度的财务状况和经营活动。

(2)具有很好的可理解性。加州大学在对经营收支信息和资产递延流入和流出信息进行总结时，同时使用柱状图、饼状图、四线表等多种表达方式，为非财会专业读者提供生动形象的展现方式。

(3)内容全面且重点突出。披露了总资产报表等7张报表，财务信息与非财务信息相结合，全面、详细披露了加州大学财务状况；涵盖了财务报表编制原则以及GASB(美国州政府会计准则委员会)对公允价值会计和财务报告标准的规定、税收减免公开政策、养老金相关规定修订等。

(4)具有独立审计师报告。报告包含了独立第三方审计师报告，内容有管理层责任报告、审计师责任报告、审计师意见及报表审计，有效支撑了财务报告的真实性、公允性。

2.英国高校财务报告案例——以牛津大学为例

英国牛津大学是一所享誉全球的联邦制研究型大学，在信息公开工作方面堪称世界典范。其财务报告是牛津大学财务信息公开的主要媒介。截至2018年9月，牛津大学财务报告从2007～2008年直到2016～2017年，经历了10个会计年度，不断进行修订和完善，以提高信息需求者的满意度。本文选取牛津大学2016～2017年度财务报告进行分析，其具体内容如表2所示。

表 2　　　　牛津大学财务报告主要内容

财务报告项目	具体内容
财务要点和简介	财务状况总介绍;各项收入来源占比以及与去年相比的增长率;总收入;总支出
战略评论	公益事业五年战略规划
	战略优先权
	核心战略:研究;教育:当前学生数、五年学生数总结、招生等
	或有战略:财务、资本和物有所值;房地产;信息技术;基础设施
财务评论	会计基础;报告财务盈余;收入;支出;现金流量和融资;净资产;牛津捐款;基金会;展望
管理层声明	慈善身份
	治理结构:理事会;理事会委员会;出版社
理事会成员	职位、姓名等相关信息
风险管理声明	
内部控制声明	
独立审计师报告	理事会和审计师的相关责任;财务报表审计范围;财务报表合格意见和依据等
合并收入、费用表	
合并储备金变动表	
合并资产负债表	
合并现金流量表	

续表

财务报告项目	具体内容
会计政策声明	会计基础:合并基础;持续经营
	财务报表范围
	收入:物质商品交易政策;学费和教育合同规定;其他商品和服务的提供等
	捐赠:永久性限制捐赠;永久性无限制捐赠;总回报等
	员工福利;无形资产和信誉;财产、厂房和设备;金融工具;集团内部交易;资产和业务会计等
会计判断和估计	
财务报表附注	学费和教育合同;资助资金;研究资助与合同;其他收入;投资收入;捐赠收入;员工成本;利息和其他财务费用;经营开支;税收;无形资产和声誉;财产、厂房和设备;继承资产;对外投资;债权人;会计工具;限制储备金等
牛津大学出版社:财务报告摘录	独立审计师报告;资产负债表;总收入报表等

牛津大学财务报告内容丰富,形式多样,而且不断加深财务信息公开的程度,拓宽报告范围,达到了财务报告内容与形式的有效统一。具有以下几个特点:

(1)报告内容真实详尽。2016～2017 年度牛津大学财务报告内容非常详尽。“战略评论”模块将其公益事业发展战略规划、战略优先权、核心战略以及或有战略等内容进行了详细的阐述。“财务评论”模块中指出,2016～2017 年是牛津大学依据财务报告委员会新修订的财务报告准则编制财务报告的第 2 年,为了增强财务数据的可比性,对 2014～2015 年的财务报告根据新的财务要求进行了同口径调整,以方便与 2015～2016 年、2016～2017 年财务报告进行比较分析。

(2)清晰界定管理职责。将牛津大学理事会和理事委员会的职责界定清晰,指出理事会负责学校资产和财务管理,管理大学的财务和资产,编制财务报表,确定大学运营的内部控制制度,并监测其适用性和有效性。理事委员会负责监督理事会执行情况。

(3)具有独立审计师报告。独立审计师的报告内容涵盖了理事会和审计师的相关责任,财务报表审计范围,财务报表审计意见等,有效支撑了财务报告的真实性、公允性。

3. 中国高校财务报告案例——以山东大学为例

山东大学是一所历史悠久、学科齐全、学术实力雄厚的世界一流大学建设高校(A 类),是中国目前学科门类最齐全的大学之一,在教育部直属高校中极具代表性。山东大学按照教育部要求,自 2014 年开始试编制学校财务报告,已经完成 2013～2017 年度财务报告,具体情况如下:

山东大学财务报告按照披露的性质,分为强制披露和资源披露两大类。主要内容包括前言、学校事业发展情况、财务概览、财务报表及附注、主要会计政策与其他自愿披露的内容 6 个部分,如表 3 所示。

表 3　　　　山东大学财务报告主要内容

财务报告项目	具体内容	披露性质	备注
前言	报告年度中学校筹资、分配、使用、监督资金过程中的重要政策、工作措施,并概述学校的财务状况	强制披露	该部分需要有校长或校长授权委托人签名
学校事业发展情况	人才培养、学科建设、人才队伍建设、科学技术研究及成果、国际合作与交流、校区建设、学校面临的问题与挑战	自愿披露	

续表

财务报告项目	具体内容	披露性质	备注
财务概览	财务报告范围、年度财务成果、财务状况分析、重大经济事项说明、财务工作分析与展望等	强制披露	财务风险管理情况、支出结构、财务发展能力
财务报表及附注	资产负债表、收入表、支出表(功能分类)、支出表(经济分类)、报表附注	强制披露	本年及上年比较
主要会计政策	会计核算和财务报表的编制原则、记账本位币、计量基础及会计期间	强制披露	
其他自愿披露的内容	未纳入合并报表的其他单位情况说明	自愿披露	未纳入合并报表的附属医院、研究院及校办产业

山东大学试编制的财务报告内容充实,形式生动形象,符合教育部编制要求,根据自身情况还披露了其他重要事项,比如未纳入合并报表的单位说明等;但与加州大学、牛津大学相比,还存在以下问题:

(1)缺乏第三方审计报告。第三方独立审计的缺失降低了财务信息的客观性与公正性。目前,高校开展的外部审计主要以教育部的专项审计为主,但这种审计存在针对性强、时间不定、审计方缺乏独立性等问题,以上级教育主管部门批复的决算报告为基础的财务报告缺乏真实性支撑。

(2)财务报告内容不够全面。财务报表中未披露费用表。由于山东大学财务报告以决算报告为基础,未引入权责发生制概念,没有成本核算,故没有费用表。披露非财务信息不足,人力资源管理、研究院、附属医院等信息未予以详尽说明。

(3)缺乏内部控制的自我评价。按照《关于全面推进行政事业单位内部控制建设的指导意见》的文件要求，单位内部控制自我评价情况应当作为财务报告的重要组成部分积极对外公开，内部控制的自我评价是对财务信息真实可靠的保证声明。

(4)财务报告编制不及时。每年财务报告的编制都是在收到决算批复后，七八月份才开始启动，时效性不强，信息不能够及时公开；即使信息真实、完整，也影响了财务信息公开的价值。

四、高校财务报告的构建建议

(一)增强财务报告的主动公开意识

财务管理作为大学治理中的重要组成部分，是提高决策治理与执行效率、规范内部权力运行的重要抓手。财务报告公开是保障公众对高校财务管理的知情权和参与权的关键渠道，对于预防廉政风险、推动大学治理的善治具有重要的作用。

高校应树立"大学自治"的理念，与社会发展相适应，充分意识到财务报告公开是大学接受政府和社会监督、提高学校财务资金运作效益的有效手段，主动公开财务信息与非财务信息，以遏制校园腐败，同时也增强高校社会认可度，赢得政府和社会的信任。

(二)建立健全高校财务报告公开制度保障

英、美两国在高校财务信息公开方面均建立了比较完善的法律保障体系，为财务信息公开提供了有力的制度保障。美国各州依据《信息公开法》制定州法，采取的是自上而下的信息公开法律保障体系；英国建立了以《信息公开法》《高等教育信息公开指导》为核心的信息公开法律体系。作为高校财务信息主要公开形式的财务报告，均有法律提供有效保障。

而我国目前仅有《中华人民共和国政府信息公开条例》这一项法律条例，关于高校信息公开的法律条例目前还是一片空白，高校财务报告公开尚无法律可依。各高校主要依靠上级主管部门等的通知开展工作，财务报告处于编制但不对外公开阶段。我们需要借鉴美、英等国经验，通过法律强制力，使高校能够按时、按规定公开财务报告，提高财务信息的透明度，合法保障利益相关者的权利。

(三)构建权责发生制为基础的财务报告内容框架

2019 年起实施政府会计制度,为构建以需求为导向的财务报告提供了良好的基础。结合我国高校财务报告公开的实际情况,笔者认为我国财务报告可以在教育部公开模板的基础上作出以下改进:

1.完善财务报表披露

加州大学和牛津大学财务报表中均包含了收入费用表、现金流量表。实施政府会计制度为我国高校财务披露这两张报表提供了可能。收入费用表能够反映高校在会计期间的收入来源、费用变动和净资产状况;现金流量表反映了高校在一定会计期间的现金流入和流出情况,可以体现高校的流动风险。因此,财务报告中要增加收入费用表和现金流量表。

2.增加独立审计报告

目前,我国高校的财务报告只接受政府的审计,不接受社会审计,而政府与高校的拨款关系使得公众对审计结果的中立性和客观性有所怀疑。而且,目前还没有高校在信息公开平台公开审计报告。而加州大学和牛津大学的财务报告中都包含"四大"会计师事务所的审计报告和意见,为高校提供的财务信息的可信度与准确度提供了保障。我国高校应该在编制财务报表后,由独立的注册会计师进行审计,对审计结果作出真实、客观的结论,并将审计结果在信息公开平台上加以公布。

3.扩大财务报告披露范围

按照《政府会计准则第 9 号——财务报表编制和列报》中"合并财务报表的合并范围一般应当以财政预算拨款关系为基础予以确定"的规定,学校应该将具有拨款关系的研究院、附属医院等二级单位并入财务报表,作为财务报告的一部分,而不应该仅仅将其作为特殊事项简单说明。

4.增加反映高校竞争实力的非财务信息,使高校在办学规划、人力物力和教学科研以及服务等方面的信息更加完整地得到体现

以人力资源信息为例。人才的竞争是高等教育市场竞争的重点,也是影响高校教学和科研两大职能发挥的重要因素。另外,反映

学校学科发展水平、招生管理、收费管理、生源质量、学生培养及就业情况、社会对高校的认可、学校的硬件保障等信息，都能够丰富财务报告的可读性。

5.增加内部控制评价报告

内部控制评价的内容包括内部控制的建立是否合法合规，内部控制的实施是否有效，是否适应国家政策及学校自身实际等方面，这些都影响财务信息的真实完整。披露内部控制评价报告，能够加强对内部控制信息的公开监督，促进内部控制体系的建立健全。

(四)建立高校财务报告监督的长效机制

在发展高校外部审计、增强高校社会公信力的同时，要重视高校内部审计。内部审计是规范权力运行的“免疫系统”，是强化过程监督、提高资源绩效的重要保障。教育部颁布《关于加强直属高等学校内部审计工作的意见》，要求高校强化预算管理审计，推动内部控制审计，切实加强风险控制。实践中，很多高校已经开展预决算内部审计。高校内部审计部门比外部独立审计机构更加了解学校财务工作，对财务报告的审计具有更大的优势。要利用好内部审计，推动财务报告内部审计工作的常态化，在学校内部把好财务报告公开关口，提高财务报告公开的质量。

健全高校财务报告公开评价机制。采取调查问卷、访谈、座谈会等方式考察高校财务报告公开工作是否规范，内容是否完整，是否便民、利民；对未及时、合规公开的高校，要责令整改，并在管理绩效评分中做减项；将财务报告公开工作完成情况与领导考核挂钩。高校可以根据自身实际制定内部惩处条例，对财务报告公开工作提出更高要求。

五、结束语

本文将山东大学与美、英两国高校财务报告公开进行对比，总结出对我国高校财务报告披露的几点启示。由于我国高校财务报告目前尚未公开，山东大学作为教育部直属高校的代表，样本数据信息还不够全面。但其2013年至今财务报告公开的经验，对于高校财务报告公开是有益的借鉴。对于如何编制更为详细的财务报告,是否需要编制分部财务报告,使高校更为详尽地公开财务信息、推进高校治理现代化,将是高校财务报告未来的研究方向。

主要参考文献

[1]Ramírez Córcoles Y., Santos Peñalver J. F., Tejada Ponce Á., Intellectual capital in Spanish public universities: Stakeholders' information needs[J]. *Journal of Intellectual Capital*, 2011(59)

[2]Fischer M., Gordon T. P., Kraut M. A., Meeting user information needs: The impact of major changes in FASB and GASB standards on financial reporting by colleges and universities [J]. *Journal of Accounting and Public Policy*, 2010(29)

[3] Gallego-Alvarez I., Rodríguez-Domínguez L., García-Sánchez I. M., Information disclosed online by Spanish universities: Content and explanatory factors[J]. *Online Information Review*, 2011(35)

[4]Ismail S., Bakar N. B. A., Reporting practices of Malaysian public universities: The extent of accountability disclosure[J]. *African Journal of Business Management*, 2011(5)

[5]冀跃芳.公共受托责任视角下的财务报告优化[J].全国商情,2012(5)

[6]李洁雯,张界新.高校受托责任呼唤注册会计师审计[J].会计之友,2012(17)

[7]姜宏青,王玉莲,孙晓琦.我国高校财务报告体系构建研究[J].山东社会科学,2013(11)

[8]王守军,曲大成,查道林等.我国高校财务报告主体边界的研究[J].教育财会研究,2013(3)

[9]马福云.高校财务信息披露研究[J].经济师,2014(1)

[10]齐观彬.当前我国高校财务信息公开问题的探讨[J].当代会计,2015 (11)

[11]朱久霞,赵璐. 权责发生制政府综合财务报告编制难点研究[J].会计之友,2016(20)

[12]王微微,侯岱铭,侯伟.关于高校会计信息披露的思考[J].当代经济,2016(29)

[13]单雅迪,李强,刘元.哈佛大学财务报告公开对我国的启示[J]. 财务月刊,2016 (14)

[14]梅斌.改进我国高校财务报告:基于公共受托责任的若干思考[J].教育财会研究,2018 (2)

[15]蒋莉平.高校部门财务报告编制方法及建议[J].会计之友,2018 (5)

(作者单位:山东大学)

高校学科建设专项资金绩效评价研究

——以 L 大学为例

方 伟 崔京京

【摘要】 党的十九大提出了加快推进建设“世界一流大学,世界一流学科”(简称“双一流”)的重大战略部署。“双一流”建设使我国高等教育,尤其是地方高等教育发展竞争的焦点,从以院校为单位转变为以学科为单位。而提升学科建设质量和水平,离不开财政专项资金的支撑和引导;要充分发挥专项资金杠杆效应,必须首先构建一套科学合理的绩效评价体系。因此,开展地方高校学科建设专项资金绩效评价研究具有较强的理论和现实意义。

高校学科建设专项资金绩效评价是一个系统工程。绩效评价指标体系构建既要遵循财政专项资金绩效评价的基本原则,又要充分考虑学科建设产出的时滞性和异质性特点;既要符合国家及地方法律法规,又能契合各地方高校学科建设实际;绩效评价指标的设计应要点齐全、重要性区分合理、可量化度高、可靠性强。基于此,本课题尝试设计一套符合学科建设特点的高校专项资金绩效评价指标体系,从资金的投入、过程管理到产出效果作出全面准确评价,促使高校进一步加强学科建设,强化支出责任,提高资金使用效益。

【关键词】 绩效评价 学科建设 专项资金 指标

一、绪论

(一)研究背景

在当前经济新常态下,我国经济增长正由要素驱动、投资驱动逐步转变为人才驱动、创新驱动。创新驱动发展已成为经济结构转型升级的核心动力，高质量的高等教育能够为经济结构转型升级和创新驱动发展提供创新型、应用型人才和高水平技术支持。衡量一所高校教育质量高低的标准，不是看其拥有多少建筑，而是看其拥有多少大师，看其人才培养结构与地方经济社会发展需求的适应性和契合度，这些都与学科建设息息相关。学科是高校的灵魂，学科建设是高校发展的龙头，是高校内涵发展的基础。学科建设能够有效提升高校的比较优势，使教学和科研相互融合、相互促进，发挥高校在区域经济社会发展中的引领作用，为创新驱动发展提供新的方向，其建设水平体现了高校的整体办学实力和核心竞争力。

国务院在《统筹推进世界一流大学和一流学科建设总体方案》中提出了一流学科的建设规划，要求建设一流学科队伍，培养拔尖人才，提升科研水平。政府将学科建设纳入财政专项预算，根据办学质量及办学特色分配经费，引导高校学科建设方向。但目前高校学科建设专项资金绩效评价的迫切需求与国家财政预算管理体制改革的现状严重不符。2010 年，财政部印发《中央财政支持地方高校发展专项资金管理办法》，提出对财政专项资金投入和使用情况开展监督检查和绩效评价；2011 年，财政部相继印发《财政支出绩效评价管理暂行办法》和《财政部关于推进预算绩效管理的指导意见》，标志着完整意义上的预算绩效理念正式确立，财政预算绩效管理开始全面推开；2015 年，财政部印发《中央部门预算绩效目标管理办法》，意味着中央加强预算绩效管理的探索又向前迈进一步。同年，财政部和教育部又联合印发《关于改革完善中央高校预算拨款制度的通知》，提出要加强和改进预算管理，重构中央高校项目支出体系，强化资金分配的绩效导向。按照国家预算管理改革的决策部署，地方各省市也纷纷出台了本省市的绩效管理办法。但是，当前我国高校专项资金，尤其是学科建设专项资金绩效评价仍然存在诸多问题和不足，难以满足高校加强学科建设、提升办学水平的要求。

基于上述背景，本课题尝试构建了高校学科建设专项资金绩效评价指标体系，并实际应用于 L 大学“高水平应用型大学”学科建设专项资金的绩效评价，验证其有效性，以期为加快推进国家“双一流”建设和预算管理绩效改革提供借鉴。

（二）研究意义

1. 理论意义

（1）丰富了高校专项资金预算绩效管理的研究成果

针对高校专项资金预算绩效管理的研究多集中在理论研究层面，而且研究对象是全部专项资金，忽视了专项资金金额大、种类多的特点，这种粗放式的研究无法解决具体某一类专项资金绩效评价中的特殊问题，也无法准确评价某一类专项资金的使用效益。本课题将高校发展的龙头——学科建设类专项资金作为绩效评价的对象，并以 L 大学为例进行实证研究，演绎高校学科建设专项资金绩效评价的全过程，从而进一步丰富了高校专项资金预算绩效管理的研究成果。

（2）为高校专项资金绩效评价指标体系的构建提供借鉴

理论界已有的对高校专项资金绩效评价的研究，无论是评价制度、指标体系，还是评价标准、评价方法，基本处在一个相对宽泛、指标笼统的研究阶段，鲜有根据项目特点、按照类别开展的针对性研究。本课题以国家“双一流”建设为背景，选择高校学科建设财政专项支出作为研究对象，根据财政部印发的《财政支出绩效评价管理暂行办法》《预算绩效评价共性指标体系框架》中提出的共性指标体系框架，尝试设计一套符合学科建设特点的绩效评价指标体系。该体系充分考虑了学科成长特点，以及财政专项支出的长期性、持久性和公共性特点，为其他教育专项资金绩效评价指标体系的构建提供了有益参考。

2. 现实意义

近年来，政府加大了对地方重点学科的支持力度，但学科建设仍然存在着竞争意识弱、传统学科固化等问题，学科建设专项资金绩效评价指标体系的构建具有十分重要的现实意义。

（1）为高校财政资金绩效评价的全面开展起到以点带面的作用

我国的财政预算绩效管理工作总体上处于起步阶段，特别是针对高校基本支出和项目支出的管理，无论是在理论层面还是实操层面，开展全面绩效评价的条件尚不完善。现阶段，高校财政预算绩效管理改革的重点应放到项目支出上，以项目支出为切入点，在其绩效评价取得成效的基础上，将其进一步推广到其他支出的绩效评价上。本课题选取学科建设专项资金作为绩效评价的切入点，结合学科建设的特点构建绩效评价指标体系，最终起到以点带面的作用。

(2)完善高校专项资金绩效评价体系

与政府其他行业部门提供的“产品”不同，高等教育具有收益长期性、产出时滞性和异质性的特点，现行的财政专项资金绩效评价体系并未对高校专项资金作出针对性的设计，共性指标的设计与高校发展的基本规律并不完全契合。本课题鉴于学科建设专项资金在高校专项资金中的特殊地位，结合高校学科建设产出的特点，尝试构建适合于学科建设活动的绩效评价指标体系，从而进一步完善高校专项资金绩效评价体系。

(3)实现高等教育内涵式发展的内在要求

近年来，高等教育不断做大做强，很多高校都将更多的财力分配在硬件建设方面，而忽视了一流学科和一流人才的建设。一所大学的核心能力是学科建设能力，学科建设水平最终决定了这所大学的竞争实力和发展潜力。未来高校的发展方向是以学科建设带动教学水平、科研水平及办学效益的提高。因此，构建学科建设绩效评价指标体系，能够有效引导高校学科建设的发展方向，促使高校提高资金使用效益，最终实现高校内涵式发展。

(4)促进高校更好地服务于创新型经济发展

学科建设是高校发展的龙头，在高等教育中占据核心地位。学科建设通过凝练学科方向，优化学科结构，加强队伍建设，不断提升办学质量和水平，为社会贡献高素质应用型创新人才，更好地服务于区域经济社会发展。同时，创新科学技术研究，为区域经济的发展提供科技创新方向，与区域经济分享科技成果，促进经济产业结构转型和调整。

(三)研究思路

本课题以高等教育在经济社会中的战略地位为出发点，明确高等教育是社会发展的重要依靠和动力源泉，而学科建设作为高等教育发展的龙头，其发展水平决定了一所高校的竞争力和发展潜力。鉴于学科建设在高等教育中的重要性，学科建设专项资金绩效评价体系的构建具有现实的迫切性和必要性。高校学科建设专项资金属于财政专项资金的一部分，因此学科建设专项资金的绩效评价也应遵循财政资金绩效评价的一般原则，在指标的选取上充分体现学科建设产出的时滞性和异质性特点。本课题全面分析了高校学科建设专项资金绩效评价的理论基础和国内外专家学者的相关研究成果，总结了政府层面在专项资金绩效评价方面取得的成效和存在的不足，提出了学科建设专项资金绩效评价的基本理念和基本原则；在此基础上构建了一套符合学科建设特点的高校专项资金绩效评价指标体系，并利用山东省 L 大学“高水平应用型大学”项目对指标体系进行验证；最后从加强制度建设、深化绩效管理理念、建立完善专家学者库和基础数据库、加强绩效评价结果公开及应用四个方面提出了完善高校学科建设专项资金绩效评价的建议，以期为高校一流学科建设提供帮助。

（四）研究方法

1. 文献综述法

搜集和整理国内外学者关于高校学科建设专项资金绩效评价的文献资料，包括学术期刊、权威著作、学位论文及理论文献等。通过梳理文献脉络，分析文献资料间的相似性和不同点，总结和归纳现行研究中的经验和方法，发现研究中存在的缺陷和不足，为本课题研究的开展奠定了理论基础。

2. 定性分析与定量分析相结合

高校学科建设专项资金绩效评价不仅包括定量的财务指标，还包括社会公众满意度等定性指标。本课题将定性分析和定量分析相结合，在定量分析的基础上，尽可能将定性的问题以定量数据予以解释，以实现评价的客观性。通过定量数据的分析，找出学科建设专项资金绩效评价的基本规律，进一步增强绩效评价指标体系的科学性和严谨性。

3.德尔菲法

在设计高校学科建设专项资金绩效评价指标的权重时，本课题运用德尔菲法，在保证专家之间不发生横向联系的前提下，经过多轮论证，反复征求专家意见，集各家之长，避各家之短，最终得出较为统一的结论，提高了评价结果的准确性。

4.实证分析法

本课题运用实证分析的方法，以山东省L大学2016年A、B两个学科“高水平应用型大学建设”专项资金使用情况的第一手资料为抓手，有效验证了高校学科建设专项资金绩效评价指标、指标权重以及评价标准设计的科学性、有效性和实用性。

(五)研究创新点以及难点和不足

1.研究创新点

现行的财政专项资金绩效评价是将所有类型的专项资金统一进行笼统性的评价，评价结果缺乏科学性和有效性。本课题基于学科建设在高校发展中的核心地位，将学科建设专项资金作为研究对象，以财政部《财政支出绩效评价管理暂行办法》及《预算绩效评价共性指标体系框架》为参考，开展如下创新研究：

一是提出了学科建设专项资金绩效评价的基本理念和基本原则，明确了绩效评价的组织机制和实施方法。

二是在充分研究总结学科建设活动特点的基础上，以项目投入、项目实施、项目绩效为主线构建了高校专项资金绩效评价指标体系。

三是以实证研究的方式，验证了高校学科建设专项资金绩效评价方法及指标体系的实用性、科学性和有效性。

2.研究的难点和不足

(1)绩效评价工作需以大量翔实的基础数据资料为依托。高校学科建设几乎涉及高校管理的方方面面，相关基础数据分散在高校的各个部门，如教务处、财务处、人事处等。基础数据的采集工作有赖于数据的积累和完善，若出现数据缺失或不完善等情况，将给数据的采集和分类、指标的汇总和筛选带来很大的困难，进而影响到绩效评价的结果。

(2)本课题在高校学科建设专项资金绩效评价的实证研究部分,仅以山东省地方高校L大学的"高水平应用型大学"学科建设专项资金为研究对象,绩效评价的结论不具有广泛性和代表性。后续的研究中,课题将扩大实证研究的范围,涵盖我国不同省市的高校和不同门类的学科,不断完善学科建设绩效评价指标体系。

二、理论基础及文献综述

(一)概念内涵

1.高校学科建设的内涵

高校学科建设是高校结合本校的学科特色,凝练学科方向,构建学科队伍,建设学科软、硬件环境,为地方经济社会发展提供高素质人才和科学技术的过程。

从高校学科建设的性质看,它并不是学科成果的简单汇总。高校学科建设涉及学校工作的方方面面,学科建设总目标要分解落实到学校内部的各部门,通过形成"工作合力",最终完成学科建设的总体目标。学科建设与教学、科研既有联系又有区别。学科建设的目标和要求均高于教学。例如,师资队伍建设方面,教学更强调教师的教学能力,而学科建设对教师的教学和科研能力都提出较高的要求;人才培养方面,学科建设更偏重于研究生的培养。学科建设与科研是相辅相成的。学科建设通过引进学科带头人,搭建学科平台等,为科研的开展提供了人才和平台,学科方向的凝练也为科研提供了研究方向;科研取得的创新和突破,也会促进学科建设的发展。

2.高校学科建设专项资金的内涵

从广义上讲,高校专项资金指高校除基本支出以外的其他各类资金,包括政府划拨、社会投入、高校自筹等来源渠道。从狭义上讲,高校专项资金仅指财政部门拨付高校,具有专门用途或为完成某项特定任务的专门资金,用于高校的学科建设、专用设备购置、基本设施维修改造等方面。专项资金要求单独核算、专款专用,是高校改善办学条件、提高教育水平的重要资金来源。国内相关的研究和论述中提及的"项目支出""项目资金""专项拨款"等名称,本质上与专项资金相一致。

高校学科建设专项资金是政府为实现高教强国的战略目标，以带动和促进地方经济社会的发展，专门拨付给高校用于学科建设的专项资金。高校学科建设专项资金作为财政专项资金的一部分，具有财政专项资金的一般特性：一是专款专用。高校学科建设专项资金是高校依据学科建设与发展规划进行申报，主管部门批复后拨付给高校使用的专项资金，高校应按要求单独核算、专款专用。二是重要性。高校学科建设专项资金具有特定用途，用于高校的学科建设活动。三是非常规性。专项资金产生于某一特定项目，要求在项目建设周期内使用完毕，因此学科建设专项资金具有非常规性。

3. 预算绩效管理及预算绩效评价的内涵

“绩效”一词源于管理学，后被引入公共领域管理。绩效特指工作的效率和效果。绩效是个相对概念，从价值形态分析，绩效是资源投入和产出的比率，在资源投入既定时追求产出最大化或产出既定时追求资源投入的最小化。换言之，绩效就是资源的有效整合和利用。预算绩效管理不仅是预算管理方式和方法的创新，也是政府管理理念的改革。预算绩效管理使用“绩效”来衡量政府预算，强调产出和结果导向，提高了财政资金使用的有效性。

英国是预算绩效管理改革的先行者。20 世纪 80 年代，英国政府率先将预算绩效管理的理念引入政府管理工作中，开展政府预算绩效管理改革，将对财政支出的管理划分为绩效目标设定、实施和绩效评价三个阶段，有效节约了财政资金支出。自此，其他国家纷纷效仿英国进行政府预算管理改革。截至目前，全球已有 50 多个国家实施了预算绩效管理改革。自 2000 年我国政府部门预算改革拉开序幕以来，随着社会主义市场经济体制改革和公共管理体制改革的稳步推进，财政部提出了渐进式推进我国预算绩效管理改革的战略部署，在以预算编制改革为起点，逐步完善预算执行和结果绩效评价的预算管理改革进程中，取得了实质性成果。

预算绩效评价是预算绩效管理的核心内容。绩效评价是按照设定的绩效评价标准，通过科学的绩效评价指标和方法，对预算完成情况进行评价，有效连接了预算的执行和结果反馈。预算绩效评价的核心是绩效评价指标和评价标准的设计。预算绩效评价指标是反映财政支出绩效目标完成程度的量化评价工具，预算绩效评价标准是衡量财政支出绩效目标完成程度的尺度。

4. 高校学科建设专项资金绩效评价的内涵

高校学科建设专项资金绩效评价的内涵是指将绩效评价的概念和方法引入高校学科建设专项资金管理中，在明确绩效目标的基础上，按照一定的绩效评价指标、标准和方法，对学科建设产出的数量、质量以及投入产出的效率进行评价，对学科建设产出效益作出客观、公正的评价。学科建设专项资金绩效评价有助于主管部门和高校了解资金申请、审批及使用环节的管理和运营情况，了解资源配置情况，认清自身学科建设的优势和劣势，从而有针对性地调整学科方向，合理配置资源。

高校学科建设涉及学科队伍建设、人才培养、学术交流、平台建设等方面，是一项系统性工程，产出具有异质性和时滞性特点，因此，高校学科建设专项资金绩效评价既要遵循财政支出绩效评价的一般原则，又要考虑其产出特点。学科建设专项资金绩效评价强调目标管理，对资金的投入、使用、产出及效果的全过程进行评价，通过评价合理引导高校提高资金使用的有效性，合理配置学科建设资源，明确和调整学科建设发展方向，提升本校特色学科核心竞争力，保障学科建设战略目标的实现。

（二）理论基础

1. 公共财政理论

（1）公共财政理论简介

公共财政理论是关于在市场失效情况下如何提供公共产品和服务的理论，是市场经济的产物。公共财政理论认为，市场经济条件下，政府不是市场主体，不能参与市场竞争，但应在市场失效的情况下提供公共产品和服务，满足社会公众需求；财政收支与市场配置应有机结合，实现财政支出效率和效益的最大化。公共产品具有非排他性和非竞争性，而私人产品具有排他性和竞争性，准公共产品介于两者之间，而高等教育属于准公共产品。

(2)公共财政理论与高校学科建设专项资金绩效评价

公共财政理论是财政支出绩效评价的理论出发点。高等教育作为准公共产品，政府通过科学安排财政支出，为高校学科建设提供财力支持和保障，引导高校学科建设与地方经济社会发展相契合，实现财政资源的有效配置。财政资源具有稀缺性，政府安排的学科建设专项资金主要来源于税收。因此，高校应有效使用学科建设专项资金，实现资金使用效益的最大化，而评价资金使用效果的有效手段就是绩效评价。公共财政理论强调市场在资源配置中的主导地位，追求公平和平等。高校学科建设专项资金绩效评价为政府如何在高校之间合理配置学科建设资金提供了依据。

2. 委托代理理论

(1)委托代理理论简介

委托代理理论是解决代理关系的一种理论。在委托代理关系中，财产所有者将资产交由代理人经营管理，双方构成了委托—代理关系。所有权和经营权分离，使委托人面临两大风险：逆向选择和道德风险。逆向选择是因信息不对称导致委托人选择了不具备完成受托任务的能力的代理人。逆向选择发生在委托代理协议签署之前，属于事前风险。道德风险是因委托人和代理人利益出发点不同，代理人在履行受托职责时因执行不当而损害了委托人的利益，且后果由委托人承担。道德风险发生在委托代理协议签署之后，属于事后风险。

财政部门兼有委托人和代理人的双重身份。从社会角度看，财政资金来源于纳税人，而财政部门是资金的使用者，因此纳税人是委托人，财政部门是代理人，双方构成委托代理关系。财政部门必须接受纳税人监督，确保资金使用的有效性。从政府角度看，财政部门负责资金的分配，各主管部门负责资金的使用，因此财政部门和主管部门同样构成委托代理关系。无论是从社会角度还是从政府角度看，财政部门都负有财政资金的监管职责。委托代理理论是财政绩效评价产生和发展的前提，委托人通过绩效评价监督代理人履职情况，以提高资金使用效益。

(2)委托代理理论与高校学科建设专项资金绩效评价

在委托代理关系中,代理人具有专业能力和信息优势,委托人具有支付能力,双方均受契约的约束。高校作为代理人具有学科建设的能力和优势,熟悉学科建设情况;政府依据所辖区的战略发展规划为高校学科建设提供专项资金支持,并通过绩效评价对项目完成情况进行监督和约束,促进学科建设专项资金使用效益的提高,推动高校内涵式发展,助力经济社会发展。因此,政府是委托人,高校是代理人,政府将学科建设专项资金委托高校进行使用和管理。在政府向高校拨付专项资金的过程中,存在着公众与政府、政府与高校的双重委托代理关系。政府一方面将财政资金委托高校使用和管理,另一方面代表高校向公众提供服务,接受社会公众监督。

3.新公共管理理论

(1)新公共管理理论简介

新公共管理理论是新管理主义在政府部门的应用。该理论倡导政府部门采取灵活的管理方式,以公众需求为导向,确立公众的"顾客"地位,从传统的注重投入和过程转为注重产出和结果,淡化政府的政治色彩,更加强调其社会管理和公共服务职能。

新公共管理理论的主要内容有:一是以市场为导向。重塑政府部门职能,以人为本,政府变身"企业家",公众成为其"顾客"。新公共管理理论强调政府部门以市场或顾客为导向,不断改善服务质量,提升政府形象。二是引入企业管理和竞争机制。政府部门要借鉴企业管理经验,广泛应用目标管理和质量管理,重视人力资源,对政府工作人员进行业绩评价,尤其强调对工作结果的评价。三是公共管理权力下放。传统行政管理模式强调政府职能集权,政府部门很难及时发现和应对外部环境的变化。新公共管理理论强调权力下放,赋予管理者更大的自主权,从而提高管理者工作积极性,增强其工作责任感,提高政府工作效率。

(2)新公共管理理论与高校学科建设专项资金绩效评价

新公共管理理论倡导绩效管理,为政府部门设定绩效目标,对公共产品的质量、服务的效率和成本效益进行全面评价。新公共管理理论为财政支出绩效评价奠定了理论基础。财政支出绩效评价即引导高校建立绩效理念和成本效益理念，为学科建设设定绩效目标，对专项支出进行绩效评价，考核资金使用的效率和效果，将资金集中投入到有效学科项目中，优化学科建设资源配置，具体表现在两方面：一方面绩效评价可以引导高校结合自身特色并根据社会需求凝练学科方向，实现高校学科发展与地方经济社会发展相契合，为社会提供高素质专门人才和高水平科研成果；另一方面绩效评价促使高校加强和改进学科建设管理工作，提高学科建设工作成效。

（三）国内外研究文献

1. 高校学科建设发展路径研究

路甬祥提出学科建设不仅要立足国内经济建设和社会发展需求，更应该在全球竞争中取得优势，指出学科建设的关键是学术带头人和学科队伍的建设。刘献君认为学科方向是学科建设的基础，高校要立足特色学科，不断探索追踪前沿学科，推动学科建设持续发展。游海论证了学科建设与高校发展方向、人才队伍建设、科学研究及制度建设的关系，提出学科建设要以教学和科研为支撑，学科建设是教学和科研的灵魂，是高校履行三大职能的承载平台。程永波提出高校学科建设要适应区域经济社会发展需求，同时遵循本校办学目标，在大力发展特色主干学科的同时，不能忽视基础学科和辅助学科的建设，把握学科建设的均衡性和整体性。

2. 高校财政支出绩效评价研究

为提升高校办学效益，西方国家纷纷运用绩效评价指标对高等教育质量进行评价，将效益产出作为财政拨款的依据。我国许多专家学者也对高校财政支出绩效评价开展了一系列研究。

(1)高校财政支出绩效评价的认识研究

田进提出公共教育支出绩效评价是绩效评价理论在教育领域的应用，公共教育支出绩效评价是对支出目标、结果、影响的综合考核。刘国永通过研究江苏省部分高校开展的财政支出绩效评价试点，认为高校财政支出绩效评价是政府转变职能的产物，大学的本质决定了高校财政支出的绩效评价不同于其他财政支出，并提出了绩效评价指标设计的基本原理。此外，一些学者对高校财政专项支出绩效评价的研究具体到了特定项目，如韩海东等的高校科研专项资金绩效评价研究、兰瑞军的高校项目建设专项支出绩效评价研究、陈蔚的高校本科教学专项支出绩效评价研究、刘晓芸的高校实验室专项资金绩效评价研究。

(2)高校财政支出绩效评价指标体系研究

绩效评价指标的设计是绩效评价的灵魂。国内学者对财政支出绩效评价指标体系的构建依据主要分为：以预算过程为依据，以预算资金流转为依据，以结果导向为依据。其他绩效评价指标体系也多是在上述体系基础上进行微调建立的。陈海峰将业务指标和财务指标作为一级指标，业务指标用于评价高校办学情况，财务指标用于评价资金到位及使用情况。汪静运用德尔菲法确定绩效评价指标的权重，计算绩效评价得分，解决了绩效评价不公平的问题。单晓敏按照预算资金流转环节进行绩效评价指标的设计，从投入、过程、产出和结果的全过程延伸出终极指标。华秀清构建的财政支出绩效评价指标体系是在财政部制定的共性指标框架基础上，对一级指标的权重进行微调设计的。

此外，一些专家学者借鉴平衡计分卡的原理进行绩效评价指标体系的设计。张锦高、徐东基本采用了平衡计分卡的原始维度，从财务、利益相关者、内部管理和核心能力四个维度设计绩效评价指标体系。张文钊从财务、教学科研、资产和发展四个维度设计绩效评价的一级指标。

(3)高校财政支出绩效评价存在的问题

杜兴洋等指出国内学者设计的绩效评价指标体系普遍存在重支出分配、轻绩效考核的问题，指标体系不够全面。他认为，针对不同的教育层次应设计不同的指标体系，绩效评价结果应与下一年拨款挂钩。覃洪等认为，高校学科建设专项资金的产出具有长期性、滞后性的特点，财政通用的绩效评价体系不适合高校发展规律，无法真实评价高校专项资金的产出和效果。任瑞章指出，高校专项资金绩效评价缺乏相应的管理机构和规章制度，绩效考评侧重于过程考核和财务合规性考核，缺少对资金使用经济性、效率性和效果性的考核。杨小波在对河北省部分高校财政资金绩效评价实证研究过程中发现，河北省高校在绩效评价体系和制度上存在欠缺，绩效评价只针对资金使用合规性进行检查，缺少经济性、效率性和效果性的评价，而且各个高校自行选择指标，缺少统一的评价机制。

3. 文献概述

综上所述，国外对财政支出绩效评价的研究起步较早，其研究成果对国内学者的绩效评价研究有一定的借鉴意义，但国内外环境差异较大，我国应构建一套符合中国特色的高校专项资金绩效评价体系。

(1)现有文献的贡献

近年来，国内专家和学者在高校专项资金绩效评价方面取得了一定的研究成果，同时政府和高校也都在致力于推进预算绩效管理改革，以期通过绩效评价规范和监督专项资金的使用和管理。

①明确了高校学科建设的发展路径是大力发展优势特色学科，学科建设要立足于满足区域经济社会发展需求。学科建设的关键是学科队伍建设，学科建设的支撑是教学和科研，学科建设的依托是学科基地的建设。上述学科建设的关键点研究，为本课题学科建设专项资金绩效评价指标体系的构建提供了思路。

②在财政预算绩效评价研究的基础上，对高校财政专项资金绩效评价指标体系的建构进行了进一步的研究，并且总结出不同的绩效评价方法的优缺点。上述研究为本课题高校学科建设专项资金绩效评价指标体系的构建提供了参考。

(2)现有文献的不足

①现有成果仅在大的领域和方向对高校专项资金的绩效评价进行了研究。政府拨付给高校的专项资金有多种类型，现行的高校专项资金绩效评价并未区分经费性质的不同，而是将所有专项放到一起进行绩效评价，评价指标过于统一，很难体现各专项资金的具体特点，无法准确评价某一专项资金使用效益，也不利于专项资金的规范管理。

②现行的财政专项资金绩效评价指标设置更多使用绝对数指标，较少使用相对数指标，这种指标设计存在一定缺陷，容易误导高校盲目追求规模扩张，而与高校内涵式发展的要求相悖。另外，现行的指标体系设计主要依据高校职能，注重对资金投入和产出的考核，而忽视了对过程的考核。

三、我国高校学科建设专项资金绩效评价现状分析

（一）我国高校学科建设专项资金支出情况分析

近年来，全国各地纷纷制定高等教育强省战略规划，积极引导高校服务于国家和区域发展战略，不断提高高等教育质量，发挥高校在经济社会创新驱动发展中的引领作用，构建国家、地方急需智库，为经济社会发展提供人才支撑和智力支持。因此，国家和地方逐步加大了对高校学科建设财政支持力度，以学科建设发展来带动高校整体发展，最终实现高等教育强省的战略目标。高校学科建设专项资金主要用于软件和硬件两方面的建设：软件方面，包括人才培养、科学研究、学科队伍建设等；硬件方面，包括重点实验室建设、学科基地建设等。本课题整理汇总了部分省市出台的重点学科专项资金管理办法，如表1所示，管理办法对资金使用方向和范围均作出了明确规定。

表1　部分省市重点学科建设专项资金管理办法

省市	文件名称
北京市	《普通高等学校北京市重点学科建设管理暂行办法》
上海市	《上海市教育委员会重点学科建设经费管理办法》
广东省	《广东省高等院校学科建设专项资金管理暂行办法》
陕西省	《陕西省普通高等学校重点学科专项资金管理暂行办法》
山东省	《山东省一流大学和一流学科建设奖补资金管理办法》
江苏省	《江苏高校优势学科建设工程专项资金管理暂行办法》
浙江省	《浙江高等学校重点学科建设经费使用暂行规定》

续表

省市	文件名称
湖南省	《湖南省重点学科建设与管理暂行办法》
辽宁省	《辽宁省高等学校重点学科专项资金管理暂行办法》

(二)我国高校学科建设专项资金绩效评价现状

目前,一些省市的财政支出绩效评价工作已经逐步得以推广和规范。经查阅全国31个省、市、自治区的财政部门网站发现,各省市基本都出台了财政支出绩效评价相关规章制度,本课题整理汇总了部分省市财政支出绩效评价规章制度,如表2所示。研究发现,各省市在全面试点财政支出绩效评价的基础上,从项目支出入手,着重对部分重点财政专项开展绩效评价。而有些省市根据当地高等教育发展战略和财政支出绩效评价开展情况,开始了对高校学科建设专项资金的绩效评价的探索。

表2　部分省市财政支出绩效评价规章制度

省市	文件名称
北京市	《北京市市级预算部门组织财政支出绩效评价规范》
山东省	《山东省省级财政支出绩效评价管理暂行办法》
广东省	《广东省财政支出绩效评价试行方案》
湖北省	《湖北省省级部门预算项目支出绩效考评管理办法(试行)》
江西省	《江西省财政支出绩效评价办法(试行)》
辽宁省	《省级部门财政支出绩效评价工作规程(试行)》
上海市	《上海市财政支出绩效评价管理暂行办法》
四川省	《四川省财政支出绩效评价管理暂行办法》
重庆市	《重庆市财政局关于推进财政专项资金绩效评价工作的指导意见》

2003年,财政部对中央教科文部门开展了项目支出绩效评价试点工作,其中包括基础实验室等学科建设专项支出,并在绩效评价报

告范本中列示了高校重点学科建设专项资金绩效评价指标体系，具体划分为业务类和财务类两大类。2012年，上海市对市重点学科建设专项资金进行了绩效评价，评价内容包括高校人才培养、学科基地建设、高校内涵发展及成果转化等方面。2013年，吉林省出台《吉林省省属高校学科建设类财政专项补助资金绩效评价暂行办法》，从项目立项、制度建设和资金管理等方面考核项目管理，从人才培养、学科研究及学科团队建设等方面考核项目绩效，对吉林省2010年以后的学科建设专项资金开展绩效评价。2015年，广东省出台《广东省高水平大学建设专项资金管理办法》，按照“绩效优先、目标管理”的原则对广东省2015～2017年的高水平大学整体学科建设专项资金开展绩效评价。

（三）我国高校学科建设专项资金绩效评价问题分析

通过对各省市高校专项资金绩效评价工作开展情况进行归纳总结，发现绩效评价中存在的问题和不足，为本课题高校学科建设专项资金绩效评价指标体系的设计提供了借鉴和参考。综合各省市高校专项资金绩效评价工作开展情况，问题总结如下：

1.没有考虑高等教育产出的长期性和异质性

绩效评价指标体系的构建是整个绩效评价工作的关键，直接影响到评价结果的真实性和客观性。所谓“十年育树，百年育人”，高等教育产出需要经历一个知识和能力的转化期，当年的科研成果不一定是当年投入的结果。例如文章的发表或者专利的申请需要一定的准备期，在一个绩效评价周期内很可能并没有产出和结果。各省市出台的绩效评价办法基本是在财政部财政支出绩效评价指标体系框架下进行微调，没有考虑高等教育产出的长期性和异质性。虽然部分省市的绩效评价指标中设有“支出进度”指标，但只是考核资金的支出进度，并未对项目执行进度进行考核。这不仅不利于项目的规范管理，也造成了年底突击花钱现象的发生。

2.尚未建立统一规范的高校学科建设专项资金绩效评价指标体系

从各省市绩效评价工作实践来看，各省市对高校财政支出绩效评价的侧重点有所不同。有的省市(如北京市)侧重于对高校整体财政支出进行绩效评价,有的省市(如广东省)侧重于对部分财政专项支出进行绩效评价,有的省市将定额拨款和绩效评价挂钩(如吉林省)。有的省市选择将高校财政资金整体作为评价对象,但是单一的评价指标设置不能准确评价各类资金的使用效益;有的省市选择专项资金中的具体项目作为评价对象,如科研专项资金、师资队伍建设专项资金,但是选择学科建设的某一方面进行绩效评价具有一定的局限性,不能全面反映学科建设类资金的使用绩效。

3. 对绩效评价结果公开性缺少考核,评价结果应用也不充分

各省市制定的绩效评价管理办法中,并未将评价结果公示情况纳入考核体系,也没有针对评价结果应用设计指标。高校在绩效评价工作结束后,往往忽视了将评价结果进行反馈,即使意识到评价结果反馈的重要性,也只是将评价结果上报给上级主管部门,而忽视了将评价结果向全体师生及社会公众公开,片面理解了评价结果有反馈的内涵,绩效评价结果缺少公开性和透明性。同时,各省市制定的绩效评价管理办法只规定将绩效评价结果作为下一年度项目立项的依据,并未规定对项目负责人的问责机制,也未规定具体奖惩措施。

四、高校学科建设专项资金绩效评价构建

(一)高校学科建设专项资金绩效评价的基本理念

高校学科建设专项资金绩效评价,应从学校发展战略的高度出发,坚持以战略目标为导向、以内涵式发展为导向和以结果为导向,全面评价学科建设专项资金支出情况。

1. 以战略目标为导向

高校要以人才培养、科学研究、服务社会和文化传承为职责使命,并以此来制定学科建设的战略目标。按照一定的方式方法将战略目标逐步细化分解到学科建设活动中,并对各项活动的产出进行量化评价。在战略目标的引导下,高校应对学科建设的优势和劣势、学科发展的机遇和挑战进行系统全面的分析,以学科建设

专项资金绩效评价的影响因素为支点，对学科建设结果进行系统性评价。

2. 以内涵式发展为导向

学科建设要创新学科组织模式，集中资源打造“比较优势”，优先发展满足地方重大战略需求的学科和跨学科的专业群，注重投入和产出的效益，以学科特色谋求区域核心优势。高校要围绕学科方向设定绩效目标，通过对投入、过程、产出和效果的全过程评估，促使高校不断提升学科建设水平，实现内涵式发展。

3. 以结果为导向

同一学科因不同高校间办学方向和学科群建设的不同，其学科建设的模式也各不相同，但学科建设的目标都是培养一流人才，为经济社会发展提供创新型应用型人才，更好地服务于地方经济社会发展。因此，学科建设绩效评价要实现对学科建设活动的全面评价，要坚持以结果指标作为关键指标，并在指标设计时赋予较高的权重，从而引导高校在学科建设过程中以结果为导向，更好地服务于地方经济社会的发展。

（二）高校学科建设专项资金绩效评价的基本原则

高校学科建设专项资金绩效评价既要坚持以定量分析为主，又不能忽视定性分析的重要性；既要遵循绩效评价的一般原则，又要考虑到学科建设的特殊性。

1. 定性和定量分析相结合原则

定量评价能够客观、真实地衡量绩效目标的完成程度，但高校学科建设产出的部分经济和社会效益则难以完全进行定量评价。例如科研成果带来的社会进步，毕业生为社会创造的价值等。对于这类产出和效果的评估，需要对师生、家长以及用人单位等进行深入调查和分析，得出定性评价结论。因此，只有定性和定量分析相结合，才能对学科建设活动产出和效果作出系统全面的评价。

2. 共性和个性相结合原则

各高校因地域差异、办学特色的不同，其学科方向也各不相同，统一按照共性指标进行评价的效果较差，而根据高校和学科的不同分别设计个性指标的难度又较大，且无法进行横向比较。因此，学科建设类别的划分非常重要，既要体现学科建设的共性，又要兼顾不同地域和学科类别的特色，按照共性和个性相结合的原则进行高校学科建设专项资金绩效评价指标体系的构建。

3."3E"原则

"3E"是指支出的经济性(economy)、效率性(efficiency)和有效性(effectiveness)，是西方国家在财政支出的绩效评价工作中总结出来的。高校学科建设专项支出作为财政支出的一部分，具有公共财政支出的一般属性。高校在对学科建设专项资金进行绩效评价时，也应遵循"3E"原则，考核学科建设专项实际支出是否最小、投入产出比率是否最大、产出是否达到预期效果。

(三)高校学科建设专项资金绩效评价的组织机制

1.评价主体

评价主体的确定是开展绩效评价工作的前提。财政部印发的《财政支出绩效评价管理暂行办法》中将绩效评价的主体界定为"各级财政部门和各级预算部门(单位)"。因此，各省市的财政部门、教育部门及其直属高校是学科建设专项资金绩效评价的主体。同时，按照利益相关者理论，师生、用人单位及第三方评价机构也是学科建设的利益相关者。

财政部门代表政府组织和监督高校学科建设专项资金绩效评价工作，负责制定绩效评价管理办法，编制绩效评价指标体系，是绩效评价的主要主体；学科建设是高校发展的龙头，是高校建设的重要组成部分，直接关系到高校服务社会的效果，因此高校也是绩效评价的重要主体；学生是高等教育的"顾客"，通过接受教育提升学习和工作能力，属于绩效评价的监督主体；用人单位通过聘用高校毕业生，对人才培养质量和人才需求信息最具发言权，也属于绩效评价的监督主体；第三方评价机构是绩效评价的重要力量之一，其独立于政府和高校开展评价工作，第三方评价机构的专业性和权威性保证了评价过程的科学性和评价结果的公正性。

总之，绩效评价应坚持以政府为主导，以高校自评为基础，第三方评价机构做有效补充，兼顾学生及用人单位的意见与建议，实现全方位、立体式的评价，确保绩效评价结果的准确性和可信度。

2.评价对象

评价主体和评价对象都是绩效评价的核心要素，评价主体解决"谁来评价"，而评价对象解决"对谁评价"。按照委托代理理论，财政部门将学科建设专项资金拨付给教育部门，再由教育部门分配给所属各高校，高校将学科建设专项资金用于学科队伍、人才培养、学术交流、平台建设、科学研究等领域，三者构成了多层次的评价关系。因此，绩效评价对象就是学科建设专项资金用于上述领域形成的支出。

（四）高校学科建设专项资金绩效评价指标的构建

1.评价指标体系的构建

（1）指标设计原则

①相关性原则。应当与申报高校学科建设专项资金绩效目标有直接的联系，能够恰当反映目标的实现程度。

②重要性原则。应当优先使用最能代表高校学科建设水平、最能反映高校学科建设要求的核心指标。

③可比性原则。高校学科建设包含不同学科，应当尽量使用具有共性的绩效评价指标，以便评价结果可以在不同种类的学科建设中相互比较。

④系统性原则。应当将定量指标与定性指标相结合，系统反映学科建设专项资金所产生的社会效益、经济效益、环境效益和可持续影响等。

⑤经济性原则。指标设置应当通俗易懂、简便易行，评价数据的获得充分考虑现实条件和可操作性，符合成本效益原则。

（2）指标体系层级设计

本课题以高校学科建设专项资金绩效评价的基本理念为导向，遵循学科建设专项资金绩效评价的基本原则，以财政部印发的《财政支出绩效评价管理暂行办法》《预算绩效评价共性指标体系框架》中提出的共性指标框架为参考，结合高校学科建设活动的特点，共设置项目投入指标、项目实施指标和项目绩效指标3项一级指标，并在3项一级指标的框架结构下分设8项二级指标、31项三级指标。其中，三级指标的筛选是在数据可得的前提下，选取了部分代表性较强的指标，并根据学科发展不断进行更新，实现对学科建设专项资金的动态绩效评价，评价指标如表3所示。

表3　高校学科建设专项资金绩效评价指标、评价标准及指标权重分配表

一级指标	二级指标	三级指标	指标说明	评价标准
项目投入(20分)	项目立项(10分)	项目立项的规范性(3分)	由绩效评价专家给予定性评定，划分为优、良、中、差四个等级	优(3分)；良(2分)；中(1分)；差(0分)
		战略目标的适应性(3分)	由绩效评价专家给予定性评定，划分为优、良、中、差四个等级	优(3分)；良(2分)；中(1分)；差(0分)
		绩效目标的合理性(4分)	由绩效评价专家给予定性评定，划分为优、良、中、较差、差五个等级	优(4分)；良(3分)；中(2分)；较差(1分)；差(0分)
	资金落实(10分)	经费到位率(5分)	(实际到位/计划到位)×100%	100%(5分)；≥95%(4分)；≥90%(3分)；≥85%(2分)；≥80%(1分)
		经费配套比例(5分)	(配套额/预算额)×100%	≥50%(5分)；≥40%(4分)；≥30%(3分)；≥20%(2分)；≥10%(1分)

续表

一级指标	二级指标	三级指标	指标说明	评价标准
项目实施（20分）	制度保障（8分）	项目管理制度（4分）	由绩效评价专家给予定性评定，划分为优、良、中、较差、差五个等级	优（4分）；良（3分）；中（2分）；较差（1分）；差（0分）
		财务管理制度（4分）	由绩效评价专家给予定性评定，划分为优、良、中、较差、差五个等级	优（4分）；良（3分）；中（2分）；较差（1分）；差（0分）
	预算执行（12分）	招标效率（2分）	废标或流标次数	无废标或流标（2分）；废标或流标1次（1分）
		预算调整率（2分）	（调整额/预算额）×100%	≤10%（2分）；≤20%（1分）
		预算执行率（5分）	[截至某一时点（每年6、9、12月）累计支出额/预算总额]×100%	6、9、12月执行率分别达到50%、75%、100%，按达标次数得分依次是5分、2分、1分
		结转结余率（3分）	（结转结余额/预算额）×100%	结转结余0（3分），否则0分
项目绩效（60分）	学科队伍（15分）	学科带头人引进率（3分）	（实际引进人数/计划引进人数）×100%	100%（3分）；≥75%（2分）；≥50%（1分）
		省级及以上人才称号获批率（3分）	（获批人数/申报人数）×100%	100%（3分）；≥75%（2分）；≥50%（1分）
		博士学位教师引进率（3分）	（实际引进人数/计划引进人数）×100%	100%（3分）；≥75%（2分）；≥50%（1分）

续表

一级指标	二级指标	三级指标	指标说明	评价标准
项目绩效(60分)	学科队伍(15分)	职称晋升率(3分)	(实际晋升人数/符合条件人数)×100%	≥70%(3分);≥50%(2分);≥30%(1分)
		省级及以上优秀教学团队获批率(3分)	(实际优秀团队个数/计划个数)×100%	100%(3分);≥75%(2分);≥50%(1分)
	人才培养(15分)	省级优秀硕、博论文获得率(3分)	(获奖论文数/申报论文数)×100%	100%(3分);≥75%(2分);≥50%(1分)
		硕士研究生毕业率(3分)	(当年实际毕业人数/当届招生人数)×100%	100%(3分);≥75%(2分);≥50%(1分)
		博士研究生毕业率(3分)	(当年实际毕业人数/当届招生人数)×100%	100%(3分);≥75%(2分);≥50%(1分)
		省级及以上精品课程获批率(3分)	(精品课程获批数/申报数)×100%	≥70%(3分);≥50%(2分);≥30%(1分)
		实验教学示范中心获批率(3分)	(示范中心获批数/申报数)×100%	≥70%(3分);≥50%(2分);≥30%(1分)

续表

一级指标	二级指标	三级指标	指标说明	评价标准
项目绩效(60分)	科学研究(15分)	省级及以上科研项目立项率(3分)	(实际立项数/申请数)×100%	≥70%(3分);≥50%(2分);≥30%(1分)
		科研成果转化取得收入增长率(3分)	(本年科研成果转化收入－上年科研成果转化收入)/上年科研成果转化收入×100%	≥10%(3分);≥6%(2分);≥3%(1分)
		国家级和省级重点实验室获批率(3分)	(实际获批数/申报数)×100%	≥70%(3分);≥50%(2分);≥30%(1分)
		专利获批率(3分)	(实际获批数/申请数)×100%	≥70%(3分);≥50%(2分);≥30%(1分)
		高水平论文发表率(北大核心/南大核心/CSSCI/SSCI/SCI/EI)(3分)	(实际发表论文数/计划数)×100%	100%(3分);≥80%(2分);≥60%(1分)
	社会服务与满意度(15分)	向社会提供咨询或培训服务人次增长率(3分)	(当年培训人数－上年培训人数)/上年培训人数×100%	≥10%(3分);≥6%(2分);≥3%(1分)

续表

一级指标	二级指标	三级指标	指标说明	评价标准
项目绩效(60分)	社会服务与满意度(15分)	参与地方经济建设项目数量增长率(3分)	(本年参与项目数－上年参与项目数)/上年参与项目数×100%	≥10%(3分);≥6%(2分);≥3%(1分)
		与社会共建实训、实践基地数量增长率(3分)	(本年共建基地数－上年共建基地数)/上年共建基地数×100%	≥10%(3分);≥6%(2分);≥3%(1分)
		资源共享率(3分)	(社会使用设备次数/总使用次数)×100%	≥30%(3分);≥20%(2分);≥10%(1分)
		师生及用人单位满意度(3分)	利用数理统计方法进行调查问卷,划分为优、良、中、差四个等级	优(3分);良(2分);中(1分);差(0分)

(3)具体评价指标解析

▶项目投入指标

项目立项方面:项目立项规范性反映学科建设项目的立项申请是否符合相关制度要求,是否经过必要的可行性论证、集体决策等程序;战略目标适应性反映高校制定的战略发展目标是否与本省市的战略规划一致,学科建设的方向是否符合本省市的经济社会发展方向;绩效目标合理性反映学科建设绩效目标的设定是否依据充分且符合实际,预期产出是否符合正常绩效水平。

资金落实方面:经费到位率反映学科建设专项经费到位情况对学科建设活动的保障程度;经费配套比例反映高校使用自筹资金对学科建设财政专项资金的配套情况。

▶项目实施指标

制度保障方面:项目管理制度反映高校是否针对学科建设活动制定相应的规章制度并建立专门管理机构,以便对学科建设活动进行及时有效的监督和管理;财务管理制度反映高校是否针对学科建设专项资金制定专门的经费使用管理制度并切实有效地执行,从而确保学科建设专项资金使用合理、合法、合规,切实保障资金安全。

预算执行方面:招标效率反映高校是否严格按照政府采购法、招标投标法等法律法规执行项目招标程序,发生废标、流标等情况将影响专项资金的预算执行;预算调整率反映学科建设专项资金预算金额和实际执行金额的差异程度,差异程度较大、如需调整预算将严重影响到预算执行效率;预算执行率反映学科建设专项资金在某一固定时间节点的预算执行情况,一般每年的 6 月、9 月、12 月为考核的时间节点,高校应加强对项目从招标、建设到验收、付款的全过程管理,切实加快预算执行进度。

▶项目绩效指标

项目绩效指标反映高校学科建设专项支出的产出和效果。项目产出和效果的评价要与绩效目标进行对比,考核绩效目标的完成情况及效果。学科建设的成果主要体现在学科队伍、人才培养、科学研究和社会服务与满意度四个方面,因此项目绩效指标设计也从这四个方面入手。

学科队伍方面:学科带头人引进率、博士学位教师引进率均反映高校学科建设开展教学和科研工作所需人才的储备能力;省级及以上人才称号获批率、省级及以上优秀教学团队获批率均反映高校教师的成长性与发展潜力;职称晋升率反映高校教师职称晋升空间的大小。

人才培养方面:省级优秀硕、博论文获得率,硕、博士研究生毕业率均反映高校通过学科建设活动向社会提供优秀人才的能力;省级以上精品课程获批率、实验教学示范中心获批率均反映高校学科建设在学生培养质量方面所具备的能力和条件。

科学研究方面：国家级和省级重点实验室获批率、科研成果转化取得收入增长率、省级及以上科研项目立项率均反映高校学科建设在科研方面取得的成果；专利获批率反映高校学科建设在自主研发方面的能力；高水平论文发表率（北大核心/南大核心/CSSCI/SSCI/SCI/EI）反映高校学科建设产出高水平期刊论文的能力。

社会服务与满意度方面：向社会提供咨询或培训服务人次增长率反映了高校科教资源的外溢程度和服务社会程度；参与地方经济建设项目数量增长率反映高校学科建设项目与当地经济社会发展的融合程度，是否有助于推动地方经济社会的发展；资源共享率反映高校学科建设所购置仪器设备和优质资源的共享情况；师生及用人单位满意度反映高校学科建设的利益相关者对于学科建设质量的满意程度。

2. 指标权重的设定

指标权重指各项指标所占的比重。指标权重具有显著的导向作用，权重的大小反映了该项指标的重要程度，权重的大小与该项指标的重要程度成正比。因此，项目执行部门在执行项目过程中会根据权重设置的大小而有所侧重。同时，权重设置的合理性也会影响到最终绩效评价结果的准确性和可靠性。一般来说，确定指标权重的方法主要有主观赋权法、客观赋权法及组合赋权法，本课题选用了主观赋权法中常用的德尔菲法。德尔菲法又称专家调查法，指借助于相关专家的知识和经验来确定各指标的权重，经过不断地反馈和修改，最终得出各指标相对合理的权重值。

本课题参考财政部对财政支出绩效评价指标体系的权重设置，结合学科建设专项的特点，运用德尔菲法对指标体系中各项指标的权重进行重新设定。关于一级指标，专家意见基本一致，均认为项目绩效是绩效评价的关键和核心，应赋予较高的权重值，而项目投入和项目实施的重要性则相对次之。最终，本课题按照百分制对项目投入、项目实施、项目绩效三项一级指标分别赋值 20 分、20 分、60 分。对于二级指标和三级指标，经过专家的反复论证，也分别确定了各自的权重。各项指标权重分配情况如表 3 所示。

3. 评价标准的设定

绩效评价指标和评价标准共同构成了高校学科建设专项资金绩效评价指标体系的重要部分。其中，评价标准是绩效评价的准绳和标尺，用于衡量绩效目标是否实现以及实现程度。评价标准具体包括计划标准、行业标准、历史标准和经验标准等，由于目前尚未建立各项指标的统一的权威标准，绩效评价人员对于各项指标完成程度的容忍度也不同，因此，评价标准的设定必然具有一定的主观性，在具体操作过程中可以结合学科建设的实际情况进行适当调整。

对于绩效评价标准的确定，本课题是以高校学科建设专项的年初预算、国家和地方制定的相关行业标准以及绩效评价实践活动中的经验标准为参考，同时考虑到样本选取的规模性和广泛性，尽可能地将评价标准设定为一个数值范围。各项指标评价标准如表 3 所示。

评价标准确定后，绩效评价人员按照设定的评价标准对各项指标打分，各项指标的得分汇总后得到高校学科建设专项资金绩效评价的总分，最终对学科建设专项资金的绩效评价情况作出评价。

五、实证研究——以 L 大学“高水平应用型大学”学科建设专项资金绩效评价为例

A 学科、B 学科是 L 大学受山东省重点支持的特色学科。2016 年，山东省分别拨付“高水平应用型大学建设—A 学科”专项资金 400 万元、“高水平应用型大学建设—B 学科”专项资金 400 万元用于支持 L 大学 A 学科、B 学科的建设和发展。本课题按照上文构建的学科建设专项资金绩效评价指标体系，设计了绩效评价基础信息表，分别发放给 A 学院、B 学院及财务、教务、科研等相关职能部门的工作人员，由相关工作人员结合 A 学科、B 学科建设的实际情况进行如实填写。

根据 L 大学相关人员反馈的基础信息，课题组进行汇总整理，并

以上文设计的高校学科建设专项资金绩效评价标准为评分标准，计算出每项具体指标的分值，如表 4 所示。

表 4　2016 年 L 大学 A 学科、B 学科建设专项资金绩效评价得分表

序号	绩效目标	A 学科			B 学科		
		计算过程	结果	得分	计算过程	结果	得分
1	项目立项的规范性	专家集体定性评定	优	3	专家集体定性评定	良	2
2	战略目标的适应性	专家集体定性评定	良	2	专家集体定性评定	良	2
3	绩效目标的合理性	专家集体定性评定	良	3	专家集体定性评定	中	2
4	经费到位率	400/400	100%	5	400/400	100%	5
5	经费配套比例	0	0	0	0	0	0
6	项目管理制度	专家集体定性评定	中	2	专家集体定性评定	差	0
7	财务管理制度	专家集体定性评定	中	2	专家集体定性评定	差	0
8	招标效率	废标或流标次数	0	2	废标或流标次数	0	2
9	预算调整率	20/400	5%	2	0/400	0	2
10	预算执行率	210/400、350/400、400/400	3	3	190/400、300/400、380/400	1	1
11	结转结余率	0/400	无	3	20/400	5%	0

续表

序号	绩效目标	A学科			B学科		
		计算过程	结果	得分	计算过程	结果	得分
12	学科带头人引进率	3/5	60%	1	4/5	80%	2
13	省级及以上人才称号获批率	3/4	75%	2	2/2	100%	3
14	博士学位教师引进率	8/10	80%	2	4/10	40%	0
15	职称晋升率	12/15	80%	3	12/20	60%	2
16	省级及以上优秀教学团队获批率	2/3	67%	1	2/3	67%	1
17	省级优秀硕、博论文获得率	0/5	0	0	2/4	50%	1
18	硕士研究生毕业率	385/387	99.48%	2	385/396	97.22%	2
19	博士研究生毕业率	5/8	62.5%	1	8/10	80%	2
20	省级及以上精品课程获批率	4/5	80%	3	3/4	75%	3
21	实验教学示范中心获批率	1/2	50%	2	1/2	50%	2

续表

序号	绩效目标	A学科			B学科		
		计算过程	结果	得分	计算过程	结果	得分
22	省级及以上科研项目立项率	15/20	75%	3	10/19	52.63%	2
23	科研成果转化取得收入增长率	(320万－300万)/300万×100%	6.67%	2	(250万－240万)/240万×100%	4.17%	1
24	国家级和省级重点实验室获批率	1/2	50%	2	0/3	0	0
25	专利获批率	4/9	44.44%	1	5/9	55.56%	2
26	高水平论文发表率(北大核心/南大核心/CSSCI/SSCI/SCI/EI)	120/150	80%	2	112/155	72.26%	1
27	向社会提供咨询或培训服务人次增长率	(200－175)/175	14.29%	3	(80－55)/55	45.45%	3
28	参与地方经济建设项目数量增长率	(25－23)/25	8%	2	(26－25)/25	4%	1
29	与社会共建实训、实践基地数量增长率	(9－8)/8	12.5%	3	(12－11)/11	9.09%	2

续表

序号	绩效目标	A学科			B学科		
		计算过程	结果	得分	计算过程	结果	得分
30	资源共享率	22/230	9.57%	0	50/200	25%	2
31	师生及用人单位满意度	利用数理统计方法进行调查问卷	良	2	利用数理统计方法进行调查问卷	中	1
	总分			64			49

从表4的计算结果可以看出,A学科建设专项资金绩效评价的最终得分是64分,B学科建设专项资金绩效评价的最终得分是49分。A学科建设专项资金的绩效水平要优于B学科,B学科在项目实施阶段失分较多,而两学科的项目绩效指标得分相当,该结果较为符合实际情况。再进一步分析可以发现以下问题:

在对A学科的专项资金绩效评价中,共有3项指标的得分为0,分别是经费配套比例,省级优秀硕、博论文获得率,资源共享率。其中,经费配套比例指标得分为0是因为A学院并未对A学科建设专项资金予以自筹资金配套;省级优秀硕、博论文获得率指标得分为0是因为A学院本年并没有毕业论文获得省级优秀论文;资源共享率指标得分为0是因为A学院设备几乎是教学和科研专用设备,专业性较强,外界使用率较低。

在对B学科的专项资金绩效评价中,共有6项指标的得分为0,分别是经费配套比例、项目管理制度、财务管理制度、结转结余率、博士学位教师引进率、国家级和省级重点实验室获批率。其中,经费配套比例指标得分为0是因为B学院并未对B学科建设专项资金予以自筹资金配套;项目管理制度、财务管理制度指标得分为0是因为B学院并未制定相关规章制度,项目执行缺乏制度约束;结转结余率指标得分为0主要是项目经费管理制度的缺失,项目执行效率低下,导致出现结转结余;博士学位教师引进率得分为0是因为B学科专业较为紧缺，计划引进 10 人，而实际只引进 4 人；国家级和省级重点实验室获批率得分为 0，是因为 B 学院申报的省级重点实验室最终未获批。

六、完善高校学科建设专项资金绩效评价的建议

本课题尝试构建了高校学科建设专项资金绩效评价指标体系，并运用实证研究的方法，据实评价了山东省教育厅、财政厅拨付 L 大学的“高水平应用型大学建设—A 学科、B 学科”专项资金的使用情况，从绩效评价分析中可以发现仍然存在很多需要改进和完善的地方。基于上述研究，本课题提出了完善高校学科建设专项资金绩效评价的几点建议。

（一）完善考评制度是绩效评价的基础保证

政府层面。高校频繁出现专项资金重复申报、挤占和挪用等问题，损害了高校的声誉，造成了资金的浪费。这主要是高校专项资金绩效管理的制度缺失造成的。政府部门必须出台专门针对学科建设的财政专项资金绩效评价办法，规范学科建设专项资金绩效评价的组织与管理，建立统一、规范的学科建设专项资金绩效评价指标体系、评价标准和评价方法，使高校专项资金绩效评价工作做到有法可依、有规可循，切实提高资金使用效益。

高校层面。高校是学科建设专项资金的使用者和受益者，是绩效评价的实施主体。学科建设绩效评价应坚持以高校自评为主，根据评价结果向主管部门提交绩效评价报告，主管部门组织专家对绩效评价报告进行审查并实地抽查评价。高校学科建设绩效评价工作不仅涉及负责具体执行的学院，而且涉及教务处、科研处、人事处、研究生院等相关职能部门，有条件的高校可以成立绩效评价管理部门，负责基础数据的收集和整理，统筹协调各部门工作。作为具体执行的学院，应结合学校资金管理要求并根据自身情况制定具体的专项资金管理办法，加强制度保障。

（二）达成共识，汇聚推进合力

传统的“吃饭财政”思维模式使得高校教职工普遍缺乏明确的教

学和科研产出意识，更没有意识到教学和科研工作与经济社会发展的关联性，这导致开展绩效评价工作在数据采集过程中经常遇到相关部门反感和抵触的情况。因此，高校需要强化公共服务理念，提升绩效管理的价值认同感，将绩效管理理念深入人心，同时要加强对绩效评价结果的应用，使相关职能部门工作人员深刻理解绩效评价工作的意义。

（三）优化评价基础，完善绩效考评

建立和完善专家学者库。高校学科建设专项资金绩效评价工作专业性强，需要专家学者和第三方评价机构的辅助。专家不但要掌握绩效评价的专业知识，还要熟悉高校学科建设的各项工作，才能设计出较为科学合理的绩效评价指标体系。第三方评价机构应独立于政府和高校，才能确保绩效评价结果的公平公正。

建立并完善基础数据库。基础数据是构建绩效评价指标体系的基石，开展绩效评价工作必须要建立和完善基础数据库，主管部门要及时督促高校填写指标数据，做好数据的收集和整理工作，不断总结学科建设绩效评价的理论与实践经验，组织筛选并建立高校学科建设绩效评价方法库，积累评价案例，并在实际评价工作中及时修订评价方法，不断完善评价方法库。另外高校也要加强日常工作中的数据积累，不断完善基础数据库。

（四）科学运用结果，发挥考评作用

绩效评价结果应在一定范围内公开，公开对象除了高校的主管部门外，还应包括全体师生及社会公众。评价结果的公开不应仅局限在项目是否完成上，还要对项目绩效目标、项目执行过程、项目执行结果等进行全面公开，公开的数据应通俗易懂，一方面促使高校不断提高学科建设资金使用效益，另一方面帮助学科建设利益相关者得以了解高校服务质量。

绩效评价结果的实际应用是学科建设专项资金绩效评价工作的阶段性结束。财政部门应以绩效评价结果为参考，对高校实行绩效拨款，对绩效评价成绩较好的高校安排一定的补助资金作为绩效奖励，对绩效评价成绩较差的高校在下一年度预算资金安排时给以相应扣减，促进高校提高绩效管理。高校应客观分析绩效评价提示、反映出的问题，认真研究制定改进措施，不断增强支出责任，提高资金使用绩效。

主要参考文献

[1]乔春华.高校预算管理研究[M].苏州大学出版社，2013

[2]戚伟琳.河北省高校专项资金预算绩效评价指标构建研究[D].燕山大学，2015

[3]徐东.高校专项资金绩效评价指标体系的构建[J].财会通讯，2009(4)

[4]张翼飞等.地方应用型高校财政支出绩效评价体系的构建[J].财会月刊(中)，2016

[5]张男星等.高校绩效评价：实践探索的理论思考[J].教育研究，2015(6)

[6]李永宁.政府拨款导向的高校绩效评价指标体系设计研究[J].会计之友，2016(19)

[7]夏雪.高校绩效评价指标体系与绩效预算分配实证研究[J].西南师范大学学报(自然科学版)，2016(4)

[8]牛奉高，邱均平.基于效率指标体系的高校绩效评价研究[J].高教发展与评估，2013(6)

[9]王国平，项怡.国内高校绩效评价研究现状及趋势分析[J].高等建筑教育，2016(6)

[10]宋丽平，安宁.高校绩效评价指标体系构建[J].财会月刊，2006(3)

[11]丁振华，吴应宇.高校绩效评价研究综述[J].江苏高教，2014(4)

[12]顾海良.高校绩效评价是对中国高校评估模式的积极探索[J].大学(研究版)，2011(10)

(作者单位：鲁东大学　山东省教育厅)

高校预算管理绩效评价指标体系研究

梁 星 郭倩玉

【摘要】 2018年9月，中共中央、国务院发布的《关于全面实施预算绩效管理的意见》提到“全面实施预算绩效管理是优化财政资源配置、提升公共服务质量的关键举措”。同时，十九大报告中指出要“建立全面规范透明、标准科学、约束有力的预算制度，全面实施绩效管理”。在国家经济不断发展的背景下，高校也迎来了发展机遇和挑战。高校规模不断扩大，资金来源多元化，资金规模也在不断增加。如何运用一个年度内有限的资金来完成高校的战略目标，不仅是政府关注的焦点，也是社会公众的关注点。预算管理在其中发挥关键作用。为此，政府部门正在引进绩效评价的管理模式，以实现预算管理绩效化，促使高校既关注预算编制阶段更关注预算执行后取得的成果。

【关键词】 高等院校 预算管理 绩效评价指标

一、绪论

随着国家教育经费投入逐年增加，2010年，财政部预算司增设了绩效预算管理处，标志着我国绩效预算管理正式启动运转。2011年，财政部发布《关于推进预算绩效管理的指导意见》，为实际操作提供指导。2013年出台《预算绩效评价共性指标体系框架》，设立了三部分指标，分别是项目支出、部门整体支出和财政预算绩效评价共性指标体系框架。2014年召开中国财政学会绩效管理研究专业委员会大会，审议通过了中国财政学会绩效管理研究专业委员会章程和管理办法，为预算绩效管理提供了有力保障。

2018 年，我国教育经费总投入 46135 亿元。其中，高等教育总投入 12013 亿元，占比 26%。高校预算管理绩效评价，是未来的发展趋势，它是一种以结果为导向的预算管理模式，要求在预算编制、执行和监督的全过程中时刻关注预算资金的利用情况，确保资金用到位且效果显著。

高校预算管理绩效评价指标体系研究，是对高校各项活动进行充分、全面的分析和配比后，通过定性和定量指标的评判，将实际完成情况与预算目标或行业指标等进行比较，分析高校预算资金使用情况及其结果的一项精细化研究。构建高校预算管理绩效评价指标体系，既有利于财政资金的划拨、使用和确保评价更加规范有效，又可以给高校预算管理实践提供指导，优化配置各项资源，更好地实现社会效益。

通过梳理文献资料可以看出，国外比国内的研究早了半个多世纪，已经从理论研究过渡到实践研究，体系成熟而且还在完善中，国内的研究主要还在理论层面，亟须充实实务经验。本文尝试构建预算管理各个阶段的评价指标，并运用层次分析法对指标进行赋权。

二、高校预算管理绩效评价的特征及内涵

（一）高校预算管理特征

1. 战略性和指导性

战略性是指高校在制定学校预算时应该根据学校一年内或者几年内的战略目标，依据学校的预算资金额，以战略目标为导向，选择能使战略目标最大化的活动或者项目，促使高校健康、有序发展。

指导性是指在确定预算编制方法上，根据学校不同学科或者不同规模等采用适合本校的预算编制方法。同时在制定预算过程中，各个专业人员应该给予各个二级部门负责编制预算的人员相应的指导，使得预算编制更具有专业性。

2. 权威性和动态性

权威性是指高校的预算在经过学校决策人员确定后，在没有特殊情况和学校决策人员同意的条件下，任何人不能随意调整已经制

定好的预算。在规划好一年任务的情况下,随意变动不仅丧失了预算本身的作用,而且会造成学校资金的浪费。

动态性是指高校预算编制不是一成不变的,在外部和内部环境变化的时候要在恰当的时间对高校预算管理进行调整,以保证在合适的时间安排合适的工作。

3.科学性和控制性

预算编制需要根据收集汇总的各个部门上报的预算执行情况,结合下年度资金供需状况,对预算执行过程进行分析和评估,使得预算编制更加具有科学性。

控制性是指高校应该在预算的编制、执行、监督等各个过程中进行控制。事前、事中和事后都应该对预算进行控制,使得预算管理真正朝着高校发展目标方向发展。

(二)预算管理绩效评价的内涵

高校并不是一味追求经济效益的法人实体。高校预算管理关系到高校战略目标的实现。目标应该如何下达,经费的分配方法如何确定,战略目标的实施人群包含哪些,都是预算管理的重要任务。高校预算管理绩效评价是以高校预算管理为评价对象,根据高校的实际情况,运用一定的方法和标准,设计一系列适用性的指标,对高校预算管理取得的成果进行评价。评价的结果可以为下一年的预算管理提供建议。

高校预算管理绩效评价涉及事前预测、事中控制和事后评价三方面,革除了之前预算管理重投入、轻产出的弊端,逐渐转为全过程的监督,可以充分发挥预算管理的作用。

三、高校预算管理绩效评价存在的问题

高校预算管理从预算编制、预算执行到预算分析等都有其固定程序,通过一系列的流程使高校的各项资源得到合理配置和有效运用。但现行高校预算管理存在一定的问题。

(一)绩效管理意识薄弱

长期以来受“重投入,轻产出”思想的影响,部分高校在领导层面

缺乏绩效管理意识，使得高校财务部门出现以预算指标分配为重心的问题，预算编制缺乏科学性；部分高校职工将预算管理工作等同于预算编制任务，轻视行为产生的效果，后期的预算监督和绩效评价没有得到有效执行。领导层面亦没有起到很好的带头作用，各项资源达不到良好的使用效果，产生资源浪费等现象。

（二）很少设置独立的预算管理部门

高校预算管理是一项全校性的工作，它涉及全校的各项经费，也涉及全校所有人员。它属于一项统筹规划的工作，应该明确需要多少经费、具体花费在什么地方。它应该以一个全面的视角看待全校各项工作，而不应该仅仅站在某个角度。目前大部分高校预算管理工作是由财务部负责；具体来说，是由各个二级部门根据自己部门的工作安排编制各自的预算，然后由财务部进行汇总。由财务部负责此项工作不具有统筹性，因为它不足够了解全校的工作，收支预算缺乏量化分析和科学论证。而各个二级部门并没有配备相应的专业人员负责此项工作，大多简单地运用增量预算的方法进行编制。这种方法大大打压了工作人员节约经费的积极性。

（三）绩效评价体系简单粗放

评价指标作为绩效评价体系的核心，是对高校整体预算执行结果进行考核和评价的依据，有助于高校预算资金的整合和优化配置。部分高校对于预算管理的重要性仍然没有给予重视，仍然把预算编制工作当作年度预算工作的重点或者唯一任务，而较少关注预算执行进度、执行效果，同时缺乏考核和激励机制。不同的高校有不同的特点，资金来源有多有少，支出方向也存在差异，在一定程度上很难统一量化。评价指标中既有定量指标，也有定性指标；定量指标在评价过程中有一定的客观性，如何保证定性指标的客观性有一定的难度，如何将其量化也需要花费时间去钻研。

（四）激励机制用于结果导向较少

预算执行的主体是组织中的人员，人力资本是组织活动中的宝贵财富。人的潜力是无穷的，关键在于如何去挖掘。

“基数加增长”的拨款模式没有考虑高校一年内预算经费所产生

的绩效。无论绩效是好是坏，都对下一年的预算收入没有影响，导致高校成员在完成工作的过程中缺乏绩效优化的积极性。同时，高校往往在预算编制和预算执行上花费大量的时间和精力，然而取得的成果如何则缺乏考核。这种不注重结果的“惯例”，导致预算执行人员的薪酬并未真正与其岗位职责挂钩，员工执行得好没有额外的奖励，执行得不好也没有相应的处罚，预算的把关功能流于形式。

四、高校预算管理绩效评价指标体系的构建

(一)构建高校预算管理绩效评价指标的可行性

高校预算绩效化管理是高校发展的现实需求，国家也不断出台关于高校预算管理绩效评价的相关政策。同时，相关的信息技术也可作为支撑。

1.实施绩效评价的政策支撑

2014年修订的《预算法》第十二条指出，各级预算应当遵循统筹兼顾、勤俭节约、量力而行、讲求绩效和收支平衡的原则。第三十二条指出，各级预算应当根据年度经济社会发展目标、国家宏观调控总体要求和跨年度预算平衡的需要，参考上一年预算执行情况、有关支出绩效评价结果和本年度收支预测，按照规定程序征求各方面意见后进行编制。财政部印发的《预算绩效评价共性指标体系框架》从支出项目、部门整体、财政预算三个层面规范了绩效评价共性指标体系的框架，并细化到三级指标，明确了指标内容和评价要点。《财政管理绩效考核与激励暂行办法》从预算执行进度、收入质量、盘活财政存量资金、国库库款管理、地方政府债务管理、预算公开、推进财政资金统筹使用几个方面，结合预算管理目标设定考核指标。

2.实施绩效评价的现实需求

2007年，财政部教科文司和教育部财务司委托相关机构选择了8所部属高校进行了试点研究，为开展预算管理绩效评价奠定了基础。国家向高校投入了大量的资金，但是高校教学、科研等方面并没有因此而有重大突破。由于各高校对绩效认识不足，在办学过程中既存在浪费严重的情况，也存在资金使用效率低下的问题，迫切需要

重新思考高校的办学业绩考核问题，通过开展高校专项资金绩效评价推进高校改革。

3.信息技术支持

利用“互联网＋”数据集成功能，可以实现对大量基础财务信息数据的快速处理，提高预决算报表的编制效率。在确定预算编制目标时，可以利用大数据分析功能对学校往年的数据进行分析整合，选择合适的模型进行计算和估测，提高收入预算和支出预算的准确性，还可以通过与其他系统的对接获取有助于增强预算编制准确性的重要信息。“互联网＋”有助于财务部门与预算下达部门实现信息共享，并按照业务要素进行查询方案自定义，及时掌握院系、科研院所、行政部门的财务及预算情况，使各部门相关科目的发生额得到有效控制。

(二)高校预算管理绩效评价指标构成体系

高校预算管理的最终产出成果应具有一定的社会效益，应该评价各个方面产出的成果。

1.高校预算管理绩效评价的基本思路

应该在预算管理的各个环节引入绩效理念，从预算初就引起相关人员的重视，使得各个阶段都保持一个良好的运作状态，最终保证结果的有效性。

对高校预算管理进行绩效评价，首先应该明确被评价对象。本文所指的被评价对象是高校预算管理的各个阶段以及最终取得的成果。其次应该明确评价标准和评价方法。评价标准的选择是为了有所比较，如果只是一味地打分而无比较，则并不能知晓这个结果是好还是不好。确定评价方法可以使评价过程有据可依，不同的方法得出的评价结果会有差别。本文以层次分析法为基础，结合专家意见法，使评价方法更加权威。最后应该根据评价结果得出相应的结论或者给出相应的建议。具体思路如图1所示。

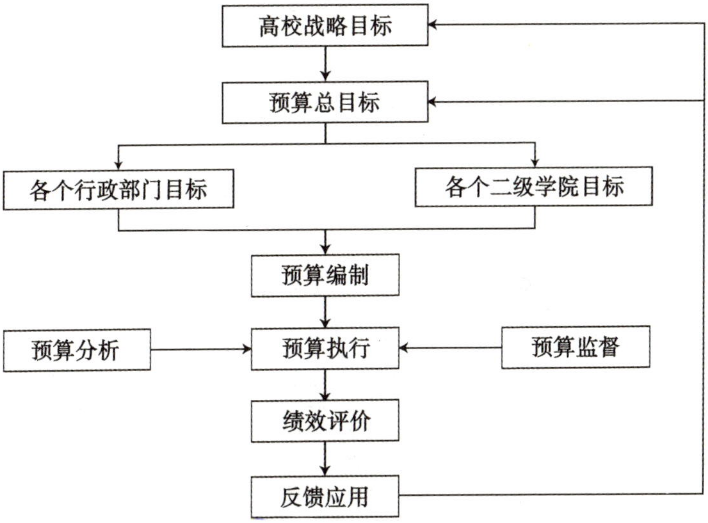

图 1　高校预算管理流程

2.绩效评价指标的选取

从相关文献中可以看出，目前大部分指标的选取都来自于平衡计分卡的四个维度——财务维度、顾客维度、内部业务流程维度、学习与成长维度；还有一部分则是从“投入—过程—产出”角度来确定指标的。这些角度的选取与预算管理贴合度不太高。本文结合高校的实际情况，从预算管理的各个阶段出发，找出每个阶段的关键点，将预算管理划分为以下几个方面：预算编制，预算执行，预算分析与监督，绩效考核，反馈与应用。

根据每个阶段的特点提取关键绩效指标。从预算的各个阶段出发构建指标，能够更加符合预算管理的效果，使预算管理的每个阶段都能够得到充分的评价。指标构成如表 1 所示。

表 1　　　　　　　　高校预算管理绩效评价指标表

一级指标	二级指标	指标解释
预算编制	完整性	预算项目是否完整,所需报送的资料是否完整
	可靠性	预算编制的依据是否可靠
	时效性	是否按时、按规定报送资料
	规范性	报送的资料是否规范
	细化程度	预算支出项目细化程度
预算执行	准确性	是否按照预算予以实施
	时效性	预算项目的实施是否在规定的时间内进行
	预算收入完成率	预算收入完成率＝预算收入到账金额/预算收入总金额
	预算支出执行率	预算支出执行率＝已支出金额/预算支出总金额
	预算调整次数	在评价时间段内调整预算的次数
预算分析与监督	存在性	是否设计了预算分析程序以及是否设立了相应的预算监督机构
	执行性	是否定期或不定期进行预算分析及监督
绩效考核	存在性	是否存在绩效考核的指标和程序
	统一性	绩效考核目标是否和学校的战略目标统一
	公平性	绩效考核的方法是否公平
	成果性	预算执行的结果是否取得相应的成果
反馈与应用	是否给予建议	在预算分析时是否针对预算执行过程中发现的问题给予相应的建议
	反馈的结果是否有应用	所给予的建议是否被采纳

上述众多指标除了绩效考核中的“成果性”,其他指标都可以找到相应的数据加以确定。到底什么样的“成果”可以算作绩效考核的“成果”,需要进一步探讨。这里从教学质量、科研水平、辅助支持、发

展能力四个角度分别设置指标，具体如表 2 所示。

表 2　　　　成果性指标表

一级指标	二级指标	三级指标
成果性	教学质量	毕业生就业率
		师生比
		学生参加学科竞赛等获省级以上奖励数
		重点支持专业(群)
		教育支出增长率
	科研水平	省级重点实验室数量
		五年累计科研进账经费
		优秀科研成果奖数
		生均教学科研仪器设备值
		论文发表数量
	辅助支持	单位价值 200 万元以上大型设备数
		师均办公室面积数
		生均宿舍面积数
		生均纸质图书数
		生均实验室面积数
	发展能力	教师培训进修专项经费
		培训讲座、服务类活动次数
		青年教师培养人数
		引进人才经费
		用人单位对毕业生满意度

3. 指标权重的确定

本文采取的指标权重确定的方法是层次分析法。层次分析法把战略目标分解为目标层、准则层和操作层，对每个层次的不同指标赋予相对的权重，最后把最小层面的权重相加得到评价结果。应用层次分析法计算各指标权重可以分成以下几个步骤：

第一步：构造层次分析图。

根据层次分析法的思想，最高层为目标层，中间一层是准则层，最后一层是操作层。通过上述构造的指标，层次分析图如图 2 所示。

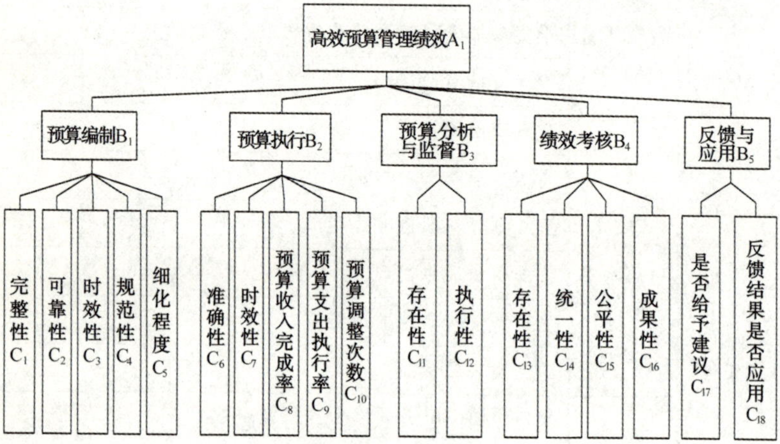

图 2　评价指标层次结构

第二步：构建判断矩阵。

构造判断矩阵是为了将各个指标相互比较的结果数量化。根据层次分析法的原理和程序，聘请相关专家，采用 1～9 标度的判断尺度，对各个指标进行两两重要性比较。结果如表 3 至表 8 所示。

表 3　　　　A_1 判断矩阵

A_1	B_1	B_2	B_3	B_4	B_5
B_1	1	1	3	1/4	3
B_2	1	1	3	1/4	3
B_3	1/3	1/3	1	1/7	1
B_4	4	4	7	1	7
B_5	1/3	1/3	1	1/7	1

表 4　　B_1 判断矩阵

B_1	C_1	C_2	C_3	C_4	C_5
C_1	1	1	2	2	1
C_2	1	1	2	2	2
C_3	1/2	1/2	1	1/3	1/3
C_4	1/2	1/2	3	1	1/2
C_5	1	1/2	3	2	1

表 5　　B_2 判断矩阵

B_2	C_6	C_7	C_8	C_9	C_{10}
C_6	1	5	2	2	3
C_7	1/5	1	1/3	1/3	1/2
C_8	1/2	3	1	1	2
C_9	1/2	3	1	1	2
C_{10}	1/3	2	1/2	1/2	1

表 6　　B_3 判断矩阵

B_3	C_{11}	C_{12}
C_{11}	1	1/3
C_{12}	1	1

表 7　　B_4 判断矩阵

B_4	C_{13}	C_{14}	C_{15}	C_{16}
C_{13}	1	2	1	1/5
C_{14}	1/2	1	1/2	1/6
C_{15}	1	2	1	1/5
C_{16}	5	6	5	1

表 8　　B_5 判断矩阵

B_5	C_{17}	C_{18}
C_{17}	1	2
C_{18}	1/2	1

这里运用层次分析法软件将上述矩阵输入软件进行一致性检验，检验结果如表 9 所示。

表 9　　矩阵一致性检验结果

矩阵	λ_{MAX}	CR	检验结果
A_1 判断矩阵	5.04674	0.01043	$CR<0.1$，检验通过
B_1 判断矩阵	5.21404	0.04778	$CR<0.1$，检验通过
B_2 判断矩阵	5.01726	0.00385	$CR<0.1$，检验通过
B_3 判断矩阵	2.00000	0	$CR<0.1$，检验通过
B_4 判断矩阵	4.03279	0.01228	$CR<0.1$，检验通过
B_5 判断矩阵	2.00000	0	$CR<0.1$，检验通过

各个矩阵通过了检验，数据有效，通过软件计算的权重如表 10 所示。

表 10　　各个指标权重分布表

一级指标	权重/%	二级指标	权重/%
预算编制	19	完整性	22
		可靠性	24
		时效性	15
		规范性	18
		细化程度	21

续表

一级指标	权重/%	二级指标	权重/%
预算执行	19	准确性	28
		时效性	14
		预算收入完成率	21
		预算支出执行率	21
		预算调整次数	16
预算分析与监督	13	存在性	44
		执行性	56
绩效考核	36	存在性	17
		统一性	13
		公平性	17
		成果性	53
反馈与应用	13	是否给予建议	54
		反馈的结果是否有应用	46

运用同样的方法，计算“成果性”下各个指标的权重，结果如表 11 所示。

表 11　　二级指标成果性权重分布表

一级指标	二级指标	权重/%	三级指标	权重/%
成果性	教学质量	59	毕业生就业率	41
			师生比	22
			学生参加学科竞赛等获省级以上奖励数	8
			重点支持专业(群)	9
			教育支出增长率	20

续表

一级指标	二级指标	权重/%	三级指标	权重/%
成果性	科研水平	21	省级重点实验室数量	10
			五年累计科研进账经费	24
			优秀科研成果奖数	16
			生均教学科研仪器设备值	43
			论文发表数量	7
	辅助支持	10	单位价值200万元以上大型设备数	26
			师均办公室面积数	9
			生均宿舍面积数	20
			生均纸质图书数	35
			生均实验室面积	10
	发展能力	10	教师培训进修专项经费	20
			培训讲座、服务类活动次数	9
			青年教师培养人数	10
			引进人才经费	41
			用人单位对毕业生满意度	20

五、实施预算管理绩效评价的建议

通过建立科学的绩效评价体系，引导高校管理者和教师规范自己的行为，确保高校资金得到充分的利用。目前，国内大多数高校的绩效评价指标体系的研究都还不够完善，需要不断探索完善指标体系。

（一）树立绩效评价意识

各部门工作人员树立绩效评价意识是进行预算管理绩效评价的第一步。通过集体会议、校园网站、宣传册等途径向全校工作人员传递预算管理新理念，引导各部门了解预算管理的新方向，夯实预算管理绩效评价的群众基础，使绩效评价意识上升为学校文化。预算管理绩效评价是多学科的结合，这就要求预算管理绩效评价相关人员既要有财务专业知识，也要懂得高校各项业务，从源头了解各项业务，从而更好地对预算资金进行分配。高校应该对从事预算绩效管理的人员进行相关业务知识的培训，提高其预算绩效管理工作水平。

（二）成立专门的预算管理绩效评价小组

预算管理绩效评价工作涉及范围广，工作任务繁重。但是，很多学校只是把这样一项重要的工作简单交给了某几个财务工作人员，工作效果可想而知。高校应该成立专门的绩效评价小组，该小组由各部门、各院系抽调的专门人员组成，隶属于预算管理委员会。由这些人员组成的绩效评价小组可以全面了解学校的各项工作，使绩效评价结果更可靠。绩效评价小组搜集资料，进行分析，然后向预算管理委员会出具绩效评价报告，并可依据绩效评价报告问责各部门、各院系的主要负责人，明确各个部门的预算执行情况。

预算管理工作需要全校所有师生和后勤人员的努力，哪一个环节出现了疏漏都有可能达不到最终的结果，这就需要各个部门明确自己的职责。

1.预算主管部门

全校的预算管理工作应该由预算管理委员会负责，分管校领导进行把关决策。其主要职责是统筹全校的预算工作，合理地分配预算资金，审核各个二级部门编制的年度预算，对各个预算执行部门进行监督，并于期末进行绩效评价和反馈。

2.预算执行部门

各个二级单位、二级学院、各直属单位包括预算管理委员会等都属于预算执行部门。其主要职责是负责编制自己部门的年度预算，敦促所在部门积极有效地完成预算工作。

3.预算监督部门

预算管理委员会、审计处以及监察处负责全校预算管理工作的监督工作，监督各个预算执行部门是否按照预算安排执行任务，是否有违规行为。

具体的安排如图 3 所示。

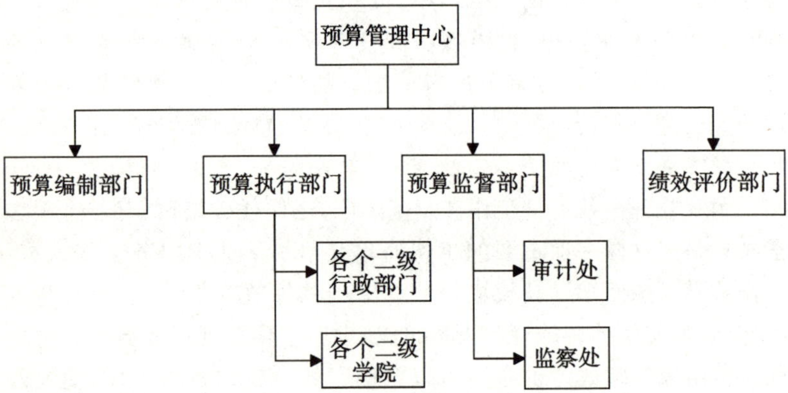

图 3　预算管理中心部门的安排

(三)制定预算管理绩效评价办法

高校可以依照《预算法》及相关条例,结合学校的实际情况,在加强内部管理的基础上制定内部预算管理绩效评价办法等制度。通过制度的设立,强调预算的严肃性,同时明确预算相关部门的职责,明确预算收支的范围、预算编制的依据和方法、预算执行的要求以及绩效评价的原则和方法等。详细的描述以及明确的条文规定可确保预算管理绩效评价工作有章可循,使得预算执行部门知道自己应该做什么,不应该做什么,如何依照这些制度和章程来提升高校的预算管理绩效。

绩效评价指标的择取与权重设定,是高校预算管理绩效评价的重要环节。指标选取是否科学,对最终的评价结果的公平性有着至关重要的作用。合适的指标可以客观地反映学校预算管理工作的情况,不合适的指标即使再好也发挥不了太大的作用。高校需要以自身特点为前提,以发展目标为导向,依据合理性和可比性等原则,建立或完善适用于自身的预算绩效评价指标体系。

(四)推进绩效评价结果与奖惩机制相结合

“重投入,轻产出”现状的一个原因是没有将预算管理的效果与个人的奖惩结合起来,导致在预算落实上大打折扣。坚持科学合理、赏罚分明的原则能够使预算管理落到实处。

高校应当根据自身的实际情况制定有效的激励机制,促使学校员工高效投入到自己的工作中。奖励措施可以是物质上的,也可以是精神上的。同时,对预算超支、严重违反预算管理制度、不积极配合预算管理工作的部门,根据情节严重情况给予警告等处罚,增强预算的权威性和严肃性。

六、结论

高校的预算部门负责学校的资源配置,合理的资源整合和分配可以使有限的资源发挥更大的作用。将预算管理与绩效评价相结合,不仅可以使预算管理更趋向于科学合理,而且可以推进绩效评价的发展,使绩效评价体系更加完善。绩效评价的结果可以反映高校预算管理的效果,同时可以据此总结出预算管理方面的问题。绩效评价的关键是评价指标的选取,合适的指标可以恰当地反映出高校预算管理的水平,反之,则可能错误地指导高校的预算工作。

高校主体地位的转变对高校预算管理提出了更高的要求。各高校的发展战略不同,培养目标不同,收入来源、收入规模以及经费支出结构存在较大的差别,因此很难制定一套适用于任何高校的统一标准。各高校在开展预算管理绩效评价工作时,需要结合自身实际情况进行相应的指标调整,以便绩效评价结果更具有指导意义。

(作者单位:山东工商学院)

职业院校财务状况分析指标体系构建研究

——以 X 职业技术学院为例

潘 罡 刘 颖 王 鑫 曲海娟

【摘要】 目前,我国高职院校在财务状况分析指标体系建设方面的研究还有待完善,各个院校都采用不同的评价指标,这种不统一性导致评价结果不具有可比性,这就需要一套科学的、实用性强的评价体系。本课题基于前人之研究成果,首先构建了职业院校财务状况分析指标评价体系,详细阐述了选取指标的原则,并采用层次分析法,以 X 职业技术学院为例进行了 2016～2018 年的纵向比较研究,分析了该学院财务状况中存在的问题并提出一些改进意见。

【关键词】 职业院校 财务状况 评价体系 层次分析法

一、绪论

(一)研究背景

近年来,国务院大力发展职业教育,各职业院校办学规模不断扩大,其财务活动愈加复杂,以往的财务状况分析难以如实地反映职业院校的真实情况。各级政府及职业教育投资者更加注重投资的社会效益及经济利益,职业院校的利益相关者希望通过财务分析了解学校真实、可靠的财务信息。因此,通过科学的体系对职业院校进行风险监测和风险度量,帮助职业院校努力做好财务分析以及财务评价就成为职业院校财务管理面临的重要问题之一。2019 年新实施的

《政府会计准则第9号——财务报表编制和列报》对高等学校财务分析报告体系的要求更为严格，职业院校财务收支基本情况需要通过财务报告真实准确地反映出来。而目前建立起来的财务分析指标体系远远不能满足日趋复杂的职业院校管理活动以及政府会计准则的要求。

本课题主要研究如何建立一套符合我国职业院校实际需要的、完整科学的，同时兼顾职业院校财务状况多层次、多角度特征的指标体系，促进职业院校教育资金使用效率的提升，合理配置职业院校公共资源，使职业院校创造更大的社会效益，并且顺应职业教育改革发展的新形势。

（二）研究价值

1. 学术价值

财务状况分析可以保证职业院校正常运转，并促进其发展，有效开展财务分析工作的重要前提就是科学有效地设置财务分析指标体系。目前我国对于如何构建职业院校财务分析指标体系的学术讨论仍在进行，但很少有令人信服的实证研究。据此，本课题根据我国职业院校发展的实际需要，建立了一套相对科学、完整、合理的财务分析指标体系，可以为职业院校财务分析理论研究提供一个崭新的视角，同时可以为其他学者继续对财务分析指标体系的研究创建基础。

2. 实用价值

首先，有利于提高职业院校财务管理水平。课题组根据我国职业院校发展的实际需要，建立完善的财务分析指标体系，可以使利益相关者清晰了解职业院校财务状况，政府相关部门及投资者可以据此制定合理的发展规划，促进其发展壮大。

其次，有利于合理配置职业院校资金。国家大力发展职业教育，各职业院校办学规模不断扩大，其财务活动愈加复杂，资金筹措渠道、方式更加多元化，科学、合理地使用资金愈加重要。通过科学的指标体系分析，能够真实有效地了解职业院校资金的使用情况，使财务资源达到合理的配置。

(三)国内外研究现状

1.国外研究现状

国外学者在职业院校财务状况分析指标体系构建方面的研究主要包括三个方面:职业院校财务分析报告的披露模式、财务分析各指标的实际应用以及如何提高财务分析的质量和利用价值。

关于职业院校财务分析评价指标的研究最早由贾勒特(Jarratt)提出,他认为高校财务分析指标可以分为内部指标、外部指标和运行指标。内部指标是指通过学校内部基本信息反映高校整体运营情况以及详细的财务活动情况。外部指标是通过学校外部基本信息判断高校自身发展模式与社会各阶层对高校的实际要求是否契合。运行指标则是反映高校的运行目标的达成是否能够有效利用各项资源。

在之前研究的基础上,有专家重新提出三种高校财务分析指标的分类:输入类型、过程类型和输出类型指标。输入类型指标是高校可使用的资源,包含经济资源、人力资源等。过程类型指标是反映高校是否高效运用这些资源并可反映高校的管理行为和组织行为。输出类型指标是高校取得办学成果以及优秀业绩的直接体现。

科甘(Kogan)等研究了高校财务分析指标该如何设立以及如何将高校财务指标建立得更加合理与科学,并在报告中重点分析了怎样通过各项财务指标来对高校财务活动进行评估。

布朗·K. W.(Brown K. W.)梳理总结了美国高等院校近百年来的发展历史与发展进程,这对于后来学者们研究高校财务分析的发展规律有很大的帮助与启发,同时为现有的高校财务分析模式提供了一个新的思路。

西利(Sealy)等在文章中提出,高等学校的经营模式较为特殊,将企业中的财务指标完全照搬到高校财务分析评价中是不合理的,高校应当综合考虑自身的实际情况,合理设置财务指标。

金炳珠(Kim Byoung-Joo)提出高校财务变量与教育绩效的影响关系。通过对2010～2012年的高等教育信息数据分析,其指出扩大财政收入是提高大学教育绩效的必要条件;并且提出应加强高校绩效方面的财务指标分析,重视生均经费投入的指标。

班恩·桑-金(Ban. Sang-Jin)通过分析融资结构与当前高校的情况,提出应加强高校财务委员会的职能,民主、自主、透明地管理大学;并针对目前国家高校财务透明度较低、财务分析水平参差不齐等情况,提出应加强对高校预算以及实际支出情况的考核与分析。

2.国内研究现状

陈华凯、刘贵最早提出设计高校财务分析指标体系应从以下三个方面入手:高校的支付能力、高校灵活动用资金的能力、自有资金占年末货币资金比重,并据此提出了八项分析指标,侧重于保证高校资源得到合理、安全、有效的管理与运作。

侯瑞山提出应由三个子系统构成综合性较强的高校财务分析评价体系,其中由高校财务绩效得分、高校财务实力得分和高校发展潜力得分构成综合评价得分。侯瑞山将沃尔分析法与高校实际财务工作相结合,运用数据分析提出了新的模型。

林立业提出对高校进行系统的财务分析应从五个方面进行:预算执行情况、收入支出情况、资产使用情况、偿债能力、趋势分析及发展能力。

黄海兰依据目前我国高校发展变化的情况,重新设计了一系列高校财务分析指标体系,并以高校基本财务状况为起点,分别构建了四个层面指标:高校预算执行程度、高校风险程度、资金合理运用水平以及高校财务绩效评价。需要说明的是,黄海兰提出的财务分析体系是以绩效分析为核心建立的。

二、理论基础

(一)相关概念

1.财务状况分析

财务状况分析指的是财务主体针对现有的财务情况,运用系统科学的方法,利用收集到的信息、数据、报表等相关资料在一定的理论基础上展开分析。财务状况分析能够帮助使用者更全面地了解企业的经营情况和财务现状。

2. 职业院校财务状况分析指标体系

通过对职业院校内部财务信息的整合、分类、分析，职业院校内部的财务状况能够通过指标数据真实地反映出来，有助于财务信息使用者发现问题，采用更好的应对措施来进行改进。

3. 财务风险

财务风险指的是内部环境或者外部环境的影响因素，导致职业院校财务管理可能会出现危机或者对其产生负面影响。这种财务风险主要表现为在教育教学过程中因为投入资金而产生的损失和风险，这种风险可能会给职业院校未来经营带来巨大的影响。例如，院校之间竞争加强，生源数量发生变化以及专业发展的情况会带来招生的不确定性，这种不确定性会增加投资回报的风险；管理人员的非专业性和决策的非理性会给职业院校的经营带来风险；财务人员自身专业知识的滞后等因素也会给职业院校的财务带来风险。

4. 职业院校财务治理

职业院校财务治理指的是通过合理的制度使得职业院校各个权力主体在财务上形成相互制约和相互监督的关系，促进职业院校财务制度能够良好地运行。我国职业院校目前的状况是校党委常委会拥有财务决策权，校务委员会拥有财务执行权，纪委拥有财务监督权。如何在现有体制下实现更好的财务主体安排，是财务分析中最应该讨论的问题。

（二）财务状况分析方法

1. 层次分析法

层次分析法，又被称为“AHP 法”，指的是量化处理各种复杂问题，将复杂问题设计成为一个指标，然后再将这个指标层层分解，将分解后得到的因素根据其重要程度赋予不同的权重，最终根据因素对指标影响程度大小进行排列。在层次分析法中，最为重要的就是如何将指标的影响因素赋予权重值以及排序。当面对一些复杂的财务决策时，需要分析的因素有很多，通过层次分析法来分析就需要挖掘多层次、多方面的因素，而且层次性和因素权重的大小很难界定，一旦定义错误，就会对最终的结果产生极大影响，甚至会出现错误结果。

2.平衡计分卡

平衡计分卡的主要思路是职业院校会将整体财务战略在时间上和空间上进行分割,可以细分为不同时期、不同部门和不同员工的工作方案,这样可以将工作任务分解落实到部门和个人,并且将工作细分成指标用来进行考核。这种评价体系是将财务状况与职业院校的组织管理模式相结合来作出更为全面和客观的评价,可以确保职业院校中的各个部门、人员了解自己的职责分工和绩效考评,从而可以将院校、部门、个人三者的长远利益结合起来。

(三)理论基础

1.公共产品理论

在公共产品理论中,可以将社会产品分为纯公共产品、私人产品和准公共产品(介于纯公共产品和私人产品之间)三类,职业院校属于准公共产品的范畴。现在职业院校的教育经费不再由政府完全负担,资金的筹措渠道也更加多元化,个人、团体、企业都会向职业院校进行投资。因此,在设立职业院校财务分析指标时应该考虑资金来源多元化这一因素,确保财务分析指标体系的完整性与合理性。

2.委托代理理论

委托代理理论指的是代理人因为信息不对称的原因会作出有违于委托人利益的选择。在这种情况下,委托人需要采取措施监督以及激励代理人,确保自己的利益不受损。因为筹资渠道的多元化,政府、企业、社会团体、个人都会成为学校的投资者,与学校形成委托代理关系,职业院校需要合理利用资金并且发挥资金的最大效用,保证投资者的利益并向投资者提供真实有效的财务信息。同时,职业院校与下属学院、职能部门之间也存在着委托代理关系。资金需要分配到各个部门加以利用,部门内部需要将资金实现合理配置并将资金利用情况及时反馈学校,方便学校监督。

三、职业院校财务状况分析指标体系设计

本课题基于上述指标原则,通过对财务部门的具体调研,并结合

职业院校、事业单位财会方面专家学者的建议，参考之前学者的研究成果，利用层次分析法构建了职业院校财务状况分析指标体系，具体按照以下步骤进行：

（一）建立层次明确的目标细分结构

根据职业院校的实际情况，我们分别从基本能力、营运能力、收益能力、发展能力四个方面选取了总共20项指标来进行新体系的构建，并根据层次分析法建立了目标层、基准层和指标层（见表1）。

表1　职业院校财务状况分析指标体系

目标层A	基准层B	指标层C	指标计算公式
职业院校财务状况分析评价指标体系	基本能力 B_1	生均教学经费支出 C_1	本年度用于教学经费支出/在校学生人数
		教学经费支出年增长额 C_2	本年度增加的教学经费支出/上年度教学经费总支出
		生师比 C_3	在校学生人数/在校教师人数
		“双师型”教师占专任教师比率 C_4	研究生学历教师占专任教师人数/在校教师人数
		生均实训设备值 C_5	本校实训设备总额/在校学生人数
		生均图书册数 C_6	本校图书总册数/在校学生人数
		生均实训基地面积 C_7	本校实训基地总面积/在校学生人数
	营运能力 B_2	事业收入年增长率 C_8	本年度增加的事业收入/上年度总收入
		生均事业收入 C_9	本年度事业收入/在校学生人数
		财政补助收入年增长率 C_{10}	本年度增加的财政补助收入/上年度财政补助收入
		生均财政补贴收入 C_{11}	本年度财政补助收入/在校学生人数
		学费收入年增长率 C_{12}	本年度增加的学费收入/上年度学费收入

续表

目标层 A	基准层 B	指标层 C	指标计算公式
职业院校财务状况分析评价指标体系	收益能力 B_3	固定资产增长率 C_{13}	本年度增加固定资产/上年度固定资产
		资产收入比率 C_{14}	本期总收入/期末总资产×100%
		净资产收入比率 C_{15}	本期总收入/期末净资产×100%
	发展能力 B_4	教师人均教学经费增长率 C_{16}	本年度增加的人均教师教学经费/上年度人均教师教学经费
		科研经费年增长率 C_{17}	本年度增加的科研经费/上年度科研经费
		教师人均实训科研经费 C_{18}	本年度实训科研经费/教师人数
		自筹经费年增长率 C_{19}	本年度增加的自筹经费/上年度自筹经费
		校企合作产业投资收益率 C_{20}	本年度校企合作产业收益金额/校企合作产业总投资金额

（二）创建判断矩阵及赋值

将层次分析法分析构建的 20 个指标设计成调查问卷，收集整理来自于职业院校财务部门专家对于各个指标重要性程度的打分，继而得出各个因素的重要性对比表（见表 2 至表 6）。

表 2　　基准层指标比较矩阵

	B_1	B_2	B_3	B_4
B_1	1	2	4	3
B_2	1/2	1	3	2
B_3	1/4	1/3	1	1/2
B_4	1/3	1/2	2	1

表 3　　基本能力比较矩阵

	C_1	C_2	C_3	C_4	C_5	C_6	C_7
C_1	1	2	5	4	7	3	6
C_2	1/2	1	2	2	4	7	5
C_3	1/5	1/2	1	3	7	4	4
C_4	1/4	1/2	1/3	1	3	2	2
C_5	1/7	1/4	1/7	1/3	1	5	4
C_6	1/3	1/7	1/4	1/2	1/5	1	1/2
C_7	1/6	1/5	1/4	1/2	1/4	2	1

表 4　　营运能力比较矩阵

	C_8	C_9	C_{10}	C_{11}	C_{12}
C_8	1	1/2	2	3	4
C_9	2	1	3	4	5
C_{10}	1/2	1/3	1	2	3
C_{11}	1/3	1/4	1/2	1	1/5
C_{12}	1/4	1/5	1/3	5	1

表 5　　收益能力比较矩阵

	C_{13}	C_{14}	C_{15}
C_{13}	1	3	2
C_{14}	1/3	1	1/2
C_{15}	1/2	2	1

表 6　　发展能力比较矩阵

	C_{16}	C_{17}	C_{18}	C_{19}	C_{20}
C_{16}	1	2	1/2	1/2	1/2
C_{17}	1/2	1	1/3	1/3	1/3
C_{18}	2	3	1	1	1
C_{19}	2	3	1	1	1
C_{20}	2	3	1	1	1

（三）一致性检验

计算结果如表 7 所示。

表 7　　分析矩阵计算结果统计表

	权重系数 W			λ_{MAX}	CI	RI	CR
基准层 B	$B_1=0.414$	$B_2=0.258$	$B_3=0.088$	5.036	0.009	1.120	0.008
	$B_4=0.153$						
基本能力	$C_1=0.333$	$C_2=0.333$	$C_3=0.167$				
	$C_4=0.167$	$C_5=0.278$	$C_6=0.467$	4.031	0.010	0.900	0.011
	$C_7=0.160$						
营运能力	$C_8=0.095$	$C_9=0.540$	$C_{10}=0.136$	3.009	0.005	0.580	0.008
	$C_{11}=0.297$	$C_{12}=0.467$					
收益能力	$C_{13}=0.160$	$C_{14}=0.278$	$C_{15}=0.095$	4.031	0.010	0.900	0.011
发展能力	$C_{16}=0.138$	$C_{17}=0.082$	$C_{18}=0.260$	5.010	0.002	1.120	0.002
	$C_{19}=0.260$	$C_{20}=0.260$					

（四）各 C 级指标在总目标层排序情况

通过步骤三计算的各层次权重值，我们可以得到职业院校财务分析体系中不同层次的指标对应总目标层的权重值（见表 8），公式为：

W(总权重)=W(在B级基准层指标中占的权重)×W(在A级目标层指标中占的权重)

表8　　　　　　　　　　指标体系权重表

指标名称	在B级基准层指标中占的比重	在A级目标层指标中占的比重	总权重
C_{1}	0.333	0.414	0.138
C_{2}	0.333	0.414	0.138
C_{3}	0.167	0.414	0.069
C_{4}	0.167	0.414	0.069
C_{5}	0.278	0.258	0.072
C_{6}	0.467	0.258	0.120
C_{7}	0.160	0.258	0.041
C_{8}	0.095	0.258	0.025
C_{9}	0.540	0.088	0.048
C_{10}	0.163	0.088	0.014
C_{11}	0.297	0.088	0.026
C_{12}	0.467	0.153	0.071
C_{13}	0.160	0.153	0.024
C_{14}	0.278	0.153	0.043
C_{15}	0.095	0.153	0.015
C_{16}	0.138	0.088	0.012
C_{17}	0.082	0.088	0.007
C_{18}	0.260	0.088	0.023
C_{19}	0.260	0.088	0.023
C_{20}	0.260	0.088	-

四、分析 X 职业技术学院的财务数据

X 职业技术学院是 2002 年 7 月经山东省政府批准、教育部备案的全日制职业院校,学院依托行业办学,直接隶属于山东省教育厅。学院由创办于 1952 年的商业学校和 1972 年的高级技工学校组建而成,迄今为止已有近 70 年的职业教育历史和近 20 年的高等职业教育办学经验。

表 9 是从 X 职业技术学院财务部门收集到的真实可靠的数据,数据资料全部采用四舍五入的方法,金额以万元为单位,人数以个为单位。

表 9　X 职业技术学院 2016～2018 年关键财务指标

项目	2016 年	2017 年	2018 年
在校学生人数(人)	12830.00	13245.00	13733.00
在校教师人数(人)	520.00	528.00	535.00
实训设备总金额(万元)	6.81	7.93	8.67
图书总册数(万册)	118.62	124.32	129.17
实训基地总面积(平方米)	41954.23	41993.34	42045.12
财政补助收入(万元)	9823.45	11371.50	13312.30
事业收入(万元)	7723.00	9059.00	8332.70
科研事业收入(万元)	55.35	62.34	71.63
校企合作产业收入(万元)	163.25	180.52	251.34
学费收入(万元)	7032.98	8377.43	7722.32
教学经费支出(万元)	19745.00	19547.00	21012.00
总收入(万元)	20123.20	21921.30	22699.90
总资产(万元)	63252.90	68346.20	59192.21
净资产(万元)	59018.30	63403.00	54933.29
固定资产(万元)	49933.60	55363.00	50711.00

根据X职业技术学院2016～2018年的财务数据，计算财务绩效评价如表10至表12所示。这3个表中的得分计算，是根据功效系数模式计算所得，它的优势在于不影响最后结论的前提下，减小转化值的信息损失，另外该模式具有可度量性、可加性等优势。实践中，该模式的无量纲化的效果非常明显。具体做法是：将拥有不同方向值的指标均转为0～1，具有相对比率的数据乘以60，然后与60相加。其中60是可以在10～100分任意设置，主要参考点在于数值分布状况、评价结果的离散性。本研究以60分来计，最终分值评价在60～120分的区间当中。

表10　　2016年X职业技术学院财务绩效评价情况表

指标	指标值	得分	指标权重
生均教学经费支出 C_1	0.431	120.000	0.138
教学经费支出年增长额 C_2	1438.500	60.000	0.138
生师比 C_3	24.673	64.286	0.069
“双师型”教师占专任教师比率 C_4	0.886	60.000	0.069
生均实训设备值 C_5	5308.580	65.962	0.072
生均图书册数 C_6	92.460	64.547	0.120
生均实训基地面积 C_7	3.270	82.322	0.041
事业收入年增长率 C_8	0.165	84.938	0.025
生均事业收入 C_9	1.174	120.000	0.048
财政补助收入年增长率 C_{10}	0.157	67.347	0.014
生均财政补贴收入 C_{11}	0.766	61.790	0.026
学费收入年增长率 C_{12}	0.100	80.625	0.071
固定资产增长率 C_{13}	0.076	84.529	0.024
资产收入比率 C_{14}	3.143	69.474	0.043
净资产收入比率 C_{15}	2.933	77.321	0.015

续表

指标	指标值	得分	指标权重
教师人均教学经费增长率 C_{16}	0.230	82.343	0.012
科研经费年增长率 C_{17}	0.130	72.421	0.007
教师人均实训科研经费 C_{18}	167.230	87.500	0.023
自筹经费年增长率 C_{19}	0.000	60.000	0.000
校企合作产业投资收益率 C_{20}	0.232	60.230	0.023

表 11　　2017 年 X 职业技术学院财务绩效评价情况表

指标	指标值	得分	指标权重
生均教学经费支出 C_1	0.632	120.000	0.138
教学经费支出年增长额 C_2	−198.000	60.000	0.138
生师比 C_3	25.085	64.286	0.069
“双师型”教师占专任教师比率 C_4	0.892	60.000	0.069
生均实训设备值 C_5	5987.160	65.962	0.072
生均图书册数 C_6	93.862	64.547	0.120
生均实训基地面积 C_7	3.171	82.322	0.041
事业收入年增长率 C_8	0.172	84.938	0.025
生均事业收入 C_9	1.333	120.000	0.048
财政补助收入年增长率 C_{10}	0.158	67.347	0.014
生均财政补贴收入 C_{11}	0.859	61.790	0.026
学费收入年增长率 C_{12}	0.173	80.625	0.071
固定资产增长率 C_{13}	0.109	84.529	0.024
资产收入比率 C_{14}	3.118	69.474	0.043
净资产收入比率 C_{15}	2.892	77.321	0.015
教师人均教学经费增长率 C_{16}	0.256	82.343	0.012

续表

指标	指标值	得分	指标权重
科研经费年增长率 C_{17}	0.169	72.421	0.007
教师人均实训科研经费 C_{18}	198.860	87.500	0.023
自筹经费年增长率 C_{19}	0.000	60.000	0.000
校企合作产业投资收益率 C_{20}	0.246	60.230	0.023

表 12　　2018 年 X 职业技术学院财务绩效评价情况表

指标	指标值	得分	指标权重
生均教学经费支出 C_1	0.562	120.000	0.138
教学经费支出年增长额 C_2	1465.000	60.000	0.138
生师比 C_3	25.669	64.286	0.069
“双师型”教师占专任教师比率 C_4	0.913	60.000	0.069
生均实训设备值 C_5	6313.260	65.962	0.072
生均图书册数 C_6	94.058	64.547	0.120
生均实训基地面积 C_7	3.062	82.322	0.041
事业收入年增长率 C_8	0.190	84.938	0.025
生均事业收入 C_9	1.530	120.000	0.048
财政补助收入年增长率 C_{10}	0.171	67.347	0.014
生均财政补贴收入 C_{11}	0.969	61.790	0.026
学费收入年增长率 C_{12}	−0.080	80.625	0.071
固定资产增长率 C_{13}	−0.084	84.529	0.024
资产收入比率 C_{14}	2.608	69.474	0.043
净资产收入比率 C_{15}	2.420	77.321	0.015
教师人均教学经费增长率 C_{16}	0.332	82.343	0.012
科研经费年增长率 C_{17}	0.232	72.421	0.007

续表

指标	指标值	得分	指标权重
教师人均实训科研经费 C_{18}	230.810	87.500	0.023
自筹经费年增长率 C_{19}	0.000	60.000	0.000
校企合作产业投资收益率 C_{20}	0.267	60.230	0.023

根据表10至表12得出的最终评价结果,X职业技术学院2016年财务绩效评价最终结果为73.02,2017年为75.88,2018年为74.97。从X职业技术学院这三年的财务绩效评价综合得分可以看出,其财务绩效评价得分先升后降,总体呈现上升趋势并且表现较好,以下主要从基本能力、营运能力、收益能力、发展能力四个方面来进行具体分析。

(一)基本能力

X职业技术学院在基本能力部分有7个指标。基于其财务绩效的整体评价,可以发现X职业技术学院的基本能力较好,发展非常稳定。其中教学经费支出2018年上涨幅度较高,其中设备购置、基建支出、资本性支出比上年增加288万,增幅9%。X职业技术学院近几年来进步非常明显,这与2016年接受高职评估、增加教学经费的投入有直接的关系,该校的实训和科研情况有了极大的改善。生均教学经费支出2016年和2017年有了很大的提升;因扩招因素影响,2018年的生均教学经费支出有所下降。生师比连续三年呈上升趋势。生均实训设备值、生均图书册数都处于逐年增长趋势,而生均实训基地面积在经过2017年的扩招后在2018年有所减少。对于职业院校来说,实训基地建设投入非常重要。目前,X职业技术学院正在建设烹饪学院的实训基地,这一实训基地建成后将会增加生均实训基地面积。“双师型”教师占专任教师比率逐年上升,这个指标是职业院校优质校评测的重要指标,旨在衡量教师整体能力。

(二)营运能力

X职业技术学院在营运能力部分有5个指标。其中事业收入、财政补助收入都处于逐年增长趋势，生均指标也逐年增长；学费收入2018年有所下降，其所包含的学费收入、住宿收入、考务费收入均处于下降趋势。

（三）收益能力

X职业技术学院在收益能力部分有3个指标，分别是固定资产增长率、资产收入比率、净资产收入比率。2017年的整体增长情况优于2018年，其主要原因是2018年按照新会计制度的要求计提了12442万元的累计折旧。X职业技术学院在固定资产增长率这个权重较大的指标上获得了80以上的高分，这与该学院在近两年建设新的实训基地、购买新的实训设备、提供先进的实训软件有直接关系。

（四）发展能力

X职业技术学院在发展能力部分有5个指标。其中，教师人均教学经费增长率和教师人均科研经费增长率逐年增长，体现了X职业技术学院重视提升教师信息化教学水平、实训水平、科研水平，鼓励各专业积极参与校企合作、产学研结合，有利于增强X职业技术学院未来的发展能力。这一政策的成果也可以通过“校企合作产业投资收益率”逐年增长体现出来，即酒店管理专业、物流专业纷纷开展校企合作，将优质企业经营模式引入校园，让学生能在真实的企业环境下进行实训，并为学院带来一定收益。自筹经费年增长率没有在X职业技术学院财务报表中找到相应数据，其原因可能是学院财政补贴和事业收入较为充足，在经费来源这方面没有考虑其他渠道。如果学院想进一步提高办学能力，加大财务资金的充裕性，需要考虑多渠道筹资，争取更多机会获取外部支持。

五、X职业技术学院财务存在的问题

（一）财务管理意识稍显薄弱

X职业技术学院目前将主要的人力、物力、财力等优质资源投入到教学、科研建设中，对于教师、学生的管理和培养非常重视，相对忽视财务管理工作。财务部门在学院的事业发展规划、经费规划和支出方面没有相应的话语权，无法积极有效地发挥财务管理作用，仅仅起到了服务的辅助作用，进而无法在校内营造一个科学、精细、专业的财务管理环境。

（二）面临较大的资金压力

X职业技术学院目前的教学经费年增长额较大，说明学院资金使用数额较大，资金较为紧张，支出保障能力较弱。除了维持学院日常运作、实训室建设、教师教科研投入等主要项目外，学院亦面临着其他项目的资金压力。因此学院不仅应该开拓新的筹资渠道，提升自身的收入能力，还应加强对资金支出的管理，严格控制每一笔资金的来龙去脉，提高资金利用率。

（三）筹资渠道较为单一

在资金来源方面，X职业技术学院财政补贴收入占总收入的比重为64.21%，占比较大，可见学院的发展建设很大程度上依赖于财政拨款，自筹资金的能力较弱。目前，学院开办了多个校企合作的实训基地，盈利能力一般，不同专业的校企实训基地由各专业根据自身发展需要自主负责，这就难以从学院宏观层面总体协调，财务部门更是难以获得准确的资料实现协助管理。

（四）硬件设施投入相对保守

根据财务分析结果可知，X职业技术学院的资产负债比例偏低，说明学院的偿债能力较强；同时，流动比率很高，说明财务风险水平较低，学院整体的发展战略为保守发展。学院的固定资产增长率、净资产增长率和总资产增长率都呈现稳定增长状态，表明学院的财政政策也较为保守。保守战略对于学院的稳定性发展非常有帮助，但过于缓慢会造成学院资金的闲置，无法充分利用现有资源。

（五）科研经费投入力度不够

尽管近年来X职业技术学院的科研经费总额较之前有了很大的增长，但与其他院校相比其科研经费增长率较低。由于高职教育的实践性特征、重实训轻科研的传统和科研基础薄弱的现实状况，职业院校申报国家级、省部级项目仍然比较困难，这使得学院内部对于科研重视程度不够，对于很多科研项目、课题缺少经费支持和经费的合理规划。

六、X职业技术学院财务改进建议

(一)合理规划支出项目

X职业技术学院很大一部分支出来自财政拨款,在利用这部分资金进行决策的时候通常只会考虑项目的要求,并没有从财务角度进行全方位的考量。X职业技术学院在这一方面应该向企业学习,引入企业内部治理结构,建立董事会,对所有的支出进行全面的监督和综合考量。由董事会按照政府要求拟订学院重大基建规划并安排实施,审议年度经费预算方案,负责提升财务管理水平,审计监督,负责管理学院资产并确保其完整性。在实践中,X职业技术学院的每个部门都会涉及经费的分配和使用管理情况,各个部门会根据自己的情况在预算调整、经费分配、经费监管方面有自己的判断,难以从大局出发。引入企业内部治理制度,不但能够汇总各个部门在经费使用方面的建议,而且能从大局出发,统一协调部署财务工作。采用这种方式有利于协调各方利益,并且能够在规范预算调整和财务报销行为方面实现财务监督,解决某些报销环节上出现的问题。

(二)加强监管力度,确保财务透明

X职业技术学院经费收入的途径有很多,主要分为财政拨款、事业收入和科研收入。财政拨款和事业收入数据可以通过学院官网及时公布,全院员工和相关的利益群体可以通过各种渠道查到相关的信息,形成良好的监督体制。科研收入具有一定的非透明性,这就需要学院的财务部门来进行监督,保证收入都能正常用于科研课题,具体的细节也应该通过学院官方媒体予以公布。除了收入以外,学院的支出也很复杂,不仅包括管理岗位、教师岗位和后勤部门职工工资、奖金的发放,还有实训室的建设、设备的投入、学院运营的日常开销等,这个过程容易出现问题,也需要多方面进行监管。

(三)建立多渠道筹资能力

X职业技术学院需要根据自身实际情况,结合国家教育政策、经济区域发展状况、生源特点、自身专业特长、校外合作情况等进行综合评价,在扩招学生的同时,积极应对高考招生改革,建立特色专业,

多打造一些有实力的专业，提升学院的综合竞争力，这样才会有更多的企业和社会机构愿意与学院合作，从而不断拓宽职业院校的筹资渠道。

X职业技术学院需要从多个角度建立筹资渠道，仅仅依靠政府的财政支持是不够的。现在很多职业院校开展多种经营，利用优势专业、优势技能与企业进行合作或者自行成立企业，充分将科研能力转化为生产能力，带来的资金量能够支持学院进一步发展专业能力，提升专业技能，打造更贴近行业的先进实训室，提高学生的实操能力。

(四)完善现有内部治理结构

X职业技术学院实行的是职能制组织结构，这种组织结构的缺点就是各个职能部门只重视本部门的业务利益，缺乏对学院计划项目的整体构思。例如，学院的章程规定院长负责组织拟订学院重大基建规划，批复年度经费预算方案，负责提升财务管理水平并落实好审计监督，而学院的财务部门只是一个负责全院会计核算、财务管理的职能机构；在实际财务运行中，各个部门往往仅考虑自己的利益而忽视学院的整体计划，可能会不服从财务部门的资源调配。所以财务部门在预算调整、经费分配、经费监督等方面存在一定的困难。学院可以仿效企业的组织形式和运作规则，设置财务审计及内部控制委员会来综合协调财务方面的工作，这有利于打破现有财务处理瓶颈，同时也有利于严肃财经纪律，规范财务行为。

(五)强化信息技术的应用

基于学院财务绩效分析的重要性，可以选择建立一套独立的财务绩效分析评价体系，也可以基于学院原有的信息管理系统，扩展绩效评价的模块。这一扩展的模块需要有针对性，例如：对学院的财务收入、支出能够进行归类和统计；对学院常见的财务数据能够准确地予以衡量并能在数据表现不好的情况下进行预警；能够根据财务绩效评价的需求，对学院财务进行深度分析并能出具各类财务报表；能够和财务系统其他模块进行对接，在报表导入、输出方面有一定的衔接功能。

主要参考文献

[1]郭园园. A 高校财务绩效评价体系研究[D]. 云南师范大学,2017

[2]李然. 省属高校财务绩效评价体系研究[D]. 山东科技大学,2017

[3]徐学晖. AM 大学财务绩效评价研究[D]. 安徽大学,2017

[4]宋佳航. 高校财务绩效评价指标体系研究[D]. 东北林业大学,2016

[5]韩凤媚. 高职院校绩效评价体系研究[D]. 首都经济贸易大学,2016

[6]许萍. 高校财务绩效评价研究[D]. 南京工业大学,2015

[7]邵明星. 高校财务绩效评价指标体系研究[D]. 山东财经大学,2014

[8]贺新涛. 对我国高等院校财务绩效考核的研究——以吉林省 ND 大学为例[D]. 吉林财经大学,2014

[9]杨柳. 高校财务绩效评价体系研究[D]. 武汉轻工大学,2013

[10]李飞凤. 高等职业学校财务绩效评价研究[D]. 安徽大学,2013

[11]刘金霞. 基于平衡计分卡的高校财务绩效评价指标体系研究[J]. 财会学习,2019(6)

[12]汤小琴,席海,胡良梁. 高校财务绩效评价体系构建探讨[J]. 产业与科技论坛,2018(20)

[13]林姝君. 高校财务管理目标及财务评价指标体系设计的思考[J]. 财会学习,2018(27)

[14]郑伟健. 高校财务绩效考评存在的问题及对策[J]. 当代会计,2018(8)

[15]顾效瑜. 高校财务绩效评价体系构建[J]. 财会通讯,2018(8)

[16]黄长应. 高校财务绩效评价体系构建研究[J]. 行政事业资产与财务,2018(5)

[17]刘萌.高等学校财务绩效评价研究[J].时代金融,2017(35)

[18]姚晖,张梁.我国高等院校财务绩效评价研究[J].会计之友,2017(22)

[19]陈璐,文拥军.高校院级自主理财制度创新研究[J].商业会计,2017(18)

(作者单位:青岛酒店管理职业技术学院)

政府会计改革对高校财务管理的影响

——以S高校为例

耿晓霞　刘丕平　刘　密　路明明　司　旭　姜倩楠

【摘要】 政府会计制度是财务管理的重要基础，是现代财政制度的重要组成部分。实施政府会计改革有利于提高会计信息质量，提升内部治理能力，对全面实施预算绩效管理具有重要支撑作用。政府会计制度改革对高校财务管理工作的开展起到了指导性、决定性作用，对高校的财务管理有着长远的全方位影响。本文通过梳理高校财务管理与政府会计的关系，分析政府会计对高校财务管理中体系设计、会计核算、成本管理、内部控制等的影响，指出通过业财融合、会计人员转型等手段，全面贯彻落实政府会计改革，提升高校财务管理治理能力。

【关键词】 政府会计　高校　财务管理　影响

一、政府会计改革的背景与重要进程

从国家层面看，为准确核算政府会计成本，切实提高会计信息质量，建立权责发生制综合财务报告制度，国务院、财政部、教育部出台了一系列关于政府会计实施、新旧会计制度衔接方面的文件制度，基本建成了具有中国特色的政府会计准则制度体系。从地方层面看，省财政厅、教育厅高度重视政府会计改革，结合高校实际，多次组织高校财会业务骨干培训会，省教育会计学会也组织了教育系统财务

负责人、业务骨干的新制度系列培训会，积极做好相关制度、人员、技术等改革准备。从学校层面看，截至目前，政府会计制度在各高校已顺利实施，各高校已初步构建了满足自身需求的新会计制度科目项目财务体系。

二、高校财务管理中存在的问题

当前，高校财务管理环境越来越复杂，资金收支形式也发生了很大变化，以收付实现制为基础的旧会计核算模式难以满足新时代高校财务管理的需要，财务管理体系、理念、会计信息质量等方面问题日益凸显，具体表现在以下几个方面：

（一）财务管理制度体系不完善

随着管理会计、“放管服”改革、预算绩效等新会计政策不断推出，对高校财务管理建设也提出了更高要求。现阶段，高校资产管理、收支管理、预算绩效管理等制度缺失，高校部分职能部门之间、校院两级之间财务管理权力、职责等边界不明确，导致财务治理能力不高。

（二）旧制度下会计核算模式无法满足要求

原会计核算模式基础是收付实现制，科目项目体系设置相对简单，只通过一套相对复杂的财务科目体系加上简单的预算科目体系就可满足报表要求。但政府会计制度实施后，旧的会计核算体系已无法满足要求，新制度下的会计科目体系相对复杂，既要求财务会计核算与预算会计核算两套体系并行，又要求财务会计科目体系设计更加精细化和逻辑化。

（三）财务反映信息不全面、不准确

具体表现在以下几个方面：一是成本核算准确度不高。改革前财务支出无法依照收益状况进行分摊计入，而是将当期与非当期支出一起混合计入，从而造成了当期财务支出核算数据偏高；在不同部门中，常常因基础数据记录不完整，造成成本无法有效测算归集，更难说绩效评价。二是缺乏对资产价值的真实反映。改革前高校财务管理的问题之一就是多数资产没有进行折旧摊销，高校无法科学、全面、准

确地反映资产负债“家底”，对实际可调配的资源难以准确计量。

三、高校政府会计制度改革实施内容

（一）出台实施方案，明确职责

首先，学校层面印发推进政府会计制度工作的《实施意见》和《实施方案》，成立政府会计制度改革领导和工作小组，提供组织保障，明确制度实施的主要任务、实施步骤及时间安排。其次，财务部门进行部内、部外任务分工，明确责任、层层落实，指导政府会计制度平稳推进，全面落实政府会计制度实施。

（二）召开专题会议，统筹推进

2018 年 7 月，S 高校举办政府会计制度实施动员会暨培训会，紧紧围绕学校重点任务，周密部署、明确分工，确保各单位按时间节点做好基础性工作，保障政府会计制度全面实施。8 月，在暑期财务工作研讨会上，进一步强调实施政府会计制度改革对推进学校高质量发展的重要意义，要求提高站位，统筹部署，全力推行。10 月，举行政府会计准则制度工作小组第一次全体会议，各单位围绕政府会计改革任务进行了详细汇报和业务研讨，并建立了工作简报和困难报告制度。12 月，召开政府会计制度推进汇报会，学校各有关单位围绕财务、合同、资产、信息化、人事、基建、科研等任务分工完成情况进行了专题汇报，同时就制约工作开展的问题、困难及相应解决建议进行了讨论。

（三）各部门协同配合，全力实施

经过全校各有关单位统一思想，通力配合，S 高校于 2019 年 1 月 1 日顺利实施政府会计制度，开展的主要工作有以下几个方面：

一是构建政府会计体系框架。按照高校执行会计制度的相关文件规定，全面梳理财务会计科目和预算会计科目，构建了适合政府会计制度要求的会计核算模式和报告体系，为编制权责发生制综合财务报告做好准备。

二是厘清政府会计核算基础数据。财务、资产、科研等部门协同配合，进一步明晰资产使用责任单位和使用人员等信息，清理核实和归类统计固定资产、无形资产、长期投资等资产数据，为政府会计制度下准确核算资产账面价值提供数据基础。由财务部门牵头，全面开展往来款项专项清理和账龄分析工作，核销往来款项近 4000 笔。工作中，S 大学逐笔核实款项债权债务关系，并与相关职能部门沟通，对一些时间长，金额小，确实找不到对方单位的往来款项进行整合，同时逐笔对往来款项进行全面拆分，按业务性质分为周转类和非周转类两种，并按项目资金来源再进行整理，从而为实现权责发生制核算提供条件。

三是规范合同、基建等业务管理。法律事务部门统筹组织安排各归口管理部门规范合同清理，开展人事人才、培养培训、科研、修缮等各类合同的清理规范工作，人事、财务、资产、科研、后勤等部门积极配合，为政府会计制度下按照权责发生制要求进行账务处理提供依据。清理基本建设会计账务，取消基建单独建账，构建并入学校财务的新基建财务核算体系，为统一会计制度、提高会计信息完整性提供基础。

四是加强信息化建设。以政府会计制度实施为契机，学校信息化工作部门牵头，推进业务信息系统数据互通共享，建立以全域数据库、校园 E 站、网上服务大厅、学院信息系统为支撑的信息化公共服务平台，完成了 30 余项业务系统集成，构建覆盖各项业务活动的全过程信息平台；财务、人事、资产、科研等部门积极配合，初步实现财务系统与统一身份认证、资产管理、科研管理、出国管理等业务系统的对接。

四、实施政府会计改革对高校财务管理的影响

政府会计制度是财务管理的重要基础，是现代财政制度的重要组成部分。实施政府会计改革，将财政预算管理从原来的收入、支出拓展到以绩效为导向的成本、费用管理和资产、负债管理，全面、清晰地反映了高校财务状况和预算执行信息，有效提高了高校会计信息质量。

（一）对高校财务管理体系的影响

一是促进各高校完善财务管理制度体系。政府会计改革要求高校结合自身实际情况与办学特色，制定出新的资产负债管理、收支管

理、预算绩效管理等系列财务制度,以及应收款项管理等具体操作实施细则,使高校财务管理工作做到有章可循。如高校需要重新修订或制定固定资产、无形资产等管理办法,重新划分固定资产类别,确定固定资产折旧方法和折旧年限。二是理顺校院两级财务管理体系。各高校要落实"放管服"改革要求,进一步扩大和下放院系财务自主权,壮大院系财力,同时厘清学校和学院的各项目标、财力及创新点,找好学校与学院财力分配的平衡点,把资金效力发挥到最大,最终实现校院双赢目标。

(二)对高校会计核算的影响

高校集教育、科研、服务、管理于一身,其在结构、功能、运行、绩效等方面有其特殊性,其会计核算也呈现出个性化特点。

一是项目核算。学校的经费项目不仅指财政部门以专项名义下拨的经费,还包括校内预算管理项目、基建工程项目、受托代理项目等等。一方面,在政府会计实施后,预算会计核算继续保留项目核算,但其仅对纳入预算管理的现金收支业务进行核算,导致预算会计关联的项目没有覆盖学校全部业务。另一方面,为满足财务数据处理和分析的多维度、多种类、精细化要求,高校的财务会计也须进行项目核算,并且比预算会计核算还要精细和严格,这样才能全面反映学校整体的经济运行情况。

二是涉及预算会计现金流入流出的核算。对于纳入预算管理的现金收支业务,预算会计和财务会计都应进行核算,但预算会计确认收入的时点与资金实际流入时点有时会存在差异,主要体现在横向科研收入的确认上。比如,签订合同但款项未到时,按照合同完工进度确认科研事业收入,但不确认科研预算收入;签订合同且预先收取款项时,预算会计确认科研预算收入,但财务会计不确认科研事业收入,而是确认为预收账款;货币资金形式受托代理资产业务、应缴财政款业务、没有纳入预算的暂付款项处理也应在达到纳入当期预算管理的标准时,方可确认收入。

三是科研项目管理费或间接费的核算。在财务会计中按规定从科研项目中提取间接费用或管理费,通过"预提费用"科目核算,年末将该类预提费用转入“累计盈余”。在预算会计中按规定从科研项目预算收入中提取管理费或间接费用，通过“非财政拨款结转”科目核算，年末将该科目的明细科目余额转入该科目“累计结转”明细科目。

四是受托代理资产的核算。学校核算受托代理资产业务时，财务会计中在“库存现金”“银行存款”科目下设置二级明细科目“货币资产”和“非货币资产”，同时根据高校财务管理精细化程度以及财务报告附注对受托代理资产披露明细的要求，对受托代理资产按照委托人明细、资产种类等进行辅助核算，从而便于数据统计分析。

五是固定资产折旧的核算。根据《政府会计准则第 3 号——固定资产》具体准则规定，一般采用年限平均法或者工作量法计提固定资产折旧。综合考虑学校固定资产实际情况及各类计提方法的可行性，确定采用年限平均法计提固定资产折旧，参照固定资产应用指南规定的折旧年限计提折旧金额，并进一步细分为教育、行政、科研、后勤、离退休和其他管理费用六大类型计提折旧费用。实施政府会计制度后仅因补提固定资产折旧，可能导致资产账面价值大幅减少。

此外，高校固定资产在教学科研活动中共用情形十分普遍，所以学校进行成本核算时，固定资产折旧的计提是无法完全区分教学与科研各自的比重的，且学校固定资产后续核算均按照权责发生制的要求进行折旧计提，固定资产的支出直接从具体项目经费中列支，摊销折旧则不能再从该项目中支出，又因固定资产的使用年限一般长于购买此项资产经费项目的立项期，项目结束后，固定资产如何继续摊销存在实际的操作困难，故而高校实施政府会计制度后固定资产折旧的摊销暂不可能准确地进行成本核算，仅能通过设置校级统一项目进行归集。

六是坏账准备计提核算。坏账准备是基于谨慎性原则、权责发生制原则和收入费用配比原则，对可能无法收回的应收款项计提的一种损失准备。政府会计制度规定，坏账准备科目核算单位对收回后不需要上缴财政的应收账款和其他应收款提取坏账准备。“坏账准备”账户属于资产类账户，是“应收账款”和“其他应收款”的备抵账户，反映单位提取的坏账准备金额。

在新政府会计制度下，建议高校对坏账准备采取个别认定法。个别认定法是指对债务单位或个人逐一进行偿债能力和信用度调查，据以估计各个债务单位或个人的偿债概率（或者可收回的可能性），并以此为依据测算可能发生的坏账损失，进而确定本期期末应计提的坏账准备金额。金额较小（20 万元以下）、账龄超过规定年限（3 年）、确实无法收回的应收款项，建议相关部门提出申请，由财务部部长办公会集体审议批准后，计提坏账准备并予以核销，如债务人死亡或者依法被宣告失踪、死亡。金额较大（20 万元及以上）、账龄超过规定年限（3 年）、确实无法收回的应收款项，建议相关部门提出申请，由学校校长办公会集体审议批准后，计提坏账准备并予以核销，如债务人被依法宣告破产的。

个别认定法的优点是按往来单位的信用状况和偿债能力计提坏账准备，做到具体问题具体分析，因此计提坏账准备的基数与坏账可能产生的范围基本一致，计提坏账准备的比率与坏账可能产生的概率更加接近，计提的坏账准备数额与其后可能产生的坏账损失更为相符；缺点是许多高校尚未制定坏账准备计提及核销管理办法，操作缺乏法律依据，个别认定法需要花费很多时间调查往来单位的偿债能力和信用状况，成本较高。

（三）对高校成本管理的影响

按照政府会计基本准则要求，高校财务部门增设了费用类科目，按照权责发生制原则核算各项耗费，分别计入业务活动费用、单位管理费用、经营费用、资产处置费用等科目，合理归集、反映学校的各项运行成本。实施政府会计改革，各高校需增强成本效益和节支意识，建立健全成本支出分担机制，将成本和绩效理念贯穿于学校各项工作的全过程，遵循“谁受益，谁分担”的原则，正确界定学校与产业、附属医院等独立核算单位之间的成本分担关系，并逐步建立起高校内部成本核算体系，建立校院共同建设、成本分担机制，合理界定校院两级收支范围、权限、职责等内容。

（四）对高校内部控制的影响

政府会计与内部控制是相互支撑、互相补充的关系。一方面，政府会计通过实施预算会计和财务会计核算，对学校业务活动和经济活动进行会计记录；另一方面，内部控制是对学校经济活动和关键业务活动的制度、流程、有效性等进行梳理，通过会计控制、预算控制等方法，保证会计信息质量。政府会计与内部控制的目标是一致的，即通过对财务精细化管理，为学校决策提供高质量的会计信息。

（五）对高校基建财务的影响

改革前，高校基建财务多采用日常单独建账核算，在年末或月末并入财务大账的核算模式，并使用独立的基建账务管理系统。改革前的基建财务模式存在以下几个问题：一是单独建账导致每张报表信息只能单独反映高校基本建设活动中的一部分，限制了财务信息全面性。二是对基建项目固定资产管理力度不足，导致对高校建筑物资产监管浮于表面，影响了年终固定资产报表数字的真实性和固定资产管理工作的准确性。三是高校基本建设项目从立项到最终完成交付，需要经过提出规划、项目建议、可行性分析、项目申报等多个阶段，手续烦琐且验收环节多，财务核算周期较长。四是基本建设项目核算体量大、金额高，报销流程多，财务风险控制难度较大。

改革后，将基本建设项目纳入财务账进行统一会计核算，并在保证项目资料完整的基础上按项目分别核算，从而实现了高校基本建设财务报销和日常业务报销的有机结合，在进一步强化对基建项目财务管理的同时，提升了高校会计信息的真实性和完整性。一是对基建财务核算模式产生重大影响。改变单独建账、月末或年末统一并账的核算方法，改为在业务发生时统一核算，并按照基建项目分别进行管理，确保账务清晰、核算资料全面。在建工程数字发生变动时，不再同时增加非流动资产基金，满足权责发生制的要求，能够真实反映资金占用情况，从而加强对基建项目资金流动的控制。原有基建财务管理系统的核算内容和模式将通过“在建工程”“工程物资”“其他应付款”“长期应付款”等一级科目及其明细科目予以反映，并作为重要的财务信息对外披露。二是对基建财务管理模式产生影响。改革后，高校基建财务需要建立由基建管理部门、预算管理部门、资产管理部门等单位组成的一体化基建管理体系，实现项目精细化管理,提升基建财务在账务核算、数据调取、额度执行分析等方面的能力,从而防止超进度、超投资支付等问题的产生。

五、政府会计改革下提高高校财务管理水平的保障措施

(一)加强组织和领导,提高政治站位

高校决策层和各业务部门要高度重视政府会计改革,这是一项涉及全校各部门的改革,财务部门要与资产、科研、合同、基建、信息化等各业务部门协同配合,在学校层面进行全面、细致的部署安排,统一目标,统一思想,统筹分工,密切配合,这样才能完成此项工作。实践证明,合理制订学校和部门工作方案对贯彻落实政府会计制度非常重要。各高校需要精心组织,周密部署,研究制订详细的实施方案,成立组织机构,明确各部门以及财务部门内部各科室的具体工作范围和职责、完成工作的具体要求和标准。各部门要主动适应改革,强化部门联动,形成工作合力;财务部门要积极做好组织协调工作,越是困难的时候越要坚定信心,克服改革工作量大、面广、相对复杂的困难,确保新制度全面实施,发挥成效。

(二)加强人员培训,促进人员转型创新

高校按照政府会计改革要求,结合单位情况,组织开展多形式、多层次、多内容的学习培训,增强学习的针对性、时效性。要组织全体财务人员反复学习政府会计基本准则、具体准则、应用指南、会计制度、衔接规定等具体内容,同时要深入开展业务研讨,确保财务人员理解并掌握新制度各项规定,正确执行政府会计制度,准确核算学校经济业务,对各项经济活动进行监督管理。要对资产管理、基建、合同管理、后勤、信息管理等部门相关人员进行培训,确保相关人员理解并掌握本部门工作内容及应完成的工作任务,保障政府会计改革实施效果。

要建立政府会计知识培训体系。首先要学习理论知识。会计人员要学习最基本的政府会计原理和账务处理规则,要明白知识点出自什么文件,同时为提高知识掌握能力,可以采用考试的形式进一步强化。其次要理论结合实践。可以将工作中出现的特殊业务处理整

理形成案例库，会计人员可以根据理论知识对每一个案例进行全面分析，厘清每一步账务处理是否合规，是否能体现出更多、更准确的财务信息。

（三）加强信息化建设，提升内部治理水平

一是推进财务信息化建设。政府会计实施中数据转移和重新设置主要是通过信息化技术完成。首先完成旧数据的转移。财务信息内容非常多，包括科目账、项目账、往来库、经费来源库等辅助账。面对如此海量的财务数据，只能依靠信息化手段解决。其次，财务新账套的设置也需要信息化手段来解决。政府会计实施后，原来的科目设置发生了很大改变，如果靠人为手工调整根本无法实现，这就需要通过数据库进行批量替换并结转，既提高了工作效率，又保证了会计数据的准确。

二是推进高校业财融合。将科研、资产、合同、人事、外事等业务系统与财务系统充分对接，实现数据互通共享，将财务管理嵌入业务流程之中，推动财务数据源向业务端延伸，实现财务管理重心前移，提高风险防御能力；同时推动“财务会计”向“战略财务”转型，提高对财务会计信息的分析利用水平，为学校领导决策提供更加全面精准的财务信息，发挥财务推动、牵引学校改革发展的重要作用。合同管理信息系统的建设与对接对于高校来说至关重要。为严格执行政府会计制度，合理确定合同完工进度，进而实现以合同完工进度确认事业收入，亟须高校校长办公室、科研院所、社科院所等合同归口管理部门加强各类合同的清理规范工作，实施合同全过程控制与监督，建立和完善合同管理制度和信息系统。

（四）加强对独立核算单位的财务监管，提升会计信息的全面性

根据政府会计制度准则要求，高校下属的研究院、医院、中小学等独立核算单位也应执行政府会计制度，并纳入学校合并财务报表范围。高校要加强对独立核算单位的指导和监督，提升独立核算单位的会计信息质量，夯实权责发生制综合财务报告的数据基础。

总体而言，政府会计改革对于提升高校财务和预算管理水平，编制权责发生制政府综合财务报告，全面实施绩效管理，优化资源配置

等具有十分重要的作用。各高校应学习好、实施好、执行好政府会计制度,提升高校财务治理能力,为高等教育事业发展提供坚强保障。

主要参考文献

[1]张楠.政府会计改革对高校财务管理的影响及对策建议[J].中国市场,2019(27)

[2]刘美.新政府会计制度下高校财务管理探析——基于天财财务软件[J].行政事业资产与财务,2019(16)

[3]朱钧.政府会计改革背景下高校财务管理的有效应对分析[J].纳税,2019(21)

[4]杨媛媛.政府会计改革背景下高校财务管理的创新研究[J].中国市场,2019(20)

[5]王国平,徐冰,王勇.政府会计制度下高校财务管理的转型分析[J].教育财会研究,2019(3)

[6]韩连华.政府会计改革背景下高校财务管理创新思考[J].行政事业资产与财务,2019(12)

(作者单位:山东大学)

地方高校管理会计人才队伍建设研究

——以山东省厅属高校为例

崔大同

【摘要】 管理会计是我国会计未来的发展方向，传统会计向管理会计转型、传统财务人员向管理会计人才转型已经成为社会共识。高校管理会计作为行政事业单位会计的重要分支，是管理会计应用的重要领域。如何在新态势新要求下转型升级，不断提高财务管理水平，成为高校财务亟须解决的难题。基于此，高校管理会计人才队伍建设意义深远。本文通过梳理分析新时期我国高校管理会计人才应具备的能力，结合山东省厅属高校管理会计人才队伍建设现状，尝试提出推动山东省高校会计人员转型升级，发挥管理会计人才作用的措施和建议，以期以点带面，对地方高校管理会计人才队伍建设提供有效借鉴。

【关键词】 管理会计　管理会计人才　地方高校　业财融合

一、高校管理会计人才队伍建设的重要意义

（一）管理会计的内涵和发展

管理会计的重心在于管理。要准确地定义管理会计，首先要理解单位的使命、战略和目标。我们认为，管理会计就是以提高经济效益为目的，服务于单位内部管理需要，通过一系列管理会计的工具方法，有机融合财务与业务活动，参与单位规划、决策、控制、评价活动并为之提供有用信息，推动单位实施战略规划的活动。

管理会计萌芽于19世纪，工业革命推动了生产规模的快速扩张和生产效率的极大提高。20世纪20年代以后，成本会计进一步发展，逐步形成了以内部管理为导向的管理会计。近年来，除了政府部门的大力推动和价值创造这一原始驱动力，信息技术的兴起、人工智能的进步、全球化带来的机遇和挑战以及中国经济新常态对企业结构优化升级和创新转型的要求，都是推动我国管理会计发展的重要力量。

(二)传统财务人员转型为管理会计人才成为必然趋势

近些年，有一部分传统财务人员已经在货币资金理财、纳税筹划、融资计划制定等方面表现出一定的主动性，但是更多的传统财务人员是被动地适应业务部门的需要，很少主动地推动单位管理变革。如果财务人员不能够及时充电，成长为管理会计人才，势必面临淘汰。2016年沃尔玛对会计审计人员的大幅度裁减正是现实情况的一个缩影。2016年1月，全球最大零售商沃尔玛在后台办公系统(back-office jobs)裁员7000人，主要针对各个分店的会计部门和审计人员。从沃尔玛这一决策中不难看出，基础工作岗位上的会计人员地位岌岌可危。传统财务人员转型为管理会计人才成为必然趋势。

(三)高校管理会计人才队伍建设的重要意义

20世纪80年代中期，我国在企业管理中引入了管理会计理念，相比较西方国家而言，时间较晚。但是我国一直致力于管理会计的实践和推进。2013年9月，财政部印发了《企业产品成本核算制度(试行)》。2014年，财政部出台《财政部关于全面推进管理会计体系建设的指导意见》(以下简称《指导意见》)。该《指导意见》提及未来10年内，会计行业的人才结构将发生根本转变。中低级财务会计人员将被管理会计人才取代，初步预计有60%的普通财务会计将被迫面临失业或转行。2015年2月，财政部会计司发布《财政部关于全面推进管理会计体系建设的指导意见》系列解读文章，指出要大力发展管理会计咨询服务，推动会计服务转型升级。2016年6月，财政部正式出台了《管理会计基本指引》(以下简称《基本指引》)。截至

2018 年12 月 18 日,财政部已经发布管理会计基本指引以及应用指引29 项,管理会计指引体系基本完成。

2013～2017 年,管理会计在我国从国家顶层设计走向地方携手,从理论宏观指导走向引导落地应用。可以说,管理会计已经成为我国会计未来的发展方向。财会人员转型升级将是我国会计事业持续发展的刚性需求。根据《指导意见》和《基本指引》精神,高校是管理会计应用的重要领域。随着教育经费投入逐年增大,高等教育经费投入也不断提高(见表 1 和图 1),高校财务业务量和信息需求量日益增长。与此同时,会计行业各项新规定、新政策不断出台,高校财务管理面临的环境更为复杂。如何在新态势新要求下转型升级,不断提高财务管理水平,借助高效的管理工具助推高校进行科学战略规划和资源优化配置,成为高校财务亟须解决的难题。基于此,高校管理会计人才队伍建设意义深远。

表 1　　2014～2018 年教育经费投入分析表　　(单位:亿元)

年份	全国教育经费总投入	全国一般公共预算教育经费	其中:全国普通高等学校一般公共预算教育经费	其中:山东省一般公共预算教育经费
2014	32806.46	22576.01	16102.72	1460.15
2015	36129.19	25861.87	18143.57	1686.89
2016	38888.39	27700.63	18747.65	1823.18
2017	42562.01	29919.78	20298.63	1888.83
2018	46135.00	未更新数据	未更新数据	未更新数据

数据来源:《中国统计年鉴》(2015～2019 各年份)。

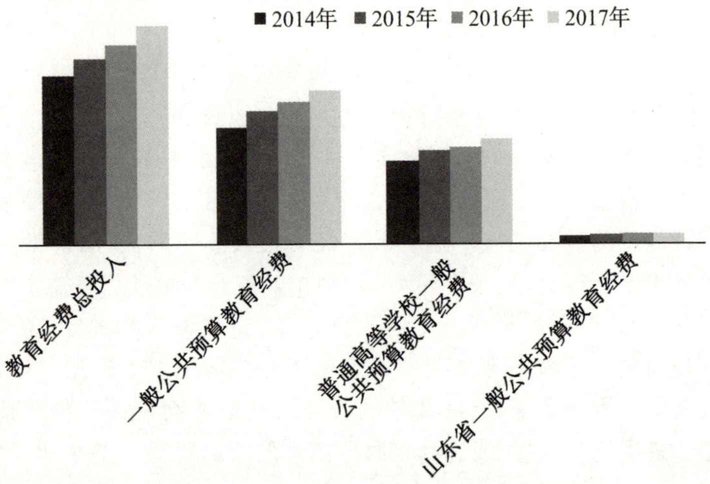

图 1　2014～2017 年教育经费投入趋势

二、新时期高校管理会计人才应具备的能力分析

(一)西方国家管理会计人才研究现状

2014 年由英国特许管理会计师协会(CIMA)与美国注册会计师协会(AICPA)联合成立的全球特许管理会计师协会发布了《全球管理会计原则》和《全球特许管理会计师职业能力框架》(简称《CGMA 职业能力框架》)。其中,《CGMA 职业能力框架》对管理会计人员的知识和技能进行了规范。美国管理会计师协会(IMA)总裁杰弗里·汤姆森(Jeffrey Thomson)认为,管理会计人才要具备相当的领导力。2016 年 11 月,美国管理会计师协会(IMA)发布了《IMA 管理会计胜任能力框架》,将管理会计人才的能力划分为 5 大类合计 38 项具体能力。这 5 大类分别为规划与报告能力、制定决策能力、技术能力、运营能力和领导能力。该项框架的提出,为管理会计人才的管理、培养及发展提供了指南,有利于推动世界管理会计职业化的步伐。换言之,西方国家对管理会计人才的研究相对比较成熟。

（二）我国管理会计人才研究和实践现状

我国管理会计相关理论引入较晚，虽然进行了一些有益的尝试和实践，在行政事业单位管理工作和业绩评价中也得到了一定应用，但是针对高校管理会计人才队伍建设的研究相对较少。在中国知网数据系统以“管理会计能力”为主题进行检索，共有文献 37 篇；以“高校管理会计能力”为主题进行检索，仅有文献 1 篇；以“管理会计人才”为主题进行检索，有文献 14 篇（其中有 12 篇是论述本科管理会计教育相关内容）；以“高校管理会计人才队伍”为主题进行检索，有文献 2 篇。通过对国内外相关文献梳理可以发现，我国在管理会计人才方面的研究主要以吸收和借鉴国外成果为主。

孙晓琳认为新时期对高校会计管理人才队伍建设提出了新要求，高校会计工作者要进一步解放思想，实事求是，与时俱进，不断提高自身业务素质和职业技能，加强职业道德学习，做好本职工作，为学校决策者提供有力的参考数据。

佟成生等结合国外机构的研究与我国政策法规的要求，归纳出管理会计人员胜任能力包括成本管理、管理会计工具、数据分析、会计软件、风险识别评估、商业模式识别、战略评估、宏观经济分析和行业分析几个方面。

彭宏超通过对《CGMA 管理会计能力框架》中具体能力的分析，在借鉴国外研究成果的基础上，结合我国管理会计人才发展现状，对我国企业管理会计人才的培养提出了具体建议和意见。

2016 年 1 月，中国总会计师协会与英国特许管理会计师协会（CIMA）联合发布了《CGMA 管理会计能力框架》（中文版）。同年 10 月，财政部发布《会计改革与发展“十三五”规划纲要》，该《纲要》提出管理会计将成为“行业急需紧缺人才”，并明确提出“到 2020 年培养 3 万名精于理财、善于管理和决策的管理会计人才”的任务目标。与此同时，《全国会计领军人才培养工程发展规划》（财会〔2016〕20 号）正式发布，该《规划》中首次提出“管理会计大国”概念，进一步明晰推进管理会计广泛应用、推进会计工作转型升级将作为会计行业的建设要点之一。之后，我国学术界纷纷发表了自己的意见和看法。

漆明春、陈俊杰对高校管理会计人才建设进行了研究，他们认为高校会计人员应该通过学习提升管理水平，向管理人才转变。高校应该通过制度创新为会计人员的成长成才提供环境。鼓励财会人员通过带薪学习、网络学习、平时学习等各种方式主动提升自身知识和业务水平。

马淑红认为，高校在管理会计人员配置和人才队伍建设方面投入不够。高校领导要高度重视管理会计工作，积极培养和引进管理会计人才，在国家政策指引下，有计划、有步骤地推进管理会计体制和人才队伍的建设。

（三）新时期我国高校管理会计人才应具备的能力

通过上述梳理可以发现，在中国，管理会计虽然起步晚，但起点高。在财政部的推进下，管理会计已在企业、行政事业单位有序展开，并从积累经验向制度建设推进。

《CGMA 管理会计能力框架》由 4 个知识领域构成，如表 2 所示。

表 2　《CGMA 管理会计能力框架》详细分解表

<table>
<tr><td rowspan="8">技术技能</td><td>财务会计与报告</td><td rowspan="8">道德、诚信和专业精神</td><td rowspan="8">基础、中级、高级、专家级</td></tr>
<tr><td>成本会计与管理</td></tr>
<tr><td>业务规划</td></tr>
<tr><td>管理报告与分析</td></tr>
<tr><td>公司财务与财资管理</td></tr>
<tr><td>风险管理与内部控制</td></tr>
<tr><td>会计信息系统</td></tr>
<tr><td>税务策略、筹划与合规</td></tr>
</table>

续表

<table>
<tr><td rowspan="6">商业技能</td><td>战略</td><td rowspan="16">道德、诚信和专业精神</td><td rowspan="16">基础、中级、高级、专家级</td></tr>
<tr><td>市场与法规环境</td></tr>
<tr><td>流程管理</td></tr>
<tr><td>商业关系</td></tr>
<tr><td>项目管理</td></tr>
<tr><td>宏观分析</td></tr>
<tr><td rowspan="4">人际技能</td><td>影响力</td></tr>
<tr><td>谈判与决策</td></tr>
<tr><td>沟通</td></tr>
<tr><td>协作与合作</td></tr>
<tr><td rowspan="5">领导技能</td><td>团队建设</td></tr>
<tr><td>辅导与指导</td></tr>
<tr><td>推动绩效</td></tr>
<tr><td>激励与鼓舞</td></tr>
<tr><td>变革管理</td></tr>
</table>

如前文所述，高校管理会计人才不仅是实现高校管理会计目标的人力资源支撑，还是发挥管理会计强大功能的实施者，对高校管理水平的提升、资源配置的优化、资金使用效率的提高等方面有着十分重要的影响。

一是技术技能。要求管理会计人员不仅能够熟悉高校日常经济业务，还要对行业的法律法规、制度规范、改革方向等及时学习并加以消化应用；不仅能够做好事后财务业务分析，还要懂得绩效目标前置，熟悉内部控制，通过梳理业务流程做好事前事中风险管理；不仅能够熟练应用会计信息系统，还要具备信息思维，从标准化程序中解放出来，分析信息、挖掘数据、建立模型，为学校决策提供强有力的信息支持。

二是商业技能。新时期高校管理会计人才应该能够熟练地运用关于规划、决策、分析、控制以及绩效管理的理论和工具。要熟悉战略管理的基本理论和工具,帮助学校制定科学的战略规划;要熟悉管理会计中的全面预算管理、投融资管理等理论和工具,帮助学校进行合理的决策;要熟悉成本性态分析、全面风险管理、有效约束、项目管理等理论和工具,帮助学校有效地实施控制;要熟悉标杆管理、绩效管理等理论和工具,帮助学校作出客观的绩效评价。

三是人际技能。高校财务人员对外联系财政部门、教育主管部门、物价部门、税务部门、合作银行,涉及财政政策解读、财政资金申请、预算调整、物价核定、税务指导和缴纳以及贷款支持;对内联系在校师生、业务部门和学校领导。无论是对外还是对内,都要求具备良好的沟通、谈判、协作与合作能力。只有具备良好的人际技能,才能更好地影响他人,做到主动参与。

四是领导技能。新时期的高校管理会计人才不是单打独斗、一枝独秀,而是通过团队合作不断提升领导组织力。只有具备领导技能,才能更好地参与到战略实施和监管中,其行动和决策才有可能具备更深远的战略影响力。

除了上述四项技能,道德、诚信和专业精神也不容忽视。《CGMA 管理会计能力框架》明确指出,技术技能、商业技能、人际技能和领导技能都由道德、诚信和专业精神加以支持。2018 年,财政部发布了《会计人员管理办法》,进一步明确了会计人员应该具备良好的职业道德和专业能力;财政部出台的《关于加强会计人员诚信建设的指导意见》、22 部门联合发布的《关于对会计领域违法失信相关责任主体实施联合惩戒的合作备忘录》,建立了会计人员守信联合激励和失信联合惩戒机制,明确提出对严重失信会计人员实行“一票否决”。高校管理会计人才只有尊崇底线,才能长远发展。换言之,道德、诚信和专业精神,既是管理会计人才的底线,也贯穿管理会计人才能力培养和发展的始终。

三、山东省高校管理会计人才队伍建设现状分析——以厅属高校为例

（一）问卷调查

行业差异使管理会计人员所处的工作环境差别巨大，需要应对的关键问题和拥有的资源条件也各不相同。因此，笔者对山东省厅属共计 36 家高校会计人才队伍建设现状进行了问卷调查，期望通过对地域环境和行业任务独特性的分析，充分认知山东省高校管理会计发展的趋势，继而找准高校管理会计工作的切入点，推动山东省高校会计人员转型升级。本次调查主要围绕厅属高校管理会计人才外部培植环境、学校资金总额、业财一体化建设、重大项目投入、会计人员具体情况（包括在岗财务人员的人数、学历结构、职称结构、男女比例、青年干部比例、学习方式、提升空间）、高端人才和专家库人才情况、总会计师职位设置、财务话语权等问题展开问卷调查。

（二）调查结果

山东省政府部门一直致力于管理会计实践经验的总结、推广，并通过加快管理会计案例库建设不断推进管理会计应用。在会计人才的培养上，政府相关部门也出台了一系列支持方案。2011 年 6 月，山东省出台了《山东省会计行业中长期人才发展规划（2010～2020 年）》《山东省高端会计人才选拔培养实施方案》；2013 年，山东省启动了总会计师素质提升工程。截至目前，涉及行政事业类高端会计人才培训已经开展了 4 期合计 200 余人（有 5％左右来自高校），总会计师素质提升工程人才选拔培训开展了 4 期合计 300 余人。应该说，山东省政府部门对培养和造就一批精通业务、善于理财、熟悉国家财经法规、具有国际视野和战略思维的高素质、复合型管理会计人才有比较明确的定位。在教育行业，山东省教育厅和山东省会计教育学会也一直致力于推动山东省高校财务整体发展，重视高校财务人员综合能力的培养和提升。2016 年，教育厅财务处组织了高校财务处处长论坛交流会（目前已经成功举办过两期）、计划科科长论坛交流会（目前已经举办过三期）；2017 年，组织了高校核算科科长论坛交流

会(目前已经举办过2期);2018年4月,组织了高校财务队伍青年干部培训班。以上交流活动均被设定为高校财务干部培训的常态项目。2019年2月,发布《山东省教育会计学会关于对考取注册会计师证书人员实施奖励的通知》。此外,山东省会计教育学会一直致力于推动高校财务人员科研能力水平的提高,连续多年进行课题报送及评选;与此同时,学会还积极外联中国会计教育学会、高等院校财务管理研究会等行业协会,通过会议、培训等方式促进与省外乃至全国高校财务部门之间的交流与合作,对积极引领高校财务人员科研水平和实践能力并举发展起到了重要作用。综上,厅属高校已经具备了管理会计人才队伍建设的良好氛围。

山东省厅属高校资金总额超过10亿元的已近1/3。2017年为青岛大学、山东科技大学、山东农业大学、山东师范大学、济南大学、青岛科技大学;2018年为山东科技大学、青岛大学、山东农业大学、青岛科技大学、山东师范大学、山东理工大学、曲阜师范大学。

调查发现,大多数高校在移动客户端、网约报账方面都有所发展,但是综合校内多数据模块的一体化平台建设尚未成熟。省教育厅在2018年选择齐鲁工业大学作为业财一体化试点单位,目前已进入模块整合阶段。换言之,厅属高校业财一体化平台建设处于起步阶段。

目前,山东省财政对高校重大项目资金投入力度不断加大,包括一流大学和一流学科项目、高水平应用型大学建设项目、新旧动能转换专业对接产业项目、中央支持地方高校改革发展项目、泰山学者优势特色学科项目等。这些对专项管理和预算绩效考核提出了更高的要求。

目前,厅属高校共有在岗会计人员846人,学习方式上主要通过自学、继续教育培训、上级有关部门组织的专项培训、同行交流等方式进行。其中研究生以上学历246人,占比29%;副高以上职称161人,占比19%;注册会计师人员26人,占比3.8%;男女比例为2∶5;30岁以下人员109人,占比12%;有28人入选高端会计人才,16人入选专家库;共有3所高校设置了总会计师职位,有5所高校设置了正高级会计职称。面临问题如下：

一是知识结构不足。第一方面，学历水平不高，高学历财务人员占比不足；第二方面，学习途径不足，学习内容相对单一，主要集中在业务学习、交流、培训方面，高水平、高层次、相对系统的学习机会较少；第三方面，跨领域跨行业知识储备不够，缺少学习和实践平台，严重阻碍了对信息系统、会计智能化和管理工具的利用乃至创新。

二是“业财融合”程度不高。高校财务人员普遍存在轮岗困难，实际工作中易造成财务人员业财分离，只懂会计不懂业务，无法宏观了解、参与战略规划与布局；即便参与，也因为领导重视不够而没有发言权，与管理会计要求的“业财融合”背道而驰。

三是人才发展空间和人才利用度不足。首先，在高校，财务人员总会被打上技术专业的标签，这种思维定式还有另外一种偏见，就是对现代高校财务人员的总体认识还是处于财务会计、记账会计的阶段，大大忽视了其管理职能。因此，高校财务部门相比于其他业务部门在职称和职务晋升上都存在更大困难。其次，大多数学校都还未设置总会计师和正高级会计职称，这些设置空缺本身就是对财务人员发展空间的限定。最后，虽然部分高校有高端会计人才和专家库，但是由于重视程度不足，既缺少人事任命上的政策倾斜，实际工作中又没有给予相应的发挥作用的空间，因此“高端”和“专家”仅仅成了业内知晓的空头美誉，高校一方面缺少管理会计人才，另一方面又忽视对会计人才的培育，存在浪费会计人才的现象。高校会计人才队伍缺少从低附加值工作向高附加值工作转变的动力，缺少从标准化程序中解放出来从事管理职能的工作环境，缺少业财融合的机会，缺少发挥人才影响力的空间，缺少颠覆对会计传统定位的领导层认知。基于此，找准高校管理会计工作的切入点和转型升级路径，推动高校管理会计人才队伍建设意义重大。

四、推动地方高校管理会计人才队伍建设的建议

（一）提高会计人员主动求变的能力

前文结合《CGMA 管理会计能力框架》内容，提出了高校管理会

计人才应该具备的五种具体能力。笔者认为,除了上述技能外,新时期高校管理人才还应做到从被动适应转向积极主动。简言之,高校管理会计人才应该具备主动求变、主动融入的能力,善于学习的能力以及更丰富的知识结构和更为开阔的视野。

(二)探索管理会计人才的培养方式与途径

首先,高校除积极组织会计人员完成继续教育学习的规定动作外,还要建立起会计人员常态培训交流机制,比如新政策的专题性培训、定期的学术交流以及行业知识相关比赛等,以此不断增强会计人员的学习动力,提升其及时掌握、应用新知识、新政策,提升综合业务水平的积极性。其次,要逐步探索符合实际的校企会计人才双向合作模式,敢于让高校会计人才"走出去",到企业参加实践锻炼,也敢于把企业的会计人才"请进来",吸引企业中的优秀会计人员到高校进行学习交流甚至短期工作实践。通过"走出去"和"请进来",助推会计人才升级转型,实现高校与企业会计人才的"双赢"发展。

(三)进一步扩大管理会计人才的影响力

山东省地方高校具备良好的管理会计人才培育环境,主管部门和行业协会都在人才培养建设中进行着有益探索。但是落实到具体高校,会计人才的整体发展相对滞后。建议上级财政主管部门除了加大会计人才培训力度外,应该进一步引导高校会计人才发展的实质性利好举措。在职称的评定、职务的调整、人才库的实施落地和后续使用方面应该出具配套措施;改变高校领导层对财务工作的思维定式,充分发挥管理会计人才在提高高校战略决策水平和可持续发展方面的作用。

(四)创造管理会计功能发挥的客观条件

管理会计人才首先需要从标准化程序工作中解放出来,才有机会参与战略规划、决策、执行控制和绩效评价等工作。高校财务部门应该敢于尝试和推动会计智能的应用,通过探索业财一体化平台建设,把传统会计和基础工作岗位推向人工智能,在提高会计数据处理的效率和准确性的同时,将会计人员从标准化程序中解放出来,推动会计人员转型,向管理会计转变。

（五）增强会计人员的自我价值认知

管理会计人才要有自我价值认知,认可自己具备的管理能力和职业技能。目前,财务领域的新改革、新制度层出不穷,信息化手段日新月异。与此同时,高校正致力于追求内涵式高质量发展,一方面要把控好日益增大的收支总盘,把“花钱必有效,无效必问责”落实到位;另一方面,要树立全面绩效预算意识,不断提高预算和项目管理水平。在这种背景下,同时具备传统会计职能和其他多种技能的管理会计人才价值已经凸显出来。应鼓励他们创新业务手段和管理工具,参与学校价值创造,帮助学校统筹战略规划,全面实施预算管理和风险管理,完善制度建设,梳理内部控制流程,对项目进行有效的执行控制和合理的绩效评价,不断提高资金使用效益,推动学校各项事业健康发展。

（六）激励会计人员自我提升

在高校财务处工作,一方面便于会计人员获取前沿会计知识,另一方面也便于会计人员积累丰富的实践经验。学校要对会计人员的成才发展有充分认知,要充分认识到行业环境优势,通过上层推动,激励会计人员自我提升,鼓励其利用浓厚的学术氛围和重视科学研究的有利条件养成良好的学术研究和交流的习惯,善于归纳总结实践经验,形成一套更贴合实际的管理会计理论;同时利用研究成果指导高校的财务工作,提高财务管理水平,进而推动高校各项事业健康发展。

主要参考文献

[1]王斌,顾惠忠.内嵌于组织管理活动的管理会计:边界、信息特征及研究未来[J].会计研究,2014(1)

[2]王信卓.企业管理会计人才职业能力研究[D].内蒙古大学,2017

[3]孙晓琳.高校管理会计人才队伍建设研究[J].经济视角,2014(12)

[4]漆明春，陈俊杰.高校管理会计人才队伍建设的途径研究[J].中国乡镇企业会计，2017(3)

[5]徐光英.引进和运用管理会计工具推动高校财务治理现代化[J].湖北科技学院学报，2018(4)

[6]郭永清.中国企业业财融合问题研究[J].会计之友，2017(15)

（作者单位：山东师范大学）

高等学校内部控制制度与实践研究

——以S高校为例

岳德军　戴长模　黄卉敏

【摘要】 高校内部控制体系优化是一项复杂的系统工程,但从目前的状况而言,在内部控制方面大多数高校都存在着各种问题,都缺少一套切实可行的系统及评价体系。本文以S高校为例,对其内部控制有效性分单位层面和业务层面进行总体阐述并细化分析存在的问题后,针对内部控制中的薄弱环节提出改进的措施和建议。

【关键词】 高校　内部控制　现状分析　对策思考

一、引言

自财政部于2015年12月印发《财政部关于全面推进行政事业单位内部控制建设的指导意见》以来,各大高校已基本建立高校内部控制制度。高校内部控制评价作为内部控制的重要组成部分,通过对高校内部控制建设进行评价诊断出高校内部控制制度建设存在的风险,发现内部控制存在的缺陷,并及时提出改进意见,在高校内部控制建设的健全和完善过程中发挥着重要的作用。

二、高校内部控制的理论概述

(一)高校内部控制的概念

高校内部控制是指高校为顺利开展教育和科研工作,依据高校的工作环境、性质、范围和任务情况,制定科学、合理的策略与程序,对高校的所有岗位展开监督与检查。涉及的内容有:在管理活动中制定规划、采取措施、设计流程以及应用各类评价、调整和约束机制,以此来防范和应对高校业务中的各类风险,确保高校顺利完成办学目标。

(二)高校内部控制体系的构成

单位层面和业务层面共同形成了高校内部控制体系。“单位层面控制”是指对组织情况、权力制衡机制、关键岗位责任制、人员资质和能力、财务体系建设及信息与沟通等方面提出的总的控制思路和框架。业务层面控制主要包括预算业务控制、收入业务控制、支出业务控制、债务业务控制、政府采购业务控制、货币资金业务控制、非货币资产业务控制、基建业务控制、合同业务控制、评价与监督。

三、S高校内部控制现状分析

(一)S高校基本情况概述

1. S高校基本情况及组织机构设置

S大学坐落于享有泉城美誉的国家历史文化名城——济南,是一所办学历史悠久、办学规模较大、办学特色鲜明,以经济学和管理学学科为主,兼有文、法、理、工、教育、艺术八大学科门类,在国内外具有较高声誉和知名度的财经类大学。

S高校的组织机构包括职能部门、群团组织、教学单位、教辅单位、学术期刊、科研机构。职能部门下设党委办公室、校长办公室、纪委(监察处)、党委组织部(党校、机关党委)、党委宣传部、党委统战部、党委学生工作部(处)(武装部)、党委教师工作部、党委保卫部(安全管理处)、发展规划处、人事处(人才工作办公室)、教务处、研究生院、国际交流与合作处、财务处、审计处、总务处、基建处、资产管理处、合作发展处、圣井校区管理办公室、明水校区管理办公室。群团组织包括工会(妇委会)、团委 2 个部门。教学单位包括经济学院、会计学院等在内的 24 个二级学院。

2. S 高校内部控制实施现状

自 2015 年 12 月财政部印发《财政部关于全面推进行政事业单位内部控制建设的指导意见》以来,S 高校认真开展内部控制系统的建设。第一,学校党委会任命学校内部控制建设工作领导小组,审批内部控制制度和内部控制手册,发挥了决策领导作用。分管财务副校长是内部控制制度建设工作的首要责任人,担任内控领导小组组长;监察处处长、财务处处长、审计处处长任副组长,共同对内部控制制度的建立健全和有效实施负责;学校领导班子其他成员要抓好各自分管领域的内控建设工作。内部控制建设工作领导小组为跨部门工作小组,办公室设在财务处,财务处处长兼任办公室主任。第二,从财政部要求的六大基本业务到教育部要求的十五项特殊业务,循序渐进地开展内部控制制度建设工作。2017 年 S 高校根据《行政事业单位内部控制规范(试行)》的要求,围绕风险评估和控制方法、单位层面内部控制、业务层面内部控制、评价与监督等要素,确定内部控制建设的具体内容,顺利完成了内部控制基础性评价工作。第三,编写《S 大学内部控制手册》,内容包括手册概述、风险识别及分析、内部控制的组织架构和责任体系、单位层面的内部控制、各项经济活动业务的内部控制图表、内部控制监督与评价。

(二)S 高校内部控制现状分析

在分析 S 高校的内控工作后发现,该校依照内控规范初步建立了内控体系,内控体系达到了规范、科学的要求,提高了自身的管理效率,但是在内控实施过程中仍暴露出一些缺陷和不足。接下来将从单位和业务两个层面入手,分析 S 高校内部控制系统存在的问题。

1. 单位层面内部控制

高校单位层面上的内部控制,是高校内部控制有效运营的基础,是高校业务层面内部控制设计、实施的有力保障。

(1)内部控制工作的组织情况分析

S 高校的内部控制体系建设工作起步较晚,高校对内部控制的认识仅仅停留在上级有关部门发布的相关文件上。这导致了S高校的内部控制意识薄弱，教职工甚至管理层只满足于完成上级布置的内部控制基础工作，没有明确起草内部控制相关制度规定的具体计划。学校虽成立了内部控制领导小组，并由财务处牵头负责监督与评价全校的内部控制执行情况，但由于监督流于形式，导致该部门对全校的内部控制工作缺乏能动性。

(2)内部控制机制的建设情况分析

S高校目前由校长主持全面工作，党委书记负责学校的组织建设和党务工作，各部门实行由各领导分管的基本管理机制。然而，在学校的各项规章制度和管理流程中，只强调上下级的从属和权责连带关系，忽视了横向层面上的协调沟通，导致同层面的部门之间缺乏充分有效的信息沟通与协调；再加上下属部门对分管领导缺乏监督，导致无法形成相互制约、相互促进的管理模式。

(3)内部控制关键岗位人员管理情况分析

由于S高校的内部控制发展较晚，学院很大程度上将人力资源管理重点放在教学科研方向，对行政部门缺乏合理有效的激励机制；在目前尚未制订完善的人力资源管理制度的条件下，无法有效激发管理岗位工作人员的工作积极性。另外，学校没有建立合理有效的关键岗位人员定期轮岗的制度，无法保证不相容岗位的有效分离，不能有效预测未知风险，而在重要岗位工作时间过长而没有换岗的工作人员也极有可能存在舞弊行为。

(4)财务信息编报

根据国家相关规定，S高校实行行政事业单位财务核算制度，对学院的一切经济活动进行相应的账务处理，按要求定期编制会计报告。然而，学校对财务工作的重视程度远远不够，仅仅将财务处视为基础的运营维护部门，导致本该作为学院内部控制的重要组成部门的财务处无法发挥该有的作用。

2. 业务层面内部控制

根据相关法律法规，结合S高校的办学规模和管理业务基本内容，在业务层面可将S高校的总体业务划分为预算、收支、资产、采购、项目、合同六大部分。

(1)预算控制情况分析

在预算控制方面，S高校制定了《S高校预算管理办法》，以“统一领导，分级管理”的思路对学院预算进行管理。各学院、各部门作为预算主体，编报本部门的年度预算。预算管理流程相对严格，但预算发挥的指导作用有限，主要原因有以下几个方面：一是重视程度不够。各部门在前期编制本部门预算计划时，本着完成任务的态度，认为只需按时上交计划，其他的事项都是财务处的工作内容。这个意识的普遍存在使得各部门工作人员无法将预算和本部门业务活动密切结合。二是各部门预算编制内容结构过于简单。工作人员甚至只是对上年提交的预算申报书进行些许修改，完全不考虑自己部门的现阶段实际情况，这极不利于发挥预算的作用。三是预算执行率普遍偏低。由于S高校预算管理的监督机制并不完善，导致学院预算执行率持续走低，部分项目执行进度缓慢，有些项目甚至停滞不前。

(2)收支控制情况分析

在收入管理方面存在一定的制度不合理性。在学校收支管理的相关规定中，没有明确杜绝部门自行收费的情况。这样的制度缺陷，容易造成金额造假、有心之人利用职务之便舞弊的问题。比如，学校的继续教育学院在校外举办专转本培训班，没有联系财务处相关人员，而是自行到场收费，事后才到财务处送报收入。虽然经查实没有存在舞弊行为，但是无疑造成了潜在的财务风险。在支出管理方面，学校出台了劳务费发放的相关细则，但各部门仍可从经费中自行发放劳务费，造成各类劳务费发放混乱，一定程度上引发虚假报销劳务费的可能。

(3)其他情况分析

在采购控制、资产控制、合同控制等方面，S高校虽按照上级部门的相关规定和要求出台了相应的规章制度，但均在一定程度上存在着制度以及执行上的欠缺，存在着不同程度的财务风险以及内部控制风险。

四、S 高校内部控制体系构建的对策思考

（一）完善内部控制环境

运作合理、良好的高校内部控制需要以完备的内部控制环境作为基础，S 高校对现阶段的内部控制改进，应从组织架构、内部控制文化与知识基础、人力资源政策制定的优化等方面展开。

1. 调整组织架构，明确权责分配

在组织架构上联合各部门共同推动内部控制体系的完善。一方面，要推进部门结构的扁平化发展，减少复杂的办公流程，加强同一层次的监督。在决策部门、执行部门和监督部门之间进行有效的分离和约束，形成清晰高效的权责分工和制衡机制，以满足内部控制的需要。另一方面，在详细梳理业务流程的基础上，发现并重点关注风险点，加强对敏感岗位人员的管理。在聘用员工方面，重点关注和选拔基本业务素养贴合该职位要求的员工，根据完备的风险评估体系定期对敏感岗位进行轮岗换任。

2. 提高内控重视度，深化内控意识

近几年来，校园文化一直是高校文化建设的重点。校园文化不仅仅存在于师生之间，也同样存在于教师之间。学院在深化内部控制体系建设的过程中，不应该忽视将内部控制文化融入校园文化这一手段。要营造健康良好的财务内部控制环境，首先需要让大家认识到财务内部控制制度建设的重要性，争取在校领导层面加以重视，并争取学校各学院各部门的积极支持与配合；加强对内控制度建设的解读和宣传，逐步让内控管理深入到每一位教职工的意识中；将内控管理作为一种理念融入到学校的文化发展中，先从营造良好的氛围开始，为内部控制奠定环境基础。

3. 制定有效的人力资源政策，重视绩效考评机制

合理的人力资源政策不仅会激发学院教职员工对工作的热情和工作积极性，还会提高教职员工对工作单位的认同感，提高工作效率。S 高校应制定有效的人力资源政策并加以细化，特别是在聘用、待遇、加班、轮岗、绩效考核等方面，以完善的人力资源政策作为改善内部控

制环境的助力，做到公平考核，奖惩分明。S高校可在个人或部门的责任考核体系中添加有关内控的内容，以此来完善激励机制，对各部门及其人员的工作目标作出全面、科学、合理的评价，将责任评价和薪酬分配、先进评选、职位晋升以及相关利益分配联系在一起，利用激励机制调动各类人员的工作积极性，督促他们认真开展工作，严格落实各项内控制度和政策，在内部营造良好的内控环境，从整体上推进内控活动的实施步伐。

（二）强化风险意识，建立评估机制

S高校必须增强风险意识，结合自身的实际情况构建评估风险体系。该体系的要素构成主要包括识别风险、评价风险、应对风险等。第一，设立风险管理委员会，负责收集和整理各类信息，采用财务分析、流程分析、调查分析等方法发现学校潜在的风险。第二，采用定性和定量相结合的方法对识别到的风险进行单位层面和业务层面的风险评估。风险评估工作应至少每年进行一次。内部控制归口管理部门负责计划、组织和安排具体的评估工作，包括组织财会、资产管理、采购、基本建设、内部审计、纪检监察等部门或岗位工作人员进行风险评估。第三，在识别和评估风险后，依照分析结果，预测风险带来的危害。学校应依据风险分析识别矩阵图测度标准，初步确定各业务风险控制点；在制定风险应对策略时，应该对一些关键性风险投入更多的关注。

（三）改进控制活动

高校结合自身情况设计一系列控制活动，这些控制活动贯穿整个高校业务领域，不仅是整个高校内控体系的核心，更是高校内控管理的具体表现。

1.强化预算管理

预算控制是从财务内部控制的源头上进行把控，它要求高校要加强预算控制、执行、分析、考核等环节的管理，规范预算的编制、审核、下达和执行的每一个步骤，积极采取优化措施，确保预算的顺利执行。同时，还应把预算控制工作和财务信息化建设联系起来。财务部门以信息化系统作为媒介联系各单位各部门进行预算编制，不断提高预算工作的时效性;建立预算评价体系,加强预算执行过程中的监督和管理,强化各职能部门的预算执行责任意识,共同协作,不断提高预算控制执行工作的效率。

2.明确收支业务管理

在收入方面,随着办学规模的扩大,S高校的经费来源不仅仅是上级部门的财政拨款,经费来源渠道逐渐变多。S高校在对各渠道收入进行合理性、正当性分析并确认无误的同时,应认真规划设计学院收入的确认流程,并对相关岗位进行细密的权责划分,实现决策、执行和监督的分离。在支出方面,S高校的支出业务项目繁多,学院的支出业务按经济性质大致划分为经营支出、事业支出、项目支出、基建支出几部分。S高校除了严格按照上级部门审批的教育事业支出计划来办理各项业务的支出以外,还应重点参考年初各学院、各部门经学校批准的年度预算,对资金进行合理安排和使用,提高资金使用效率。

3.健全采购业务流程,完善实物资产管理

一方面,通过采购业务的计划、决策、实施采购、财务核算、保管保护、监督环节,使采购业务形成一个连贯成熟的流程链,健全采购业务流程;另一方面,要完善实物资产管理,除资产管理处对固定资产进行翔实周密的登记管理外,财务处也应与资产管理处保持信息交互的畅通,以保证国有资产的安全。

(四)畅通信息沟通渠道

建立健全信息体系,确保信息能够快速、高效地传递。信息的及时传递有利于提高内控效率,获得良好的内控效果。信息的传递是双向的,既有上级向下级传达信息,也有下级向上级反馈信息;信息的横向传递主要是在各部门之间进行,通过信息传递,各部门能够及时了解各类外部信息。S高校可开辟专门的信息传递渠道,利用校园网及时发布和传递各类信息,也可采用信息通知、公布栏等方式传递信息,还可采用民主生活会、电子信箱等方式将下级的想法反馈传递给上级。

（五）提高内控监管水平

评价体系和内审监督是高校财务内部控制有效实施的重要保证。首先，高校的审计部门一般就是财务内审监督的执行部门，它应该不断完善对高校财务的事前、事中以及事后的监督，不断加强对审计人员的培训，提高其业务素质，并应树立审计部门在高校的权威。其次，学校要加强对财务工作的重视程度，把财务管理作为整个学校内控管理的重要一环，而不仅仅将财务处视为基础的运营维护部门。另外，建立高校内部控制评价体系也是至关重要的，通过定期的评价考核；不断对高校财务内部控制的环节以及执行情况进行完善和改进，从而推进高校财务内部控制工作健康有序地展开。

主要参考文献

[1]唐大鹏，吉津海，支博．行政事业单位内部控制评价：模式选择与指标构建[J]．会计研究，2015(1)

[2]赵小刚．开发行政事业单位内部控制评价系统破解管理瓶颈[J]．会计之友，2016(8)

[3]王小波．国家审计推动完善行政事业单位内部控制的路径[J]．全国流通经济，2017(5)

[4]刘焕蕊．高校转型发展下内部控制框架设计研究[J]．财会月刊，2017(7)

[5]樊原明．以“一体化”创新模式规范行政事业单位内部控制[J]．财务与会计，2016(14)

[6]财政部．关于全面推进行政事业单位内部控制建设的指导意见(财会〔2015〕24号)．2015

[7]杨蓉．高校内部控制评价体系构建探讨[J]．财会通讯，2013(25)

[8]蔡雪辉．内部控制视角下高校财务管理探究[J]．南京审计大学学报，2013(3)

[9]刘永泽，张亮．我国政府部门内部控制框架体系的构建研究[J]．会计研究，2012(1)

[10]丁友刚,王永超.上市公司内部控制缺陷认定标准研究[J].会计研究,2013(12)

[11]教育部.教育部关于进一步加强高等学校基础研究工作的指导意见(教技〔2012〕2号).2012

(作者单位:山东财经大学)

基于政府会计制度改革背景下的高校会计核算模式设计

张红玲

【摘要】 政府会计制度的实施使高校经济业务更加规范，在会计确认、计量和财务报告等方面更具真实性和科学性；政府会计制度通过合理配置高校的资源，为高校发展打下坚实的基础。新制度在会计科目设立、经济业务核算方法、财务报告制度等方面都有一定的创新，但同时也会带来新的问题。

【关键词】高校　政府会计　核算模式　设计

政府会计制度的实施对高校会计核算提出更高的要求，对高校财务状况有一定的改善作用，能够促进真实合理的事业成果的展示，确保预算执行情况得到更为真实的反映，对高校会计信息质量以及财会管理水平的提升有一定的帮助，同时对高校资金的科学化管理有一定的作用。

一、新时期高校会计核算的特点及重要性

近年来，公共财政进行了相关方面的改革。这些改革包括国库集中支付制度改革、政府集中采购改革、政府收支功能之间的科目分类改革、公务卡制度改革和财政公开制度改革。高校经费管理直接被公共财政所影响，所以在高校的经费管理过程中，财政改革被赋予

崭新的内涵。在高校改革持续深入的过程中,高校会计核算有以下几个方面的特性。

（一）会计核算信息化将“无现金核算”网络系统作为基础

财政国库集中支付制度以及公务卡制度方面的改革,使财务管理网络化得以实现,会计工作不再只是原本的手工操作,而是在信息平台上建立核算系统,并且将网络信息技术作为基础,有效提升了学校资金核算业务效率;同时在财政部门有效展开审核制度和批复制度,使银行部门能够更好地完成资金的调拨以及清算过程,并展开资金支付和使用监督等一系列工作内容。“无现金核算”信息平台能够进一步完善会计核算信息系统,并实现银行账户零余额,促使银行公务卡管理系统和银行财政零余额账户之间形成完美的对接,同时整合了财政、银行和其他业务,使高校财务报告在信息传播等方面的内容得到拓展,避免了传播停滞状况的发生,信息使用者能够由此快速掌握会计信息。财务人员则能够以网络终端为基础,在网络上开展数据的传输以及存储、远程查账和审计等相关工作,使会计工作效率以及会计信息传播及时性得到有效保障。

（二）通过政府采购制度,规范国有资产管理

国有资产为国家所有,在具体管理中是由政府展开分级管理,各单位可以占有以及使用;针对高校而言,由财政部门负责对高校国有资产展开综合管理。资产配置如果与政府采购相关联的话,应当依据采购程序予以实施。资产变动的状况要被纳入财政监管过程中,国有资产管理力度也会因此得到加强。在我国高校发展进程中,会计核算工作的重要性不言而喻,在高校核算经费收支、编制年终决算或者分析财务工作的过程中,会计核算要确保会计信息质量得到提升。

（三）负债类核算更加科学,能够全面及时地反馈高校负债状况

政府会计制度全面引入权责发生制,使得高校负债类核算更加全面真实。一是应付类科目被严格界定为财务会计科目,配合财务会计职能,成为财务会计报告的内容之一,契合了财务会计和预算会计适度分离并相互衔接的会计核算模式。二是增加了受托代理负债

及预提费用等科目，对高校经济往来的现时义务、未决诉讼或未决仲裁引起的预计负债以及预先提取尚未支付的费用（未来义务）进行客观反映，使得高校会计信息更加可靠、准确。

（四）收入核算方面依旧将收付实现制作为基础进行会计核算

高校收入指的是高校在教学、科研或其他活动中，依法获得的非偿还性资金。在高校的新会计制度当中有如下明确规定：会计核算通常将收付实现制度作为基础，不过针对某些经济业务或经济事项，在核算的过程中应当依照制度规定应用权责发生制度。在收入构成方面，高校许多经济业务都以收付实现制作为核算前提，极少数经济业务，例如将盈利作为目标的经营活动中得到的收入，往往以权责发生制度作为基础。

二、高校会计核算现状及存在的问题

（一）会计基础不够强大，监管体系有所欠缺

我国高校会计基础工作缺乏规范性，只重视核算而并没有实施有效的监督。第一，由于信息不对称，教职工无法从会计核算中得到更多的信息；同时，原始凭证上所填写的经济业务可能与实际情况不相符合，某些负责人甚至购买假发票进行报销，导致账目与实际情况不相符合的现象时有发生，造成高校财务报表和分析准确性不高。第二，随着网络交易的不断发展，原始凭证的信息功能越来越弱，高校内部控制更加困难；与此同时，大部分高校尚未建立完善成熟的核算制度体系，缺乏明确的职责以及权力划分，审核与监督往往流于形式。另外，没有准确进行债权清算和债权考核，“节非所用”的状况时有发生，很多借款长期得不到偿还，但却与教职工绩效考核之间没有任何关系，因此公款私用的情况也频频发生。

（二）在专项资金管理方面，缺乏科学的绩效考评机制

高校缺乏正确的财务管理观念，仅仅“使用”资金，而不是“管理”资金。有些高校为了避免结余资金的上缴进而对下年的预算产生影响，则会“突击花钱”。项目资金属于专款专用，在执行之后可能有经费结余但却并没有展开清理工作，因此有较为严重的“沉淀”状况。

同时，高校往往重视对专项资金的“投入”却忽视“产出”，绩效考核制度尚不完善。

（三）资产核算环节存在问题

国有资产管理属于高校开展会计核算工作的一项重要内容，不过在具体执行中却存在很多问题。首先，我国高校资产收入通常来源于财政拨款，对“资产”缺乏清晰的界定，只是简单地将其理解为“固定资产”，而没有对无形资产展开全面核算，从而导致无形资产价值未得到正确评估。其次，资产与财务管理之间没有密切联系，固定资产核算缺乏准确性。依据原有的会计制度，固定资产计价通常采取的是历史成本法，在使用过程当中没有进行折旧计算；尤其是某些接近报废的资产，财务报表中反映的依旧是原值，并未反映高校资产的真实情况，净资产价值缺乏透明度和真实性，账目与实际情况不相符合的状况普遍存在。最后，许多高校资产管理信息化程度比较低，业务财务一体化尚未实现。另外，资产负债表缺乏合理的结构，现金流量信息没有得到确切的反映，其他信息披露也不够充分。

（四）“营改增”对高校的会计核算提出了新的要求

“营改增”指的是将过去应缴营业税的项目改为缴纳增值税，以解决重复纳税的问题。对高校而言，这种方式促进了会计核算体系的变化。第一，在核算过程中，需要将应税项目的销售价格与税额分别展开核算，同时需要进行会计科目的设置。第二，在“营改增”之后，税务申报发生改变，纳税申报主体由地税局变为国税局，同时申报表设计更为复杂，流程烦琐，对高校会计核算提出了新的要求。

（五）高校会计核算人员素质有待提升

为了与高校财务会计网络化发展相适应，高校会计核算人员不仅要掌握财务相关知识，同时还要了解软件操作以及信息技术等方面的内容。目前我国高校会计核算人员素质参差不齐，业务能力有待提高。

三、应对新旧会计制度衔接问题

（一）转变思想观念

第一，应当从思想方面加以转变，使高校真正重视会计制度改革。第二，设置领导负责制，切实解决新旧会计制度衔接问题，并对不同部门资产展开清理，提高执行针对性，在这个过程中使新会计制度发挥应有的作用。

（二）提高财务部门工作人员的业务素质

第一，各个高校应当以新会计制度为基础，对不同会计人员展开针对性较强的培训；积极展开院校交流，在短时间内推进会计制度的实行。第二，加强财会人员在软件使用方面的培训，让财务人员更好地适应新的工作要求，从而降低会计制度改革的阻力。

（三）加强部门协作，构建新会计制度管理体系

新会计制度在实施过程中少不了高校资产部门、后勤部门的参与。例如固定资产清查方面，不但与固定资产管理部门密切相关，更与资产使用部门有密切的关系，亦与资产监管相关。所以在新旧会计制度转换或者制度衔接的进程当中，财务部要与其他职能部门协调配合，密切合作。

（四）细化新旧会计制度衔接流程

教育部门和财务部门之间应当展开密切交流，并对高校新会计制度在实施进程当中的问题和方案加以讨论，尽快解决相关问题，使操作细则更加完善，以保证新会计制度的顺利实施

首先，需要加强专业培训，组织会计人员沟通交流，不断增强新会计制度的执行力度。针对疑难问题，及时组织人员加以研究解决，理顺新会计制度实施流程。其次，成立清查小组，展开全面的清查工作，盘点相关资产，比如清查固定资产或者清理往来款项。另外，以高校会计制度为基础，对核算体系加以调整；依照新会计制度进行科目体系的建立，同时对比会计科目等内容，依照学校自身情况进行新旧会计科目的调整，并将余额转入新的账目当中。

（五）充分发挥高校会计学会的作用

高校会计学会是由教育主管部门领导的学会。在新旧会计制度转换或者衔接发生问题的时候，高校会计学会要发挥应有的作用，具体表现在沟通与协调方面以及准则内容的培训方面。在完善高校会计制度的过程中，高校会计学会具有一定的纽带作用。学会可以组织专家学者对新旧制度的转换加以探讨，并就出现的问题提出可行性建议，通过部门审核之后加以推行，确保高校在进行制度改革过程中能够与相关政策要求相适应。另外，高校会计学会还应当组织学习和培训，使高校财务人员专业素质得以提升。

（六）加强财务管理系统的信息化建设

在新会计制度实行之后，高校还应当建立与会计制度有密切关系的业务管理流程、风险体系和核算流程；与此同时，高校也需要建立与新会计制度相契合的财务管理软件。在实施新的会计制度之后，过去的财务软件往往无法满足核算要求，因此软件系统需要升级。在信息化建设过程中，需要领导层的支持以及重视。

四、对我国高校会计制度改革的设想

（一）会计科目的调整

第一，收入类会计科目中，"基建拨款"是一级内容。而在政府补助项目当中，基建拨款是一项比较重要的内容，金额也相对较大，可以单独展开核算，并将其纳入"其他政府补助"当中，其下可进行"基建拨款补助"方面的设置，"其他经费补助"科目可以进行代码更改。

第二，负债类科目"代管经费"之中，应当对科目进一步加以明确，例如代管教学、代管学生活动或者其他。这样一来，有利于信息需求者了解相应的经费结构体系内容。

第三，增设"应收学住费"科目，其根本原因是学费和住宿费通常分两次支付，所以应当进行科目的再次设置。比如设置"应收学费"和"应收住宿费"两个不同的科目，对应收费用的具体明细加以反映。期末可以依照现金余额情况确定学生欠缴费用的具体状况，从而尽可能避免资金流失。

第四,恢复增设的预算类科目。预算类会计科目不仅能够体现年度预算的分配状况以及年度预算的调整情况,而且有利于了解问题,明确责任,从而避免高校预算出现失控状况。

(二)会计报表的改进

1.建立财务报告公开披露和外部审计制度

通常来说,政府财政拨款通常是高校办学资金的主要来源,所以在设计相关报表时,应当将财政部门需求作为前提。现如今高校办学资金来源较为多元,利益相关者对财务信息的要求也渐渐提高,所以在公开披露制度完善方面应当下力气。

2010 年,教育部颁布了《高等学校信息公开办法(征求意见稿)》(以下简称《征求意见稿》),其中规定,高等学校需要进行收费项目、收费依据、收费标准以及投诉方式的公开;还规定了应当进一步公开财务管理制度、学校经费来源、经费预算决算方案、捐赠财产的情况。高校应当将企业会计报告方式作为基础,在公开报表等制度内容方面加以借鉴,从而建立相关公开制度,提高报表透明度,避免舞弊行为的发生。

2.完善报表体系

原会计制度遵循的具体原则是:资产+支出=负债+净资产+收入。在《征求意见稿》中规定,可以对这些要素进行细化,具体体现在资产负债表和收入支出表中。在资产负债表当中采取的是“资产=负债+净资产”的原则,收入支出表当中则是“收入-支出=结余”的原则。在这种情况下,过去保持平衡的资产负债表可能会出现失衡的状态,资产并不一定正好等于负债与净资产的总和。因此在资产负债表当中可以设置相应的结余和结转内容,确保资产负债表保持平衡。

收入支出表的基础是“收入-支出=结余”,体现了高校在某段时间内收支的具体情况。可以在收入支出表当中加入“预算收入”与“预算支出”,对预算的具体执行状况加以反映。

《征求意见稿》虽然对会计报表体系进行了相应的完善,然而高校对外公开财务报表只是披露了相关财务信息,而并没有反映相关非财务信息，比如学校管理人员所具备的管理水平或者素质以及专业特色、就业率等内容。非财务信息披露是外界了解、评价高校的重要途径，也是高校宣传自身的一个“窗口”。高校需要重视对非财务信息的披露，充分利用财务信息管理化手段和技术。

原会计制度将历史成本方式作为基础，与现在的环境不相适应。例如高校固定资产中房屋建筑的市场价格不是固定不变的，若依旧采用历史成本法，报表信息就失去了指导意义。新制度当中应当加入公允价值计量模式等内容，从而能够及时衡量固定资产的具体价值，为投资者以及债权人提供有价值的参考。

（三）进行教育成本核算，提高资金使用效益

《高等学校收费标准》对教育成本核算作了相关规定。教育成本的核算内容往往有如下方面：首先是教学的直接成本，比如教师工资、教学中的用具以及其他设备采购维护费用。其次是教学辅助成本，比如教辅员工的工资、办公费用、教务处或者图书馆的设备采购维护费用。再次是行政管理费用，比如行政人员工资以及其他花费。最后是期间费用，比如教学事业的具体支出、利息支出等内容，另外还包含助学金与奖学金等内容。将上述教育成本进一步细化，有利于避免乱收费情况的发生。

为了与高校教育事业的具体特点相适应，满足我国高校持续发展的需求，高校应当采取什么样的方法推进会计制度实施，成为亟须解决的问题。高校新会计制度的颁布与实施，能够让高校会计核算的内容更加具体和清晰。高校在会计核算方面应当以全面反映高校会计信息为目标，在新会计制度的具体要求下，不断完善高校会计体系建设，使会计信息质量得以提升。

主要参考文献

[1]卢山.权责发生制在高校会计核算中的应用探究[J].财会学习，2017(7)

[2]张倩.高校会计核算风险及其应对措施[J].大众投资指南，2017(3)

[3]卢山.高校会计内部控制体系的建立与完善研究[J].行政事业资产与财务,2016(36)

[4]徐妍.新高校财务制度下的财务核算体系探究[J].现代经济信息,2017(4)

[5]周利.高校会计核算业务服务外包问题研究[J].教育财会研究,2017(1)

[6]蔡丽君.试论“互联网+”背景下高校会计核算系统风险监管[J].财会学习,2017(2)

[7]李民.高校财务人员如何加强对科研经费的核算[J].财务与会计,2017(1)

[8]刘映.论新会计制度下高校会计核算存在的问题及对策[J].行政事业资产与财务,2016(36)

(作者单位:山东女子学院)

高校执行政府会计制度的困境和解决策略

——基于制度变迁视角

伦宗健　王善君

【摘要】 从政府会计制度正式施行至今，高校在执行过程中暴露出一系列问题。在此背景下，笔者基于高校会计制度变迁的视角，分析会计制度变迁给高校会计核算带来的影响，并在此基础上探讨高校执行政府会计制度的困境和应对策略，以期为政府会计制度在高校的规范执行提供有益参考，实现政府会计制度改革的预期效应，从而提升高校会计信息质量，推进高校治理的现代化。

【关键词】 高校　政府会计制度　权责发生制　平行记账

一、引言

高校会计制度经历了从初建阶段到积累阶段、再到改良阶段、退出阶段的演变过程，直至政府会计制度的实施。1998 年，为适应高等教育事业发展需要，规范高校会计核算工作，财政部出台《高等学校会计制度（试行）》，对高校会计核算作出了具体的规定。但是，随着预算体制改革的深入，高校经费来源日益多元化，经济业务日益复杂化。为适应内外部环境的变化，2013 年，财政部重新修订了《高等学校会计制度》，此次修订充分体现了财政体制改革的要求，着力于提升会计信息质量，开始注重对财务状况的反映。随后，十八届三中全会提出编制政府综合财务报告的新要求，然而此时政府会计的核算基础仍是以收付实现制为主，无法满足政府综合财务报告的编报要求，加之现行政府会计体系下多种会计制度并存，不同行业间的会计信息缺乏可比性，导致政府综合财务报告最终的准确性大大降低。基于此背景，财政部相继出台了一系列的政府会计准则制度，政府会计改革驶入快车道。从2019年开始，高校正式执行政府会计制度。

高校作为较为特殊的一类事业单位，承担着人才培养、科学研究、社会服务以及文化传承等多重职能。相比较其他行政事业单位，高校具有资金规模大、来源渠道多、服务对象多，业务事项复杂的特点。政府会计制度的施行，对于高校规范会计核算行为、提高会计信息质量、提升大学治理能力具有重要意义。但是，此次政府会计改革涉及面广、政策性强、操作难度大，对高校的财务管理水平和会计人员的能力素养都提出了非常高的要求。基于此背景，笔者从制度变迁的视角，分析高校会计制度变迁对高校会计核算产生的影响，并针对高校在执行政府会计制度中暴露出的问题提出具体的解决策略。

二、会计制度变迁对高校会计核算的影响分析

每一次会计制度的变迁都是财政预算体制改革的内生驱动，权责发生制政府综合财务报告的编制是本次政府会计改革的主要驱动力。笔者基于会计制度变迁轨迹，从会计目标、核算体系以及会计报告三个方面的变化来分析制度变迁对高校会计核算产生的影响，以期揭示一些规律性特征，为问题的解决提供一定的启示。

（一）对会计目标的影响

高校作为一个利益相关者的集合，其会计目标主要是满足利益相关者的信息需求，但不同利益相关者的信息需求具有差异性，使得会计目标具有多重性，但关键利益相关者的信息需求是第一位的，并且在不同的发展阶段，会计目标的重心会适时变化。过去，高校资金来源是政府全额拨款，成本靠政府预算来弥补，此阶段的会计目标主要是反映政府预算执行情况。随着高校资金来源的日益多元化，基于受益原则的成本分担机制逐步建立，此时更多的利益相关者提出了新的会计信息需求，比如教育成本核算与收费政策以及社会公众

的知情权等方面。因此，高校的会计目标除了反映预算执行情况外，还要反映财务状况、运行成本等信息。另外，随着全面绩效管理的推行，绩效管理相关信息也将成为高校会计目标之一。总之，随着会计制度的变迁，特别是政府会计制度的实施，高校会计目标也逐渐从单一目标向多重目标演变，这也反映出从单一利益相关者的信息需求向多个利益相关者的信息需求的转变。

（二）对核算模式的影响

在《高等学校会计制度（试行）》(1998)实施阶段，会计要素从“三要素”变成“五要素”，即资产、负债、净资产、收入和支出，大部分业务或事项的核算以收付实现制为基础，采用单分录记账技术。这种核算模式无法准确反映资产、负债和收入、支出情况。在《高等学校会计制度》(2013)实施阶段，“五要素”仍然继续沿用。为同时反映预算执行情况和财务状况，采用双分录记账技术，以有效融合财务会计要素和预算会计要素，但是仍然无法核算权责发生制下的收入和费用，收付实现制下的收入成本无法形成配比，使得高校难以准确核算成本，绩效评价效果大打折扣。

为解决上述问题，政府会计制度应运而生。政府会计制度对会计核算模式进行了彻底重构，统一了政府会计标准，引入了权责发生制，将会计要素从“五要素”改为“八要素”，并采用“5＋3”模式。其中，财务会计设置五要素，预算会计设置三要素，通过平行记账的技术手段予以衔接，从而构建起财务会计与预算会计适度分离且相互融合的全新核算模式，有效解决了“双系统”模式所导致的时间和空间维度差异问题，进一步提升了会计信息质量，更好地满足了各利益相关方的信息需求，为准确核算成本奠定了制度基础，也更好地满足了权责发生制政府综合财务报告的编制要求。

（三）对会计报告的影响

会计报告是会计核算结果的综合反映，与会计目标相辅相成。高等学校会计制度经历一系列改革之后，会计报告的总体结构变化并不大，高校主要是编制预、决算报告，以反映预算执行情况。但由于信息过于单一，且缺乏披露机制，无法满足多方利益相关者的信息需求,也不符合共同治理逻辑。为更好地反映预算执行情况和财务状况,政府会计制度实行“双报告”模式,按照财务会计编制财务报告,按照预算会计编制决算报告,而通过“本年盈余与预算结余差异调节表”建立起“双报告”之间的钩稽关系,作为附表在附注中单独披露,以体现财务会计与预算会计的有效衔接。此外,为满足绩效管理的要求,将来还要编制运行成本报告,从而形成完整的会计报告体系,综合反映高校的预算管理、资产管理、绩效管理、运行成本以及可持续发展水平,进而可以对高校受托责任履行情况进行有效评价。

三、高校执行政府会计制度的问题解构

(一)会计核算工作量和难度增加

高校执行政府会计制度之前,会计核算基础以收付实现制为主,账务处理相对简单。而政府会计制度全面引入权责发生制,科目体系更为复杂,一级科目数量由原来的 54 个增加至当前的 103 个,同时实行“双体系”下的平行记账,账务处理更加复杂,大大增加了会计人员的核算难度。对于一笔经济业务或事项,会计人员必须首先对所发生的业务或事项进行分析,判断是否涉及纳入预算管理的现金收支,如涉及则分别按照收付实现制和权责发生制进行平行记账,而且对于高校而言,平行记账的情况非常普遍。为减轻政府会计制度所带来的工作负担,高校基本都通过会计核算系统来实现预算会计分录的自动触发,但实际操作过程中,很多特殊业务或事项是否需要平行记账以及如何进行账务处理,仍然需要会计人员进行人为判断和处理,而且出错的概率也会增加。此外,为自动触发预算会计分录,会计核算系统需进行相应的辅助核算设置,使得科目设置、项目设置、自动触发设置等系统维护工作也较以前更为复杂。

(二)权责发生制落地有困难

由于高校长期按照收付实现制进行会计核算,对相关的资产管理、合同管理等普遍要求不高,管理基础相对薄弱,这给政府会计制度权责发生制的落地带来了一定的困难。一是固定资产折旧计提问题。高校资产规模大且类型多,虽然政府会计制度对资产清查核实

作出明确要求,但是部分高校资产不实、账实不符的情况依然存在。另外,很多高校的资产管理系统和会计核算系统仍未实现有效对接,会计核算系统无法自动生成累计折旧计提分录,仍通过手工方式录入。二是收入费用分期确认问题。按照权责发生制原则,跨期收入或费用应根据合同约定,结合业务性质,合理确定合同完成进度,并根据实际履约情况进行收入或费用的确认。要实现收入费用的分期确认,规范的合同管理是基础保障。然而,现实情况是,大多数的高校合同管理基础都较为薄弱,信息化程度较低,主要通过手工记录的方式进行合同管理,难以满足权责发生制下收入费用的确认要求。

(三)特殊业务处理不明确

政府会计制度开始实施至今,笔者发现高校在处理某些特殊业务时仍存在规定不明确或可操作性差的问题。一是特殊资产或负债的确认计量问题。高校因其特殊性,拥有大量特殊资产或负债,譬如专利权或非专利技术等,这部分资产很多都未进行确认。另外,这类资产往往具有双重属性,难以按照现行的分类标准进行简单界定。当将其用于教学、科研及其他公益事业时,应归类为非经营性资产,但如果将其用于投资入股,则应归类为经营性资产。按照国家现行政策规定,科技成果转化奖励的70%的国有股权可归科研人员所有,那么该股权是否需要计提或有负债以反映科研人员的权利,政府会计制度并未作出明确规定。二是结构性赤字问题。高校普遍存在专项资金的结转结余,这些结存结余资金经常会被用作他途。因此,高校的真实债务除了账面上负债类科目所反映的债务外,还隐含着不少内债。保持适度规模的内债,可以在不影响支付的前提下有效盘活存量资金,提高资金使用效益。但从长远来看,如果未将内债纳入预算考虑范围,缺乏对内债的有效调节,随着内债规模的进一步扩大,结构性赤字将会转化为总量赤字,导致高校资金周转困难,使其陷入流动性危机。如何有效控制内债成为高校普遍面临的一个难题,而此次政府会计改革并未对此作出明确规范或指引。

(四)教育成本核算不规范

教育成本核算一直是高校会计工作的薄弱环节。综观高校会计制度的变迁轨迹，收付实现制始终占据着高校会计核算基础的主导地位，收付实现制下的“支出”要素能够反映出教学科研等活动的实际资源耗费，但并不能完全体现实际的教育成本，也就无法形成投入和产出的有效配比，会计核算基础的缺陷使得高校成本核算成为“无水之源”。另外，由于实际委托人的缺位，我国高校的教育成本核算意识普遍薄弱，成本核算长期得不到高校管理者和上级主管部门的重视，高校的受托责任履行情况始终缺乏有效监督和评价。

我国高校教育成本核算尚处于起步阶段，随着政府会计制度全面引入权责发生制，高校教育成本核算具备了制度基础，但是对于教育成本核算的标准和方法，政府会计制度并未作出统一规范。虽然学术界已经对高校教育成本核算开展了大量的研究和探索，但是高校教育成本的核算标准和方法都有待于上级主管部门的进一步明确，传统的生均培养成本计算方法已经难以满足高校的成本管理需求，特别是在全面实施预算绩效管理的背景下，如何科学核算教育成本、核算结果如何纳入绩效管理已成为当前实务界亟待解决的难题。

（五）合并报表编制有难度

权责发生制政府综合财务报告的编制是政府会计改革的一项重要内容，编制政府综合财务报告的难点在于内部交易事项的合并抵销处理。按照政府综合财务报告的编制要求，高校在编制政府财务报告时，凡属于与上、下级单位及同级单位之间内部交易事项，往往需要对这些内部交易事项所涉及的资产、负债、收入和费用进行逐级的合并抵销处理。会计人员首先需要依据自身职业判断，对单位间的内部往来是否属于内部交易事项进行界定。如属内部交易事项，再对需要合并抵销的报表项目进行筛选，最后在工作底稿完成对相关报表项目的合并抵销处理。由于整个合并报表编制过程涉及面广、专业性强、操作复杂，所以对高校的财务管理水平和会计人员专业素养要求非常高，而且内部交易的合并抵销也有赖于各个单位的辅助核算管理工作；如果在凭证处理时并未对债权债务和收入费用涉及的单位信息加以辅助核算，合并抵销将变成“无本之木”。从近几年的试编情况可以看出，合并抵销处理只是针对与上级单位之间的重要交易事项,并未涉及全部的内部交易,加之财政部尚未对单位编码进行统一规范,进一步加大了合并报表的编制难度。另外,目前高校的会计科目设置相对粗放,缺少体现高校特色和内涵的重要科目,比如社会服务方面,这也使合并报表的可用性有所降低。从目前看来,政府会计制度的实施仅能满足高校会计基础核算的需要,合并报表编制过程中的一些细节问题亟待上级主管部门的进一步明确和规范。合并报表的编制将是短期内困扰高校的一大难题。

四、高校有效执行政府会计制度的解决策略

政府会计制度已经进入实质执行阶段。综观高校会计制度的变迁轨迹,结合新形势、新变化,针对高校在实际执行过程中遇到的难题,笔者提出以下解决策略以供参考:

(一)加强政策指导,做好答疑解惑

高校执行政府会计制度的时间不长,尚处于摸索阶段。政府作为政府会计改革的主导者和引领者,要坚持问题导向,针对政府会计制度的实际执行情况开展广泛而深入的调查研究,充分了解高校在执行政府会计制度的过程中遇到的疑惑和难点,加强对高校的具体业务指导和培训,对疑难问题的账务处理原则和方法进行统一规范和明确;尤其是合并报表编制方面,上级主管部门要针对编报过程中暴露出的难点作进一步的补充细化,使其更具操作性,让高校面对问题时有章可循,同时进一步增强高校间会计信息的可比性。另外,上级部门要定期组织行业专家针对政府会计制度执行中遇到的常见共性问题开展专题培训,并从实践的角度总结和推广政府会计制度执行较好高校的先进经验和做法,助力政府会计制度在高校落地落实。

(二)加强主动学习,提升胜任能力

此次政府会计改革机遇与挑战并存。综观高校会计制度的变迁轨迹,会计制度始终是有所变有所不变。高校会计人员要抓住变的机遇,积极转变思想,打破思维定式,树立新理念,适应新常态,不仅要理解此次政府会计改革的顶层设计理念,更要将“工匠精神”融入

政府会计制度的学习和研究中去，深刻领会政府会计制度的精髓和要义，准确理解和把握准则与制度的关系，学懂弄通会计要素、会计科目与会计报表之间的关联性，深入研究政府会计制度的新内容和新要求，比较分析政府会计制度与原高校会计制度的联系与区别，为具体会计业务的处理奠定理论基础。此外，高校还要积极组织会计人员参加上级部门以及软件公司组织的各类理论和业务培训，并且针对实际工作中的疑难问题，不定期地组织校际交流，通过交流学习，相互取长补短，促进问题有效解决。

（三）升级信息系统，打破“信息孤岛”

随着信息时代的到来，信息化已成为各单位开展会计工作的基础环境。政府会计制度要求的双体系核算、折旧摊销计提、“双报告”生成等等，对高校的会计信息化建设提出了更高的要求。为此，高校必须进一步推进会计信息化建设，以适应政府会计改革的要求。一是要开发或升级会计核算模块，嵌入双体系核算，自动生成“双报告”，并扩展辅助核算功能，比如内部交易要明确往来单位的唯一标识，以实现合并报表项目的自动抵销。二是要开发或升级资产管理模块，增加折旧摊销计提功能，并与会计核算模块进行对接，使其期末自动生成折旧摊销凭证。三是要开发或升级合同管理模块，将各类收入支出合同从签订、履行到付款的全过程均纳入系统管理。

大数据时代已经到来，高校要以政府会计制度实施为契机，通过业财融合促进高校会计核算向管理会计转型升级，这就要求打破“信息孤岛”，将会计信息系统对内与科研、教务、学生、人事、办公系统等对接，对外与国库集中支付系统、银行网银支付系统等对接，实现数据共享，促进业财融合，进一步减轻会计人员的工作负担，提升会计信息的处理效率和质量。

（四）完善制度流程，加强部门协作

制度流程的匹配与否直接关系到政府会计制度在高校的执行效果。这次政府会计改革不仅仅是会计核算规则的改变，更是一场涉及高校管理方方面面的深层次变革。因此，高校会计工作的开展要以抓好政府会计制度落实为中心，结合自身组织结构和实际业务，进一步健全配套制度、优化业务流程、加强部门之间的协作与配合，为政府会计制度的有效执行打下坚实基础。权责发生制的全面引入使得经济业务或事项的确认时点发生重大变化，因此与之匹配的基础管理工作必须作出相应的改变，比如资产管理、合同管理等必须进行业务流程的再造，以适应政府会计制度的新要求。以合同管理为例，为满足权责发生制下会计业务或事项的确认和计量要求，高校要进一步加强合同的规范化管理，优化合同管理流程。收入类合同要明确约定具体收款日期，确保归属于当年的收入当年能够全部收回；如果合同中约定分期收款，则要确保严格按照合同约定的日期收款，尽可能减少不必要的调整事项。支出类合同要明确付款依据和时间进度，严格按照权责发生制原则进行账务处理。

（五）推进成本核算，加强绩效评价

成本核算是实施全面绩效管理的重要基础。我国已将推行政府成本会计纳入此次政府会计改革的总体部署，通过成本会计核算形成不同成本核算对象的成本信息，以满足不同利益相关者的信息需求，从而实现对高校受托责任履行情况的监督和评价。政府会计制度全面引入权责发生制，新增“费用”会计要素，形成投入和产出的配比机制，资产折旧摊销的计提由“虚提”改为“实提”等等，这一系列变化都为高校教育成本核算创造了有利条件。政府成本会计推行在即，笔者建议无须另行建设新的成本会计信息系统，以免使同一笔经济业务或事项进行三次账务处理，而是充分利用政府会计制度下的财务会计体系，将成本会计的管理要求融入其中，在财务会计体系的基础上生成不同核算对象（院系、年级、专业等）的成本信息，并在遵循收益原则的基础上，采用作业成本法进行间接费用的归集和分配，进而准确核算出高校生均培养成本，为生均拨款和学生学费的调整提供依据。另外，可充分汲取国外高校在成本核算方面的有益经验，为我国高校教育成本核算提供借鉴和参考。

主要参考文献

[1]陈志斌，刘子怡．政府会计准则执行的驱动研究[J]．会计研

究,2016(6)

[2]李建发,张津津,张国清,赵军营.基于制度理论的政府会计准则执行机制研究[J].会计研究,2017(2)

[3]彭威.高校财务驾驶舱平台构建——以A大学为例[J].财会月刊,2018(17)

[4]杨思瑜,叶诗晴.政府会计制度对高校固定资产与无形资产管理影响[J].行政事业资产与财务,2019(9)

[5]马璐璐.新政府会计制度下省属高校的成本考核——以A大学教学成本考核指标构建为例[J].财会月刊,2019(11)

[6]毛国育,李孟玫.知往鉴来:高等学校会计制度演化纵贯与启示[J].教育财会研究,2018(5)

(作者单位:潍坊学院)

高校教育成本核算问题研究

——以Q职业学院为例

葛玉杰　朱丽敏　贾利霞　范　暖
吕向钧　曲萍萍　冯孝娇　戚秋珍

【摘要】 近年来，高等教育经费需求和财政投入逐年增加，但目前粗放的核算方式不能满足政府、高校和社会对教育成本信息的需求。本文以Q职业学院2018年数据为例，将作业成本法引入间接教育成本的归集和分配，通过对直接教育成本、间接教育成本、折旧和摊销成本的数据分析，探索政府会计制度下的教育成本核算。

【关键词】 高校　教育成本　成本核算

一、高校教育成本核算研究背景及意义

近年来，随着物价水平的不断攀升，高校的财政经费投入逐年增加，但仍难以满足发展的需求；与此同时，部分高校的学费标准却多年来未进行调整，如山东省高职院校的学费仍执行2000年的收费标准。2007年，中国青年报社会调查中心与腾讯网新闻中心联合开展的一项有18523人参与的调查显示，86.1%的人认为大学学费"太高了"；对于将"学生在校期间的助学金、医疗费""在职教师的工资、奖金、津贴"列入高校培养成本的说法，分别有50.7%和40.8%的人给予认同，而认为"行政花销应计入教育成本"的仅占17.2%，认为"离退休人员的工资福利应计入成本"的仅占18.6%。2013年以来，各

省份高校学费陆续上涨。2014 年中国青年报社会调查中心对 2083 人进行了一项题为“大学学费该涨吗?”的在线调查,结果显示,82.0%的受访者认为当前高校学费较高,40.0%的受访者表示学费是选择大学时要考虑的重要因素,76.1%的受访者明确表示反对高校学费上涨,77.7%受访者认为学费上涨的前提是公开办学成本。

高校教育成本信息引起了政府、高校本身、受教育者与其家庭等社会各界越来越多的关注。政府开始关注并且希望得到准确的高校教育成本信息,便于按照成本共担的原则计算拨款金额、确定收费标准;公办高校希望有精准的成本核算数据以便控制办学成本;民办高校的投资者更是急需教育成本信息以计算结余,确定自己的“合理回报”;普通的受教育者也想要获知高校的教育成本,以判断自己承担的教育费用是否公平合理。对高校教育成本进行核算能够回应社会所关心的教育消费的问题,可以促使高校制定合理的宏观发展政策,提高办学效益。

然而目前国内对高校教育成本核算的研究还处于探索阶段,虽然研究较多,但是实际运用较少,国家也没有形成一个统一的高校成本核算标准。准确、全面、有效地进行高等教育成本核算并落实到生均教育成本是十分必要的,也是十分迫切的。

二、我国高校教育成本核算现状及问题

(一)尚未建立健全成本会计核算制度

2005 年国家发展和改革委员会印发的《高等学校教育培养成本监审办法》对核算原则和成本构成进行了规定,但内容较为笼统,没有成本核算的具体规定。

2019 年开始执行的政府会计制度实行预算会计和财务会计“双核算”。其中预算会计核算基础为收付实现制,财务会计核算基础为权责发生制,这为成本核算奠定了基础,但政府会计制度在财务会计中只设置了“费用”类科目,尚未建立成本会计核算的会计科目和体系。

(二)高校成本管理意识薄弱

公办高校目前普遍存在重投入、轻管理的现象。近年来,随着财

政对预算执行进度要求的提高,高校也把资金的执行进度作为财务工作的重点,对教育成本缺乏分析管理的意识。学校在进行二级单位预算经费安排时,很少考虑各专业培养成本的因素。

(三)高校的核算模式难以满足精确的成本核算

目前高校虽然有部分经费直接核算到二级部门,实行二级管理,但仍有部分经费和资源由学校统筹调配管理,难以实现成本核算。

(四)缺乏成本核算的会计信息系统

目前高校采用的软件大多满足于目前的政府会计制度双系统、双分录的管理要求,尚无成熟的成本核算信息系统。若依靠现在的财务软件提取数据进行成本核算,需要进行大量的人为数据加工,费时费力且容易出错。

三、政府会计制度下高校教育成本核算研究——以 Q 职业学院为例

(一)成本核算区间

按照教育规律,学生教育成本应当按照学年进行核算;但按照现行政府会计制度规定,会计期间起止时间采用公历日期,而且考虑到高校持续运行的会计前提,在年度间价格指数相对稳定的前提下,以公历年度作为成本核算区间较为准确且更为简便易行。

(二)成本核算对象

高校教育成本的核算对象为在校接受教育的学生,按照学生类别可以分为研究生、本科、专科、成人教育、短期培训等,也可以按照专业或年级等类别划分,或两者结合确定核算对象。Q 职业学院共设置 7 个全日制教学二级学院和 2 个公共教学部门,共有 40 多个专业,学院目前采取的预算管理模式为以部门、二级学院为基础的二级预算管理模式。考虑到成本核算与目前的预算、核算管理模式的协同性,以及各二级学院专业间的相关性、相近性带来的师资、实训、课程等教学资源的共享共用,建议 Q 职业学院以二级学院为成本核算对象。

(三)成本核算基础

2019 年开始执行的政府会计制度实行预算会计和财务会计的

双核算模式，其中财务会计核算基础为权责发生制，这也是成本会计核算的基础。

（四）成本会计科目设置

2019 年执行的政府会计制度按照权责发生制的原则设置了业务活动费用、单位管理费用、经营费用、资产处置费用、上缴上级费用、对附属单位补助费用、所得税费用和其他费用 8 个费用类科目，但并没有设置成本类科目。为了进行成本核算，应设置成本类科目“直接教育成本”“间接教育成本”和“折旧和摊销成本”。直接教育成本以二级学院为单位进行明细核算，直接计入成本；间接教育成本待归集后，再按照一定标准分摊计入相应二级学院。

（五）成本范围

由于本文的研究内容是高校教育成本，故不考虑学生家庭、社会为此消耗的费用，也不包括学生因为接受高等教育而放弃的机会成本，只考虑高校作为经济主体发生的、与学生培养相关的可归属到本期的可以用货币衡量的实际耗费。根据对高校发生的各项费用性质进行分析，以下费用不应列入教育成本：

(1)基本建设、设备家具等资本性支出和无形资产采购金额不应在采购年度全额列入成本，应按照折旧金额分摊计入。

(2)培训等社会服务、横向课题、科研成果转化等非高校教育成本类支出。

(3)学校承担的政府性项目、外部委托考试组织等相关支出。

(4)学校经营费用。

(5)学校上缴上级费用。

(6)学校对附属单位补助类费用。

(7)所得税费用为非事业性收入形成，与教育成本无关。

(8)离退休人员费用。高校作为公益性单位，离退休人员相关费用应由财政资金承担，而离退休人员费用支出与学生培养没有关系，不应列入成本。

(9)学校代收代付的不属于教育成本的往来资金。

(10)学校食堂发生的非学校安排资金运营成本支出。

(11)学校学报有部分文章为外部单位投稿,应扣减 50%支出金额,另外 50%计入教育成本。

(12)不属于当期的成本性支出。

(六)间接教育成本的分配

高校各二级学院发生的成本性支出直接计入“直接教育成本”,其他部门发生的成本性支出可进行归集。考虑到高校间接成本占比较高、较为复杂,可采用作业成本法进行分配。

作业成本法的核心概念是作业。作业是在生产中的具体活动,可把生产中消耗的资源归集成作业成本,各作业中心将成本归集后进行分配,最终把间接费用分配至成本对象。高校间接教育成本分配的作业成本法流程如图 1 所示。

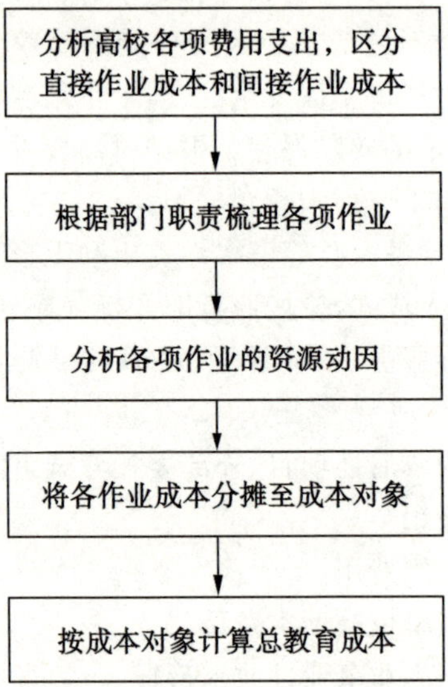

图 1　高校间接教育成本分配作业成本法流程

(七)Q 职业学院成本试算

2018 年,Q 职业学院按照高校会计制度支出金额为 27205 万元,扣除离退休人员费用、社会服务费用、资本性支出、无形资产等不应列入成本的支出金额，再按照 2019 年政府会计制度财务会计核算要求进行口径调整，调整后金额为 21804.90 万元，并按照前述成本科目进行设置后，将教育成本还原进行成本核算。

1. 计算分析直接作业成本

调整后的成本支出将二级学院直接发生的以及职能部门明确为某二级学院发生的成本性支出直接计入各二级学院直接成本，主要包括专业建设、教学运行、教师外出参会、培训考察、实训耗材、技能大赛、外聘教师课时费及其他劳务费、固定电话费、奖助学金、学生及社团活动、二级学院招生及毕业生经费等，各二级学院具体数据详见表 1。

表 1　　各二级学院直接教育成本明细表

二级学院	全日制学生人数（人）	直接教育成本总额（万元）	生均教育成本（元）
机电学院	1935	241.52	1248.17
信息学院	1773	220.12	1241.51
生化学院	1524	287.85	1888.78
商学院	1741	85.10	488.80
教育学院	1268	105.49	831.94
旅游学院	2025	279.05	1378.02
艺术学院	1392	304.36	2186.49
合计	11658	1523.49	1306.82

若按前述增设成本类科目，则政府会计制度下财务会计系统中的会计业务处理为：

借：直接教育成本——机电学院 241.52 万元

——信息学院 220.12 万元

——生化学院 287.85 万元

——商学院 85.10 万元

——教育学院 105.49 万元

——旅游学院 279.05 万元

——艺术学院 304.36 万元

贷:银行存款、应付账款等科目 1523.49 万元

2.间接教育成本作业中心及资源动因梳理

按照部门职责和资源动因,对 Q 职业学院 2018 年间接教育成本进行分析梳理。Q 职业学院 2018 年间接教育成本共计 20281.41 万元,详见表 2。

表 2　间接教育成本作业中心及资源动因分析表　(单位:万元)

作业中心	涉及部门	作业内容	间接作业成本金额	资源动因
教职工管理中心	人事处、工会	工资、奖金、津补贴费用、职工福利、教职工管理及学院统筹师资经费	16762.22	先按教职工人数,公共部分按学生数
教学管理中心	教务处、思政部、基础教学部、质管办、创业学院、应用技术学院、国际合作与交流处、宣传部	教学管理、公共和基础教学成本、创业教育、质量管理、外教、国际合作、传统文化教育	347.98	学生人数
教学辅助管理中心	图书馆、信息中心	图书馆运行、信息化运行费	197.07	学生人数
科研、教研管理中心	科技处、教务处、宣传部	科研经费、教研经费、学报经费的 50%	215.70	先按教职工人数,公共部分按学生人数

续表

作业中心	涉及部门	作业内容	间接作业成本金额	资源动因
学生管理中心	招生处	招生工作	44.83	招生人数
	从业处	毕业生工作	9.29	毕业人数
	学生处	学生活动、社团、学院统筹管理的奖助学金管理	292.59	学生人数
后勤管理服务中心	后勤服务中心	用电,取暖,卫生、保洁等物业管理	674.20	先按照各学院占用房屋面积,公共部分按学生数
	后勤服务中心	上下班班车租赁	23.50	先按教职工人数,公共部分按学生人数
	后勤服务中心、基建处	用水、天然气、零星维修、修缮、绿化养护、消防安保等	1251.73	学生人数
行政管理中心	其他行政管理部门	宣传、党务、招聘、行政办公运行等日常行政管理	462.30	学生人数
合计			20281.41	

经过分析,将非成本性支出扣除后,2018 年 Q 职业学院间接教育成本共计 20281.41 万元,会计业务处理为:

借:间接教育成本　20281.41 万元(按照资源动因和作业中心明细核算)

　贷:银行存款、应付账款等科目　　20281.41 万元

3.各作业成本的成本分配率计算

Q职业学院成本核算是按照会计年度而非学年度进行的,上半年和下半年学生人数可能存在不一致的情况。为使学生人数与实际相符,采用年初、年末平均学生数进行计算。

各作业成本的成本分配率计算公式如下:

(1)按教职工人数、公共部分按学生人数分配的成本分配率=1/学校教职工总人数×某二级学院教职工人数+(1/学校教职工总人数)×非二级学院人数/各二级学院学生总人数×某二级学院学生数。

(2)按照学生人数进行分配的成本分配率=1/各二级学院学生总人数×某二级学院学生人数。

(3)按照招生人数进行分配的成本分配率=1/各二级学院招生总人数×某二级学院招生人数。

(4)按照毕业生人数进行分配的成本分配率=1/各二级学院毕业生总人数×某二级学院毕业生人数。

(5)按照各学院占用面积、公共部分按学生人数进行分配的成本分配率=1/学校总房屋面积×某二级学院占用房屋面积+(1/全院总房屋面积)×公共房屋面积/各二级学院学生总人数×某二级学院学生数。

具体计算如表3所示。

表3　　各二级学院成本分配率计算表

二级学院	机电学院	信息学院	生化学院	商学院	教育学院	旅游学院	艺术学院	其他	合计
教职工人数/人	67	64	46	61	68	70	50	318	744
全日制学生人数/人	1935	1773	1524	1741	1268	2025	1392		11658
招生数/人	595	615	530	495	435	700	485		3855
毕业生数/人	720	645	589	779	496	813	381		4423
占用面积/平方米	13433	8410	5373	5966	3597	5830	5180	142753	190542

续表

二级学院	机电学院	信息学院	生化学院	商学院	教育学院	旅游学院	艺术学院	其他	合计
按教职工人数，公共部分按学生人数分配的成本分配率/%	16.10	15.10	11.77	14.58	13.79	16.83	11.82		100
按照学生人数进行分配的成本分配率/%	16.60	15.21	13.07	14.93	10.88	17.37	11.94		100
按照招生人数进行分配的成本分配率/%	15.43	15.95	13.75	12.84	11.28	18.16	12.58		100
按照毕业生人数进行分配的成本分配率/%	16.28	14.58	13.32	17.61	11.21	18.38	8.61		100
按照各学院占用面积，共用部分按学生人数进行分配的成本分配率/%	19.49	15.81	12.61	14.32	10.04	16.07	11.66		100

4.间接教育成本分配

每个二级学院分配所得的教育成本=间接作业成本金额×相应的成本分配率，详见表4。

表4　　　　各二级学院间接教育成本分配表

作业中心	机电学院	信息学院	生化学院	商学院	教育学院	旅游学院	艺术学院	间接作业成本总额
一、按教职工人数，公共部分按学生人数分配的成本分配率/%	16.10	15.10	11.77	14.58	13.79	16.83	11.82	
1.教职工管理中心/万元	2698.67	2531.52	1972.96	2444.26	2311.29	2821.57	1981.96	16762.23

续表

作业中心	机电学院	信息学院	生化学院	商学院	教育学院	旅游学院	艺术学院	间接作业成本总额
2.科研、教研管理中心/万元	34.73	32.58	25.39	31.45	29.74	36.31	25.50	215.70
3.后勤服务中心一班车/万元	3.78	3.55	2.77	3.43	3.24	3.96	2.78	23.51
二、按照学生人数进行分配的成本分配率/%	16.60	15.21	13.07	14.93	10.88	17.37	11.94	
1.教学管理中心/万元	57.76	52.92	45.49	51.97	37.85	60.44	41.55	347.98
2.教学辅助管理中心/万元	32.71	29.97	25.76	29.43	21.43	34.23	23.53	197.06
3.学生管理中心一学生处/万元	48.56	44.50	38.25	43.70	31.82	50.82	34.94	292.59
4.后勤管理服务中心一水、天然气、维修、绿化养护、消防安保等/万元	207.76	190.37	163.63	186.93	136.15	217.43	149.46	1251.73
5.行政管理中心/万元	76.73	70.31	60.43	69.04	50.28	80.30	55.20	462.29
三、按照招生人数进行分配的成本分配率/%	15.43	15.95	13.75	12.84	11.28	18.16	12.58	
学生管理中心一招生处/万元	6.9193	7.1519	6.1634	5.7564	5.0586	8.1403	5.6401	44.83
四、按照毕业生人数进行分配的成本分配率/%	16.28	14.58	13.32	17.61	11.21	18.38	8.61	
学生管理中心一从业处/万元	1.5123	1.3547	1.2371	1.6362	1.0418	1.7076	0.8002	9.29
五、按照各学院占用面积,共用部分按学生人数进行分配的成本分配率/%	19.49	15.81	12.61	14.32	10.04	16.07	11.66	

续表

作业中心	机电学院	信息学院	生化学院	商学院	教育学院	旅游学院	艺术学院	间接作业成本总额
后勤服务中心一电、取暖、物业/万元	131.37	106.58	85.04	96.54	67.67	108.37	78.64	674.21
合计/万元	3300.51	3070.80	2427.12	2964.14	2695.57	3423.27	2400.00	20281.41
生均间接教育成本/万元	1.70568734	1.731978	1.5926006	1.702553	2.125847	1.690504	1.7241348	1.739699

5. 折旧和摊销

Q 职业学院将二级学院直接管理使用的固定资产折旧和无形资产摊销计入直接教育成本，公共部分按照学生数进行分摊，具体分摊情况如表 5 所示。

表 5　　各二级学院折旧、摊销成本分配表

二级学院	机电学院	信息学院	生化学院	商学院	教育学院	旅游学院	艺术学院	其他	合计
全日制学生人数/人	1935	1773	1524	1741	1268	2025	1392		11658
占用面积/平方米	13433	8410	5373	5966	3597	5830	5180	142753	190542
一、二级学院管理设备家具类直接折旧、无形资产直接摊销/万元	376.1	112.47	130.01	66.78	43.33	75.16	67.86		871.71
二、房屋折旧分配/万元	126.08	102.286	81.619	92.656	64.942	104	75.474		647.06
按照各学院占用面积，共用部分按学生人数进行分配的成本分配率/%	19.49	15.81	12.61	14.32	10.04	16.07	11.66		100
分配二级学院金额/万元									

续表

二级学院	机电学院	信息学院	生化学院	商学院	教育学院	旅游学院	艺术学院	其他	合计
三、公共设备、家具折旧及无形资产摊销分配/万元	99.671	91.3267	78.501	89.678	65.314	104.31	71.701		600.5
按照学生人数进行分配的成本分配率/%	16.60	15.21	13.07	14.93	10.88	17.37	11.94		100
折旧、摊销金额合计/万元	601.9	306.08	290.1	249.1	173.6	283.5	215	0	2119.28
生均折旧、摊销成本/万元	0.311	0.1726	0.19	0.143	0.137	0.14	0.154		0.18179

6.计算各二级学院培养成本总额和生均培养成本

将上述直接成本、间接成本、折旧和摊销成本合并计算，可以计算出各二级学院的教育总成本和生均教育成本，详见表6。

表6　二级学院教育成本汇总表

二级学院	机电学院	信息学院	生化学院	商学院	教育学院	旅游学院	艺术学院	合计
全日制学生人数/人	1935	1773	1524	1741	1268	2025	1392	11658
一、直接教育成本								
1.直接教育成本总额/万元	241.52	220.12	287.85	85.10	105.49	279.05	304.36	1523.49
2.生均直接教育成本/万元	0.12	0.12	0.19	0.05	0.08	0.14	0.22	0.13
二、间接教育成本								
1.间接教育成本总额/万元	3300.51	3070.80	2427.12	2964.14	2695.57	3423.27	2400.00	20281.41

续表

二级学院	机电学院	信息学院	生化学院	商学院	教育学院	旅游学院	艺术学院	合计
2. 生均间接教育成本/万元	1.71	1.73	1.59	1.70	2.13	1.69	1.72	1.74
三、折旧、摊销金额								
1. 折旧、摊销总额/万元	601.85	306.08	290.13	249.11	173.59	283.47	215.04	2119.27
2. 生均折旧、摊销成本/万元	0.31	0.17	0.19	0.14	0.14	0.14	0.15	0.18
四、教育成本合计/万元	4143.88	3597.00	3005.10	3298.36	2974.65	3985.79	2919.39	23924.17
五、生均教育成本/万元	2.1415	2.0288	1.9719	1.8945	2.3459	1.9683	2.0973	2.0522

四、教育成本数据的应用价值

通过上述计算可以看出，各二级学院之间的教育成本金额及结构存在不均衡性；即使同为文史或理工类专业，虽然学费收费标准相同，生均教育成本也存在较大差异。

在扣除了学校承担的各类非教育成本支出后，全校生均教育成本为 2.05 万元，而目前生均拨款标准为 1.2 万元/生，学费为 4800～5000 元，远远不足以弥补成本。可以看出，目前财政拨款或学费标准有待提高。

教育成本信息的核算和披露有利于学校内各二级学院乃至专业间进行横向比较，有利于发现问题，为后期资金安排、专业发展规划等决策提供依据。

主要参考文献

[1]李一. 政府会计制度下高校教育成本核算的研究——以 M 高校为例[J]. 太原城市职业技术学院学报，2019(4)

[2]国家发展和改革委员会.高等学校教育培养成本监审办法.2005

（作者单位:青岛职业技术学院）

基于教育分担理论的
高校多元化筹资探讨

张 斌 魏龙华 于 坤 李 颖

【摘要】 近几年来，高等教育事业进入改革“深水区”，高校办学目标发生了转变，高校财务改革也有新的发展方向和目标。与此同时，随着我国高等教育发展规模的扩大和内涵式发展不断推进，教育经费不足越来越成为制约高校发展的重要因素。各高校自2019年起执行《政府会计制度》，成本核算有了新的制度基础。基于此背景以及高校成本分担理论，我们以教育部直属高校为例，通过近三年高校收入构成结构对比，分析高校多元化筹资存在的问题，提出构建多元化筹资机制的实施路径，旨在为高校加强筹资工作提供一种视角，为高校实现内涵式发展提供强有力的财务保障。

【关键词】 成本分担　多元化筹资　政府会计制度

一、高校多元化筹资的宏观背景

近年来，国家经济从高速度增长转向高质量发展，高等教育事业进入改革“深水区”，高校办学目标发生了转变，对于高校发展投入保障方式有了新的要求。2015年，国务院印发《统筹推进世界一流大学和一流学科建设总体方案的通知》（国发〔2015〕64号）；2017年，党的十九大报告提出“加快一流大学和一流学科建设，实现高等教育内涵式发展”；同年，教育部等五部门联合印发《关于深化高等教育领域简政放权放管结合优化服务改革的若干意见》(教政法〔2017〕7号);2018年,教育部、财政部、国家发展改革委员会印发《关于高等学校加快"双一流"建设的指导意见的通知》(教研〔2018〕5号)。这些政策旨在破除束缚高等教育改革发展的体制机制障碍,加快一流大学和一流学科建设,提升我国高等教育整体水平,促进高等教育内涵式发展。高等教育改革发展不是一蹴而就的,它是一项需要政府、社会、学校合理共建的长期任务,要科学开展成本分担,不断拓宽筹资渠道,积极谋求社会力量,开展多元化筹资,增强自我发展能力。这些文件的出台,为建立成本分担机制,谋求多元化经费来源提供了法律支持和政策依据。

随着高校发展目标规划的调整,高校急需建立现代化的财政管理制度,提升高校财务治理能力和治理水平的现代化。近年来,国家先后印发相关财务管理文件与制度。2014年财政部印发《关于全面推进管理会计体系建设的指导意见》,2017年党的十九大报告提出"建立全面规范透明、标准科学、约束有力的预算制度,全面实施绩效管理",2018年党中央、国务院印发《关于全面实施预算绩效管理的意见》,国务院办公厅印发《关于进一步调整优化结构 提高教育经费使用效益的意见》,2019年1月全国政府事业单位正式执行《政府会计制度》,这些都为高校财务核算和管理转型提供了制度依据和核算基础。

二、国内外高等教育成本分担相关理论

(一)国外相关理论

1.人力资本理论

20世纪60年代,美国经济学家舒尔茨提出了人力资本理论,由此形成了高等教育实施成本分担的经济学基础。人力资本理论认为人在物质生产中起决定性作用,教育的实质是一种投资行为,教育成果是人力资本,并且这种资本具有再生和可持续发展特征,是创造经济价值的第一位资本;教育与劳动生产率之间呈正相关关系。通过教育或培训,人们可以促进自身价值发挥、积累人力资本,在工作中

发挥人力资源优势。因此,教育有益于个人乃至整个社会,实行教育成本分担是理所当然的。但人力资本理论明确了高等教育成本分担的合理性,却没有指明教育成本分担的必须性和分担机制。

2.公共产品理论

美国经济学家萨缪尔森创立公共产品理论。该理论认为,依据竞争性和排他性,可以将产品或服务分为私人产品、公共产品、准公共产品,而高等教育服务属于介于私人产品和公共产品之间的准公共产品。高等教育一方面具有私人产品的性质,另一方面具有公共产品的性质。一方面,人们通过高等教育投资可获得个人直接收益,如提高工资收入、增加就业机会等,并且由于高等教育资源的稀缺,一个人在享受高等教育的同时会将他人排除在该资源消费范围外;另一方面,受过良好教育的公民可以让全社会在其身上获益,如提高社会文明程度、促进社会经济发展等。所以,高等教育所带来的正向外部效应利于个人和社会,社会应积极主动分担高等教育成本,促进高等教育的快速发展。

3.高等教育成本分担理论

在高等教育规模不断扩大、高等教育财政危机凸显的情况下,弗里德曼提出由学生个人及家庭负担部分高等教育费用的建议。随后美国教育经济学家约翰·斯通在成本回收理论构想的基础上,完善了该理论体系,提出了著名的高等教育成本分担理论。该理论认为高等教育满足了多个主体的需要,收益人包括国家、受教育者个人、纳税人、企业、家庭和大学,所以教育成本必须由这些主体共同分担,应当遵循收益结构原则和能力结构原则,将社会和个人收益的大小、支付能力的高低作为确定成本分担额度的依据。该理论确定了高等教育成本的分担主体与分担原则。

4.高等教育市场效率理论

高等教育是一项有投资、有收益的活动,具有物质资本的基础特性。高等教育可以为个人和家庭带来潜在价值和收益,遵循"谁受益,谁付款"的原则。教育成本应由个人和政府分担,受教育者也理应分担部分教育成本。引入市场竞争机制有助于打破政府垄断,提高高校教育质量，促使高校提升竞争力，控制高等教育收费标准。该理论提供了高等教育成本分担的市场基础。

（二）国内相关观点

曾贱吉指出，高等教育成本应由受教育者、政府、学校和社会共同承担。赵海利认为，我国目前个人教育付费仍在合理范围之内，高等教育个人收益大于个人成本。袁连生指出，公立高等院校不断扩张、学生数量大幅上涨，与高等教育财政支出压力矛盾明显。缓解矛盾的根本途径是实施高等教育市场化改革。一是要在进一步扩大公立高等教育规模的同时，科学提高学费标准；二是在维持现有公立高等教育规模和学费水平下，积极鼓励推动民办高等教育的发展，满足社会对高等教育的需要。陆根书认为，教育经费结构会对高校教育产生影响，高校经费结构中学费收入、社会捐赠收入、校办产业自创收入以及其余收入占比越大，教育产出和科研能力就会越强；拓宽高校筹集资金的渠道，有利于高等教育水平和科研水平的提升。马陆亭认为，在政府教育投入资金总量持续上升的情况下，划拨到高等院校的财政经费并未呈现上升趋势，因此研究型大学要加强同企业的合作，提升科研收入水平；地方高等院校应该关注捐集资收入，以此作为高校经费增加的来源。王莉华指出，国家公共支出不足和高等教育需求持续增加之间的矛盾加剧，要格外关注财政拨款中高校专项资金的运用绩效，还需要进一步认识到提升专项资金在运行中的公开性和操作效率的必要性。胡惠伟和钟云华提出，应借鉴国外改革的优秀经验，改革高等教育财政拨款方式，建立高等教育财政拨款中介组织，改变拨款预算方式。

三、我国高校多元化筹资的现状及存在的问题

（一）高校多元化筹资现状

近年来，随着我国高等教育发展规模的扩大以及加快建设一流大学办学目标的转变，教育经费不足越来越成为制约高校发展的重要因素。国家先后出台的文件明确提出，将拓展高等教育多元化经费来源作为缓解经费不足的主要途径。以教育部直属高校为例，通

过近三年直属高校经费收入结构分析(见表1),我们可以看到,高校多元化筹资机制有所完善。

表1　　教育部76所直属高校2016～2018年收入情况

收入项目	2016年		2017年		2018年	
	金额/亿元	占比/%	金额/亿元	占比/%	金额/亿元	占比/%
财政补助收入	1143.55	46.89	1220.62	45.63	1273.74	43.72
事业收入	911.31	37.37	1034.41	38.67	1153.07	39.57
其中:全日制本科生学费	78.13	3.02	81.89	3.06	87.39	3.00
全日制研究生学费	78.41	3.22	80.75	3.02	87.19	2.99
科研事业收入	488.26	20.02	552.06	20.64	635.77	21.82
上级补助收入	0.00	0.00	0.04	0.00	0.00	0.00
附属单位上缴收入	7.29	0.30	7.38	0.28	6.42	0.22
经营收入	2.98	0.12	2.62	0.10	2.84	0.10
其他收入	373.55	15.32	410.23	15.33	477.63	16.39
其中:非同级财政拨款	145.70	5.97	175.15	6.55	243.08	8.34
投资收益	12.82	0.53	11.10	0.42	20.32	0.70
捐赠收入	25.05	1.03	26.46	0.99	28.75	0.99
利息收入	40.59	1.66	42.71	1.60	49.61	1.70
后勤保障单位净收入	6.07	0.25	5.51	0.21	3.61	0.12
其他	143.32	5.88	149.30	5.58	132.25	4.54
合计	2438.69	100.00	2675.31	100.00	2913.70	100.00

1.高校收入的主要构成为财政补助收入,平均占比约45%。财政补助收入主要包括按照“生均定额+专项补助”的“1个基本支出

＋6 个项目支出”的财政拨款收入、科研补助收入、基建拨款、其他财政补助收入(如住房改革拨款)。高校财政补助收入的整体规模没有大幅增长,呈现“稳中有进”特点,与国家财政性教育经费支出占国内生产总值比例稳定在 4%这一政策有相关性。自 2012 年达到 4%后,国家财政没有大幅增加教育经费投入。近三年财政补助收入虽然仍是高校资金的主来源,但是占比呈现逐年降低趋势,与高校积极开拓其他筹资渠道有关。

2. 直属高校的事业收入逐年增加,增幅年均约 10%。高校事业收入主要包括教育事业收入和科研事业收入,教育事业收入占比已经低于科研事业收入占比,这与高校加强科学研究导向有关。虽然高校科研事业收入逐年增加且增幅较大,但是科研事业收入一般是“项目管理且专款专用”,并不能像教育事业收入那样能统筹用于高校人才培养和一流学科建设,对高校发展的财力支撑有限。

3. 直属高校全日制本科生学费和研究生学费规模不大,这两类学费是高校教育事业收入的重要构成部分。综合在校生的实际人数来看,高校学费增加主要是规模扩张,而不是收费标准调高所致。高校的主要受益对象即“学生”这一群体对高校财力贡献不大,与国家严格控制收费标准相关。

4. 其他收入逐年增加,主要是非同级财政拨款增加所致,非同级财政拨款主要是指非中央政府、各类地方政府的财政投入,这与国家倡导地方政府加大“双一流”建设投入有关。另外,投资收益部分虽然在 2018 年有较大增幅,但是投资收益与高校的对外投资规模并不匹配,投资收益率约为 6%,反映高校的对外投资获益情况一般,没有成为高校财力的有力补充。与此同时,中央要求高校校办产业进行体制改革,预计未来该部分收入下降会较为明显。

5. 捐赠收入规模不大,但不同高校、不同区域、不同类型的高校之前捐赠收入差距较大。该数据体现的仅是高校本级的捐赠收入;高校举办的教育基金会为独立法人单位,其捐赠收入并未反映在高校的决算报表中。高校捐赠收入呈现逐年增加的趋势,与国家的引导、经济环境的变化息息相关,同时反映出高校开始重视利用社会力量，形成合力共建“双一流”。

6. 利息收入逐年增加且规模高于捐赠收入、投资收益等其他收入，反映高校整体存量资金规模较大，与高校科研事业收入大幅增长、大量结转相关。

7. 上级补助收入、附属单位上缴收入、经营收入三类收入整体规模较小，对高校财力贡献极其有限，这与国家关于高等教育做好本职主业的要求相一致。

（二）高校多元化筹资存在的问题

1. 财政拨款总量仍显不足，资金使用效益仍需加强

自 1999 年高校扩招以来，我国高等教育规模实现了跨越式发展。统计显示，2018 年全国高等教育在学总规模为 3833 万人，高等教育由精英教育转变为大众教育。随着高等教育规模的扩大、高等教育水平的提升、经济环境的改变以及物价的上涨，高校人员经费（包括公用经费）支出增多，学生培养成本持续增加。此外，学校引进高端人才、深化教育教学改革、购置科研仪器设备、加强实验室平台建设等，都加大了学校办学经费支出。从高校投入实际情况看，国家教育财政拨款投入的总量保持稳定；但从整体上看，高等教育事业快速发展与高等教育财政拨款投入规模之间的矛盾突出，影响我国高校的可持续发展。

此外，教育财政拨款导向性、绩效性还需加强。现有的拨款依据未能充分体现绩效，教育财政拨款的绩效管理尚未建立健全体制机制，需通过即将全面实施的预算绩效管理加强财政拨款的效益和产出的考核、评估，将财政拨款投入与产出进行全过程、全方位的监控，切实提高财政资金的使用效益。

2. 高校学费收取仍有局限性，多元化筹资存在制度障碍

收取学费是高校筹资的一个重要形式，但我国高校收费是政府部门主导下的公共定价行为，高校收费从最高法律制度层面确立了“成本分担”的核心定价机制，从根本上排除了教育市场供求关系、人均可支配收入或受教育者预期收益等其他基础定价机制。高校作为面向社会自主办学的法人实体，并没有收费自主定价权。

此外，我国高校都在开展学分制改革工作，与学费收取进行挂钩，但是2015年教育部等5部门联合下发了《关于2015年规范教育收费、治理教育乱收费工作的实施意见》，明确“严格规范高等学校学费标准的调整，高校学费标准应严格按照不高于生均培养成本25%核定”，对高校收费工作的随意调整加以控制。在这种定价机制与扩大高校自主权的背景下，高校学生培养成本持续上升与学费收取标准以稳定为导向的不协调难题无法破解；同时，高校教育成本核算存在一定的技术难题，如本科生与研究生的培养成本如何折算、科研支出如何计入成本等等，导致教育成本不准确、不透明、不公开，进而无法有理有据地调整收费标准。

3. 社会捐赠筹资规模较小，分布悬殊

高校可以为社会进步、经济发展提供先进技术支持，为企业等各类机构提供大量高科技人才。根据“收益负担”理论，各类机构作为高等教育的受益方之一，有责任、有义务支持高等教育的发展。对高等教育的投资实质上是对人力资本的投资。相对于其他的投资形式，高等教育投资有更高的回报率，但由于人力资本自身潜力的隐蔽性以及人力成本测算的复杂性，社会机构难以理性地定位人力资本升值的价值，所以没有动力和热情对人力资本进行持久的投资。

捐赠收入是高校社会筹资的主渠道，但我国捐资办学发展较为缓慢。经过对教育部直属高校捐赠收入的调研分析，我们发现，高校捐赠收入呈现比例低、数量少、分布差异较大的特点。因学校地理位置、所属部门、层次等不同，我国高校社会捐赠数额差异非常明显，向普通院校捐赠的比例低于重点院校的比例，向欠发达地区高校捐赠的数量低于发达地区高校的数量。为引导和鼓励中央高校拓宽资金来源渠道，从2009年起，财政部设立了中央高校捐赠配比专项资金，并印发《中央高校捐赠配比专项资金管理办法》，但此举并没有从捐赠方的角度去完善相关的制度办法，仅是按照税法允许对一定数额的捐赠进行免税，导致捐资办学缺乏激励氛围，捐赠办学发展任重道远。

4. 高校多元筹资主体责任意识不强，筹资手段和方式略单一

社会主义市场经济体制下，高校具有法律上的独立人格，有责任

为自身的发展筹措资金。然而，我国高校对自身法人身份的责任意识不强，办学资金筹措观念仍然是“等、靠、要”，对于如何筹资用于人才培养等思考不多，绝大部分高校没有真正树立多元筹资的理念，多元筹资体制更是无从谈起。

高校成本分担理念与多元筹资理念尚未真正树立。针对成本分担中的主要部分——学费，国家政策规定“不高于生均培养成本25%核定”，因此高校无法据实收取学费。同时“生均培养成本”这一概念很难准确测算，实际财务核算中使用的是“支出”或“费用”概念。当前高校财会制度并不支撑培养成本计量与核算，也没有强制规定核算培养成本，所以培养成本报表和披露也就没有根基。

此外，与国外大学相比，高校筹资手段和方式略显单一。国外大学在筹资渠道上，除政府拨款和学费收入外，还探索出发行教育债券、教育彩票以及社会募捐、出让专利产品、基金投资等多种市场化的资金筹资方式。我国高校并没有很好地利用自身公共产品的特点去强化社会筹资能力，具体表现在：一是高校对社会捐赠不够重视，没有形成完善的激励机制和社会回报机制来鼓励社会力量积极参与教育捐助。二是高校为社会服务的功能始终没有得到充分发挥，与市场经济没有紧密结合融为一体；此外，高校对外开放的水平不够、办学活力不强，高校的教育资源、科研资源以及大量的人力物力资源没有得到很好的开发和利用，没有将教育培训和非学历教育的创收做大。虽然高校也进行“产学研”协作，但程度不深、力度不够，科技成果转化率偏低，转换规模不大。三是很多高校建立了基金会，但是基金会的筹资和投资方式较为简单，不够灵活，且没有得到高度重视，对基金会的管理和使用处于摸索阶段。

四、我国高等教育多元化筹资模式建构的实践路径

（一）政府加强顶层设计，完善配套措施

我国高校属于公益二类事业单位，政府作为投资举办主体，需从体制机制、筹资配套措施等方面强化，为高校多元化筹资营造良好氛围和条件，具体包括以下几个方面：

1.加强顶层设计，完善相关法律法规与政策文件

一方面，针对不同地区、不同类别的高校，明确不同的筹资方式，出台相关政策意见，将高校多元化筹资作为国家、高等教育改革的头等大事。另一方面，完善相关法律法规和文件制度。现阶段，高校多元化筹资仅是教育部、财政部等主管部门在推进，应联合其他相关部门共同推进，从高校教育收费标准、社会捐资办学、高校教育基金会投资理财等方面理顺多元化筹资体制，打通相关环节，细化政策，提高制度的可行性，给予高校更多的自主权，从体制机制上为高校多元化筹资提供保障。

2.加强教育经费投入，改革现有投入方式

一方面，经过前文分析可以看出，教育经费拨款是高校最为依赖和可靠的筹资途径。现阶段高等教育转向质量发展和内涵式发展，尤其是很多高校都以“一流大学和一流学科建设”为目标，各级政府更应该优化财政支出结构，统筹各项资源，将高等教育投入作为财政支出重点领域予以优先保障。另一方面，我国高等教育经费拨款制度在2016年进行了改革，但仍采用“综合定额＋专项补助”的拨款方式，只是将专项进行了合并，投入方式并未发生根本性的变革，主要依据还是学生人数、高校学科水平、高校人才数量等因素，没有统筹考虑高校教育成本与发展成本的因素。各级政府应按照统筹安排、分类支持的方式进行拨款，同时引入成本分担与预算绩效管理理念，创新绩效奖励拨款形式，加强财政拨款对于提高高校人才培养质量、建设一流学科和一流大学的导向作用。

3.营造捐资办学氛围，引入社会力量助力高等教育发展

一方面，政府应积极鼓励企业、个人和各类组织捐资办学，通过表彰、加强宣传等方式扩大社会捐赠的影响力。另一方面，应从捐资者的需求方面入手，从制度上激励捐资者捐资；除免税外，还应有其他相应配套措施进行激励和引导。

（二）高校树立多元化筹资理念，完善筹资体制机制

在现有的经济环境、政治环境和文化环境下，我国高校与社会、市场的联系空前加强，这为高校从社会和市场获取办学资金提供了

更多的可能性和便利性。高校应突破以财政拨款和学费收入为主要办学经费来源的局面，在法律法规允许的框架下，坚持办学公益性原则的同时，积极引入市场机制，探索多样化的资金筹资方式。

1. 牢固树立多元化筹资理念，为高校发展提供更坚实的财力保障

高校应树立“全员理财”和“多元筹资”的理念，改变过去“等、靠、要”的思维定式，从高校的管理体制入手，将多元化筹资的理念和方式嵌入到高校各职能部门与教学科研单位的职责中去，分单位类型、业务类型来明确筹资方向与任务。

2. 高度重视高校教育基金会的融资作用，将其作为高校资金的“蓄水池”

一方面，教育基金会应拓宽视野，统筹各类捐赠收入，不能仅为学生提供奖助学金、为老师提供科研基金，而应该从为高校发展提供助力和支撑的角度去筹资。另一方面，教育基金会一般作为独立法人，具备完善的管理体制和机制，应充分发挥基金会可“投资理财”这一特性，按照国家关于基金会管理的规定，合法合规地将存量资金用于理财和投资，使“本金”像雪球似的越滚越大。

3. 将高校“四大职能”与社会、市场紧密融合，将高校的资源盘活，为社会服务

高校“四大职能”为人才培养、科学研究、社会服务和文化传承。为完成这四项任务，高校投入了大量的人力、物力，应提高该部分资源的使用效益。人才培养方面，除完成国家招生计划外，可根据高校的学科特点，大力拓展继续教育、网络教育等。科学研究方面，应将产学研一体化，将研究成果进行转化，如各类专利和使用权，为学校发展带来可观收入。社会服务和文化传承方面，应结合高校所属地区和经济环境等因素，主动对接各地政府与市场，在为社会和经济发展提供服务的同时提高相应的收入。

4. 强化教育成本核算，适当调整学费标准

根据教育法的规定以及各高校属地的物价收费政策，科学测算教育成本，结合《政府会计制度》的实施以及管理会计等工具的运用，

将本科生、硕士生、博士生等进行分类，测算其直接成本和间接成本；根据成本实际情况和物价变动情况适时适当调整收费标准，适量增加高校学费收入。

5.提升管理水平，强化高校财务管理的科学化与精细化

一方面，高校应通过健全财务规章制度，完善财务管理体系，深入推进内部控制工作和全面实施预算绩效管理，提升高校财务管理的合规性与效益性。另一方面，高校应高度重视“节流工作”，通过提升管理的科学化与精细化水平控制好运行经费的规模，提高资金的使用效益。

高等教育走向质量发展和内涵式发展是必然趋势，但是高等教育的主要承办主体——高校，永远面临着事业发展与资金供给不平衡、不充分的矛盾，这就需要政府、社会、大众、各类机构按照公平与受益的原则，加大对高校发展的投入；高校自身须树立多元筹资理念，建立健全多元筹资体制，提升自我造血能力。只有各方形成合力，加大改革力度，完善推进机制，统筹推进世界一流大学和一流学科建设，才能实现我国从高等教育大国到高等教育强国的历史性跨越。

主要参考文献

[1]栾美惠．中国普通高等学校筹资渠道多元化研究[D]．哈尔滨师范大学，2019

[2]常静，孙杰．“双一流”建设背景下地方高校的多元化社会筹资[J]．中国高等教育，2018(6)

[3]张辉，林成华．成本分担视角下我国高等教育的社会捐赠机制研究[J]．现代教育管理，2017(7)

[4]黄龑．美国高校多元化筹资模式及其对我国高校的启示[J]．教育观察(上半月)，2017(6)

[5]薛卫洋．我国高等教育多元化筹资模式建构的分析[J]．大学(学术版)，2015(7)

[6]张芬芬．职业教育多元化筹资模式的国际比较与经验借鉴

[J]. 教育与职业,2015(20)

[7]郭珍珍. 教育公平视角下江西高等教育成本分担机制研究[D]. 江西师范大学,2015

[8]方可. 吉林A大学民办高校筹资问题研究[D]. 哈尔滨工业大学,2015

[9]朱臻,孙颖颖,张琳. 高校资金结构特征及其优化——以教育部直属高校为例[J]. 财务与金融,2015(2)

[10]赵佳丽. 我国改革开放以来高等教育成本研究的历史演进[D]. 首都经济贸易大学,2013

(作者单位:山东大学)

高校财务管理绩效评价

于 坤　张 斌　魏龙华　李 颖

【摘要】 自财政性教育经费投入进入后4%目标时代，受国家财力与教育财政形势的约束，国家对高等教育的投入趋于稳定。如何利用目前相对稳定的财政投入实现高校跨越式的“双一流”建设是亟待解决的当务之急。因此，高校需要通过一系列可量化、可评价、可操作的指标体系对财务管理绩效水平进行考评，为事业发展规划和财务管理决策提供一个相对科学、合理的数据支撑，继而实现强化资源配置、提高资金效率、降低财务风险的愿景，为学校“双一流”建设奠定坚实的财务基础。

本文首先阐述了现行的绩效评价理论基础。其次，结合S高校发展特点，设计细化至三级的财务绩效评价指标，考评指标主要反映学校的综合财力、运行绩效能力以及未来发展潜力。随后，将S大学近三年的财务数据代入指标公式，根据计算结果检验该评价体系的实用性及有效性。最后，根据各级指标得分情况，提出改善S高校财务管理绩效评价的建议和对策。

【关键词】 高校　财务管理　绩效评价

一、研究的理论基础与研究方法

(一)研究的理论阐述

高校内的财务绩效评价是一种可将教育资金投入、产出成效折射出来的量化指标。通过这一系列指标，可以对高校教育教学、科技研发以及成果转化等工作进行客观评价。目前，S大学要实现财务分析模式由收支完成型到绩效导向型的转变，设计出一套可用于落实资金使用绩效考核和监督的体系势在必行。

(二)研究的方法

一是使用关键绩效指标考评法，即设计一系列可供考量的绩效指标，将学校的综合财力、运行绩效以及未来发展潜力通过打分的方式进行评价的方法。二是在确定指标权重时采用专家打分法，选取的专家均是S大学财务方面的资深管理人员和一线工作人员，他们对学校财务概况和运作流程均有深入的了解。整个打分过程采用的是匿名询问的方式。

(三)研究的意义

1. 理论意义

现阶段对高校的财务管理评价基本采用的是定性指标或者是打分的方式，缺乏丰富且具有信服力的实证研究。因此，建立一套适用于高校自身特点的财务管理评价体系，对于建立标准化、模式化的高校管理新机制起到有力的推动作用。

2. 现实意义

第一，激发学校办学活力。现阶段，高校的收入不仅依靠财政拨款，更多的来自于投资收益以及国际教育、继续教育等各类创收。因此，迫切需要设计出一套可以反映学校自筹经费能力、投资收益的绩效指标。第二，建立一套行之有效、具有一定通用性的评价指标体系，一方面可以科学合理地反映学校教育资源的利用情况，另一方面也使校际资源的利用情况具有横向可比性，使绩效评价结果更具有说服力。

二、财务管理评价指标体系设计

(一)财务管理评价指标体系设计思路

长期以来，我国高等院校的收入主要依靠中央及各级政府的财政拨款，自筹经费的渠道和能力不足；并且学校对经费的管理和使用依然停留在预算是否执行完毕、支出范围是否合规等层面，严重缺乏对资金使用效果的公开及评价意识。教育资源仍处于“重投入，轻管理”的阶段，并没有建立起科学、合理的考评机制。因此，建立财务管理评价指标体系势在必行。

虽然不同高校的资金存量、学校规模以及办学特色均有不同，但每所高校均是以教学和科研为主线开展学校事业活动的，因此，主要是围绕这二者的投入和产出两项指标来制定相应的考核指标。细化指标时需要根据各学校不同的特点对评价体系作出一些修改以体现自身特殊性：一是考虑不同时期财务管理绩效的纵向对比，需要设计一系列相对值和平均值指标；二是考虑与其他大学财务管理绩效的横向对比，需要安排相应的绝对指标。但是总体来说，设计该体系的初衷还是为了提高学校自身的财务管理水平和财务战略站位，所以整个财务管理评价体系的实施侧重于采用相对值和平均值的方法。

（二）财务管理评价指标体系设计框架

按照高等学校财务制度要求，现阶段财务分析主要集中在财务风险、支出结构、预算收支和发展潜力等几个领域内。在该原则的指导下，为体现高校办学宗旨以及重视资金使用效益的管理目的，应建立一套以财务运行绩效为核心、综合财力和发展潜力为辅助的综合评价体系。具体指标分类如下：

1. 学校综合财力指标

综合财力指标是指通过财政拨款和自筹经费等方式获取经费的能力，它由学校总经费收入、自筹经费收入、教育事业收入以及学校年末资产总额构成。以上指标可以从绝对量上反映学校的综合财力以及办学规模和能力。但是这些指标受学校规模、专业等因素的影响，缺乏横向可比性。

2. 学校运行绩效指标

运行效益即在高校各类资源的投入下获取的最大的产出。但是高校的产出又分为可量化及不可量化的产出。本文主要采用师生比、专任教师比、人均科研经费、生均事业支出、生均助学金、自筹经费增长率、投资收益率等可以量化的指标来反映高校的办学社会效益和经济效益。

3.学校发展潜力指标

在当今经济飞速发展的大环境下，我国高校之间为竞争排名、争夺资源，纷纷扩大办学规模，提高自身实力。越来越多的高校不惜通过举债的方式来解决资金短缺的问题，从而实现战略发展目标。为了衡量学校负债水平与财务风险的大小，使用资产负债率、净资产增长率、货币周转天数、总资产增长率等指标来评价学校未来发展潜力。

三、S大学财务管理评价案例分析

（一）S大学简介

S大学是一所学科门类齐全、科研实力雄厚、教学宗旨鲜明的教育部直属重点综合性大学。学校在师资培养方面，继续提升高层次人才数量，扩大青年骨干储备，打造立体人才聚集网络；学生培育方面，继续深化教育教学改革，创新人才培养模式，建立创新创业平台；学科建设方面，搭建学科目标体系，谋划交叉学科融合，组建专业化平台建设。下一步，学校将以120周年校庆为契机，解放思想、攻坚克难，继续推动综合改革向纵深发展，全面加强“双一流”建设，实现跨越式发展的新征程。

1.收入基本情况

2018年，学校实现各项事业财务收入636171万元，比2017年增加44856万元，增幅7.59%。从收入构成看，教育补助收入为262822万元，所占比重最高，占总收入的41.32%，其后依次为教育事业收入（130127万元）、科研事业收入（110518万元）、其他收入（102885万元）、其他补助收入（24626万元）、科研补助收入（4624万元）、附属单位上缴收入（569万元），分别占事业财务收入的20.45%、17.37%、16.17%、3.87%、0.73%、0.09%。若将上述收入划分为财政补助收入和自筹经费收入两大类，2018年财政补助收入为292072万元，比去年减少4848万元；自筹经费收入为344099万元，比去年增加49704万元；2018年财政补助收入占事业财务收入的比重为45.91%，比2017年减少4.30%。

2.支出基本情况

2018年,学校各项事业财务支出总计614262万元,比2017年增加83994万元,增幅15.84%。其中,基本支出396923万元,占总支出的64.62%;项目支出217339万元,占总支出的35.38%。

3.资产基本情况

截至2018年12月31日,S大学资产总额为1711850万元,比上年增加141069万元,增幅8.98%。负债总额为70616万元,比上年增加14002万元,增幅24.73%。净资产总额为1641234万元,比上年增加127067万元,增幅8.39%。

(二)S大学财务绩效管理工作现状

目前,S大学的财务绩效评价工作处于起步建设阶段,评价的手段也仅是单一的预算管理。对于中央的专项资金,均按照教育部的要求令相关职能部门填报项目绩效评价表。但是除"双一流"建设经费真正实现了绩效考评结果与绩效挂钩之外,其他的专项考评仅局限在预算收支的使用和完成情况。S大学尚未建立起全覆盖、全过程、全方位的财务绩效管理体系。具体表现为:

1.绩效评价管理意识不强,评价环境不理想

S大学着重将财力安排向人才引进、学科建设以及学生培养等方面倾斜,但是后续对于经费投入的使用情况以及产出效果缺乏行之有效的考评机制。学校财务部门在学校事业发展规划以及经费投入方面没有真正起到牵引、战略谋划的作用。同时,大多数职能部门对于绩效目标设置和应用理解不到位,对绩效目标的填写过于应付,考评工作流于形式,距离科学性、有效性以及可引导性的要求还有一定差距。

2.绩效评价体制不健全,考评内容单一

S大学非常重视预算执行进度及执行内容的考核,但是在学校事业发展规划以及财务业务活动中却未能形成有效的绩效管理办法和绩效评价奖惩方案。目前,S大学用于绩效考评的预算支出管理依然停留在财务审批和预算执行进度审核的层面。例如按季度通报预算执行进度,采取与相关职能部门签订《预算执行进度责任书》等

措施，加快预算执行进度，但对于绩效目标的完成情况及完成效果缺少规范的评价体系。

3. 绩效考评责任落实不到位，评价结果应用效果不佳

S 大学目前的项目绩效评价应用机制不健全，内部控制不完备，导致部分绩效考评目标的建立形同虚设，评价结果未能起到发现问题、纠正问题、减少问题的作用，也没有起到引导职能部门未来事业发展的作用，更没有真正与职能部门下年预算安排和业绩津贴相挂钩、起到应有的激励效应。同时，S 大学缺乏相应的绩效评价问责机制，只是根据评选打分、现场调研等方式得出考评结果，而没有根据考评结果制定相应的监督及整改措施，严重削弱了财务管理评价的作用及意义，不利于对学校财务管理状况的有效控制和科学管理，制约了学校财务管理水平的提升。

（三）完善现行财务管理评价体系

S 大学财务管理分析报告围绕预算执行进度以及校内与校际的收支、资产等内容展开财务分析。以上分析主要起到监控专项资金执行进度以及展示关键性指标增减变动情况的作用，对于提高单位的管理水平与提升资金使用效益并无明显效果。依据财务管理形势，S 大学的财务分析要从预算执行完成型向绩效目标导向型转变，因此，需要根据学校自身特点设计一套可以评价资金使用效益的事后绩效监督和考核指标。

1. S 大学财务管理评价指标内容设计

本文主要以考核教育资源的利用情况为出发点，在确保评价指标完整性、可比性以及科学性的前提下，建立起一套以财务运行指标为主、以财务综合实力和发展潜力为辅的综合评价体系。指标分级情况以及计算方式如表 1 所示。

表1　　S大学财务绩效评价指标分析框架

一级指标	二级指标	三级指标	指标计算公式
财务绩效评价指标	A学校综合财力指标	A_1 总经费收入	本年收入总额
		A_2 自筹经费收入	本年除财政拨款之外的收入
		A_3 教育事业收入	本年上缴财政专户返还收入
		A_4 年末资产总额	年末资产账面总额
	B财务运行绩效指标	B_1 师生比	各类学生的平均人数/教职工平均人数*
		B_2 专任教师比	本年平均专任教师人数/平均在职职工人数
		B_3 教师人均科研经费	本年科研经费/教师人数
		B_4 生均教育支出	本年教育事业支出/标准全日制本科生折合人数
		B_5 生均助学金	本年助学金支出/标准全日制本科生折合人数
		B_6 自筹经费增长率	(本年一上年自筹经费收入)/上年自筹经费收入
		B_7 投资收益率	本年投资收入/长期股权投资期末数
	C学校发展潜力指标	C_1 资产负债率	本年负债总额/资产总额
		C_2 净资产增长率	(本年一上年净资产)/上年净资产
		C_3 货币周转天数	365/(本年支出/货币资金当年平均数)
		C_4 总资产增长率	(本年一上年总资产)/上年总资产

*教职工平均人数中不含离退休人员。

2.各指标所占权重的设计

该评价体系中除需要对“资产负债率”这一逆向指标进行反向运

算转化之外，其他指标均为正向指标，即计算结果数值与得分同向变化。这样保证了每项指标的可操作性及评价方向的一致性。

确定表1的评价指标体系之后，关键环节是确定各指标之间的权重。为了保证各个级次指标之间互不干扰以及合理的权重水平，本文采用了专家打分法。选校内6名本领域内的专家采用匿名打分的方式，包括2名财务管理方面的专家以及4名财务一线工作人员。他们均对S大学的财务制度、流程以及运作模式有着深入的了解和丰富的管理经验。根据打分人的理论水平及参与程度，拟将每名专家的打分权重设为20%，每名一线员工的打分权重设为15%。

指标权重水平计算步骤为：首先，对二级指标进行打分，采用加权平均法确定出二级指标的权重水平。其次，对三级指标进行打分，将打分结果对应二级指标内的权重水平进行加权平均，最终形成各指标加总为100分的基数指标值。两级指标分别打分，互不影响，独立评价。具体操作步骤如下：

第一步：将发出的6份问卷收回，对应的二级指标打分值分别标示为X_1、X_2、X_3、X_4、X_5、X_6。其中，X_1和X_2为专家打分，占比为20%；X_3、X_4、X_5、X_6为一线员工打分，占比为15%。二级指标权重的计算公式为：

$$X=\frac{\sum X_i f_i}{100}=\frac{X_1\times20\%+X_2\times20\%+X_3\times15\%+X_4\times15\%+X_5\times15\%+X_6\times15\%}{100}$$

其中，X_i为调查问卷上的打分值，f_i为不同打分人所占的比重。根据该公式，将问卷的分数进行计算、整理，结果如表2所示。

表2　　S大学二级指标权重计算结果表

指标名称	A学校综合财力指标	B财务运行绩效指标	C学校发展潜力指标
打分1	32.00	44.00	24.00
打分2	22.00	66.00	12.00

续表

指标名称	A 学校综合财力指标	B 财务运行绩效指标	C 学校发展潜力指标
打分 3	27.00	51.00	22.00
打分 4	25.00	45.00	30.00
打分 5	19.00	53.00	28.00
打分 6	24.00	38.00	38.00
权重计算结果	25.05	50.05	24.90

第二步:对各三级指标进行打分。因体系内的三级指标较多且差异性较大,所以将分值由百分制改为十分制;将调查者认为最重要的指标分值设为 10 分,最不重要的指标分值设为 1 分。现将问卷中的分值进行计算、整理,结果如表 3 到表 5 所示。

表 3　S 大学三级指标权重计算结果表——学校综合财力指标

指标名称	A_1 总经费收入	A_2 自筹经费收入	A_3 教育事业收入	A_4 年末资产总额
打分 1	7.00	9.00	8.00	5.00
打分 2	6.00	9.00	7.00	6.00
打分 3	5.00	8.00	8.00	6.00
打分 4	5.00	8.00	7.00	4.00
打分 5	6.00	9.00	8.00	7.00
打分 6	4.00	8.00	9.00	3.00
权重计算结果	0.21	0.31	0.29	0.19

表 4　S 大学三级指标权重计算结果表——财务运行绩效指标

指标名称	B_1 师生比	B_2 专任教师比	B_3 人均科研经费	B_4 生均事业支出	B_5 生均助学金	B_6 自筹经费增长率	B_7 投资收益率
打分 1	5.00	6.00	9.00	4.00	5.00	7.00	7.00
打分 2	4.00	5.00	7.00	6.00	7.00	8.00	9.00
打分 3	6.00	7.00	8.00	7.00	6.00	7.00	8.00
打分 4	3.00	4.00	8.00	7.00	6.00	8.00	9.00
打分 5	4.00	5.00	9.00	6.00	7.00	8.00	7.00
打分 6	4.00	5.00	8.00	7.00	6.00	7.00	9.00
权重计算结果	0.10	0.12	0.18	0.13	0.14	0.16	0.17

表 5　S 大学三级指标权重计算结果表——学校发展潜力指标

指标名称	C_1 资产负债率	C_2 净资产增长率	C_3 货币周转率	C_4 内债增长率
打分 1	5.00	7.00	6.00	7.00
打分 2	6.00	9.00	8.00	7.00
打分 3	6.00	8.00	7.00	5.00
打分 4	4.00	7.00	8.00	7.00
打分 5	5.00	7.00	6.00	5.00
打分 6	4.00	8.00	8.00	7.00
权重计算结果	0.19	0.30	0.27	0.24

第三步:根据三级指标权重计算结果,在对应的二级指标权重的基础上再次进行加权平均,并将平均后的值换算成满分为 100 分的基数指标值。具体计算结果如表 6 所示。

表 6　　S 大学各三级指标权重汇总表

指标类型	A_1	A_2	A_3	A_4	B_1	B_2	B_3	B_4
权重比例	5.17	7.89	7.20	4.80	4.76	5.87	8.90	6.63
指标类型	B_5	B_6	B_7	C_1	C_2	C_3	C_4	
权重比例	6.74	8.21	8.93	4.78	7.29	6.77	6.06	

3. 计算 2016～2018 年 S 大学财务管理评价分值

经过以上步骤计算确定出 S 大学的财务管理评价体系，现将 2016～2018 年的决算数据代入指标公式中进行计算。以 2016 年为基数年，将该年的绩效水平定为 100 分，再根据后两年各项指标值的增减变动情况将指标数值转换为绩效水平分值。各项指标的计算结果如表 7、表 8 所示。

表 7　　S 大学财务管理评价指标数值表

指标年度	2016 年	2017 年	2018 年
A_1 指标数值	54.33 亿元	59.13 亿元	63.62 亿元
A_2 指标数值	24.79 亿元	29.44 亿元	34.41 亿元
A_3 指标数值	10.48 亿元	12.46 亿元	13.01 亿元
A_4 指标数值	141.06 亿元	157.08 亿元	170.43 亿元
B_1 指标数值	15.64%	17.20%	17.29%
B_2 指标数值	76.94%	77.22%	78.04%
B_3 指标数值	14.02 万元	19.02 万元	19.52 万元
B_4 指标数值	3.65 万元	3.57 万元	3.94 万元
B_5 指标数值	3365.69 元	3580.88 元	3658.20 元
B_6 指标数值	14.78%	18.74%	16.88%
B_7 指标数值	9.89%	21.58%	43.57%

续表

指标年度	2016 年	2017 年	2018 年
C_1 指标数值	3.57%	3.60%	4.13%
C_2 指标数值	9.12%	11.37%	8.39%
C_3 指标数值	162.33 天	202.32 天	206.77 天
C_4 指标数值	7.12%	11.40%	8.98%

表 8　　S 大学财务管理评价指标分数表

指标得分年度	2016 年	2017 年	2018 年
A_1 指标绩效分值	5.17	5.62	6.05
A_2 指标绩效分值	7.89	9.37	10.95
A_3 指标绩效分值	7.20	8.56	8.94
A_4 指标绩效分值	4.80	5.34	5.80
B_1 指标绩效分值	4.76	5.24	5.27
B_2 指标绩效分值	5.86	5.88	5.94
B_3 指标绩效分值	8.93	12.11	12.43
B_4 指标绩效分值	6.63	6.48	7.15
B_5 指标绩效分值	6.74	7.17	7.32
B_6 指标绩效分值	8.21	10.42	9.38
B_7 指标绩效分值	8.93	19.48	39.32
C_1 指标绩效分值	4.78	4.74	4.04
C_2 指标绩效分值	7.29	9.09	6.71
C_3 指标绩效分值	6.77	8.44	8.62
C_4 指标绩效分值	6.06	9.70	7.64
合计	100.00	127.63	145.56

计算结果显示，S 大学近三年的财务管理绩效水平呈逐年上升趋势。财务管理水平的提升主要依赖于 B 类财务运行绩效中投资收益率、人均科研收入、教研教师人数等指标的拉动。分析原因，主要有以下几点：

一是根据《S 大学世界一流建设方案》确立的学科建设规划，学校近些年集中将财力投入到教学、科研以及人才引进等方面，致力于建立以五个一流学科领域、“学科高峰计划”重点建设学科和“学科激励计划”培育学科为重点的一流大学学科建设体系，全面推进一流学科建设工作。

二是科研收入再创历史新高。一方面，学校充分落实科研“放管服”改革精神，通过调整绩效提取比例、放宽支出范围等措施，赋予科研团队更大的自主分配权。另一方面，加大科研经费申请力度。2018 年仅国家自然基金一类申报就达 1994 项，申报量在全国位列第 11 名；学校科研经费收入实现 11.51 亿元，位列直属高校第 18 位。

三是科研成果呈现“百花齐放”的局面。在学校攻坚团队的不懈努力下，2018 年学校科技成果转移转化工作取得突破性进展。科技成果转让收入合同金额与实施转让与许可的专利数均比去年同期增长一倍多，合同额达千万元级的成果转化项目顺利实施。

与此同时，指标评价结果也反映出 S 大学 C 类发展潜力不足的问题。今后在管理过程中应进一步释放自身财务发展活力，积极发挥财务牵引、谋划、战略指导的作用，通过建立健全校内激励机制、规范经济分配政策等措施，调动学校各单位创收与筹资的积极性，提升学校自筹资金的能力，改变过去主要依靠财政拨款的被动局面。

四、研究结论与展望

（一）研究结论

根据以上分析以及计算结果，可得结论如下：

首先，高等学校虽然无法像企业一样通过产出和利润等指标衡量经济效益，但是各项事业发展活动同样是围绕投入和产出开展的，并且通过设计科学、合理的绩效考评指标也可以达到提高财务管理水平、提升资金使用效益的目的。

其次，高等学校财务管理评价是一项自上而下、循序渐进的复杂工作，它需要规范的制度建设以及完善的监督机制进行制约和督导。但从目前S大学财务管理程度来看，其管理的自主性、牵引性以及推动力均不足，缺乏精细完备的管理手段，迫切需要从传统的财务会计向管理会计转型。

最后，从总体来看，S大学综合财务状况呈现越来越好的趋势，但是学校发展潜力不足。具体表现在以下方面：一是竞争性拨款争取不足，比如针对“双一流”经费、捐赠配比等专项指标，因学校自身发展的局限性，拨款金额较其他直属高校差距还较大。二是自筹资金能力不强，净资产增速放缓。特别是捐赠收入、创收收入都具有规模小、增量少的特点，社会办学及校友捐赠资源有待进一步开发。

（二）下一步工作展望

为做好财务管理绩效评价工作，学校将重点开展以下工作：

1. 完善制度建设，强化工作机制

在学校“双一流”建设关键时期，应积极推进财务管理绩效评价规章制度的建设。S大学下一步应根据教育部、财政部出台的预算绩效管理意见，结合学校实际情况出台学校层面的绩效考核办法，对资金的使用范围和产出效果实现全面的追踪问效。同时积极改变过去内控制度不健全、权力相对集中、变更缺乏事前控制的局面，确保绩效评价工作有序、规范地进行。

2. 激发政策杠杆作用，实现财务战略管理引导

进一步更新管理理念，强化绩效意识。一是根据中央专项资金分配因素管理办法，逐步由过去定额分配、撒芝麻盐式的福利性分配向竞争性、绩效评价引导性的分配模式转变。二是继续盘活资金存量，对结余时间长和规模大的项目进行全面清理，提高资金使用效益。三是加强财务部门参与其他职能部门事业发展的深度与广度，实现预算管理的关口前移。

3. 优化精细化管理体制，强化财务监管力度

按照预算精细化管理要求，对预算管理实施的各个环节进行严

格把控。一是完善项目体系建设。严格按照政策要求分门别类设置明细项目进行核算，执行过程中动态监控支出内容与金额是否与预算相匹配，避免出现超预算问题。二是充分利用信息化手段提高精细化管理效率，例如利用项目切面属性、资金来源管理、排斥会计科目等信息化手段，加强对项目的监管力度，使预算支出始终处于受控状态。

4. 深挖自身潜力，多渠道加大筹资力度

一是发挥财政主渠道作用，积极向财政部、教育部等各级主管部门争取拨款经费。二是主动对接国家战略需求，加大科研课题的申报力度，争取科研经费总量的新突破。三是开拓多元化筹资渠道，争取校友和社会各界资金资源，实现捐赠收入新增。四是继续完善校院两级社会筹资机制，充分调动各单位创收积极性，大力服务地方经济，广泛争取合作资金，为学校事业发展提供坚实保障。

主要参考文献

[1]伍海泉，宋佳航. 高校财务绩效评价指标体系研究[J]. 会计之友，2016(18)

[2]周三多等编. 管理学——原理与方法[M]. 复旦大学出版社，2014

[3]雷欢. 基于内涵发展的地方高校财务绩效评价体系研究[D]. 湘潭大学，2015

[4]候玉燕. 基于创新视角的高校财务绩效评价指标设计[J]. 教育财会研究，2015(6)

[5]曹莹. 我国高等院校科研经费内部控制研究[D]. 南京审计大学，2017

[6]付秋颖. 地方高校学科建设专项资金绩效评价体系的构建研究[J]. 高校财务，2019(4)

[7]汤小琴，席海，胡良梁. 高校财务绩效评价体系构建探讨[J]. 产业与科技论坛，2018(20)

（作者单位：山东大学）

高校税收风险控制研究

王延太　刘　燕　庞九彬　徐　琛　张　芳　李　沫

【摘要】 随着高等学校的发展，应税经济业务逐渐增多，加之近几年税收新政频出，给高等学校涉税经济业务处理带来了挑战。在个人所得税改革背景下，本文分析了高校面临的税收风险，提出了相应的改进措施，如提高票据管理信息化水平，实行简易征税，建设以信息化为重心的高校薪酬管理体系，梳理校内主要的涉税业务等，以化解改革期间产生的税收风险。

【关键词】 高等学校　营改增　税收　风险防控

近年来，国家税收政策进行了一系列变革，先是2016年全面推行"营改增"，然后2017年召开的十九大释放了个人所得税改革利好信息，使原税收征管模式所依存的政治环境、经济环境、法律环境发生了很大变化。高等学校作为特殊的纳税主体，必须主动改变观念，积极适应目前形势，充分解读相关的税收政策，规范税收业务处理，增强高校税务管理水平，防控税收风险。

一、高校主要的涉税业务

随着高校办学规模扩大，业务实现多样化，高校的涉税业务也越来越多，涉及的税种包括增值税、个人所得税、印花税、企业所得税等。本文主要研究对学校影响比较大的增值税与个人所得税业务。

以山东省A大学为例，该校2016～2018年的增值税均在1000万元左右，个人所得税在1亿元左右(见表1)。

表1　A大学税收统计汇总表　(单位:万元)

年度	增值税	个人所得税
2016	1148.30	9845.11
2017	859.96	9987.87
2018	1125.53	13299.79

高等学校增值税涉税业务主要包括:科研项目的技术开发、技术咨询、技术服务;实验室的分析测试、各类场地租赁费、培训费、场地费、住宿费、餐费、版面费、会务费、资料订阅费、停车费等。

高等学校个人所得税涉税业务包括:工资薪金所得、劳务报酬所得、稿酬所得等。

二、相关税收政策分析

(一)增值税税收政策

增值税是以商品(含应税劳务)在流转过程中产生的增值额作为计税依据而征收的一种流转税,目前已成为中国最主要的税种之一。说起增值税,就必须提到"营改增"税收改革。根据《关于全面推开营业税改征增值税试点的通知》规定,高校涉及的营业税改征增值税的内容主要为图书出版服务、交通运输服务、不动产经营租赁服务、现代服务和生活服务。2012年9月,我国高校开始启动"营改增"试点工作;2016年3月,财政部、国家税务总局发布了《关于全面推开营业税改征增值税试点的通知》;2016年12月,教育部发布了《关于转发"营改增"相关政策的通知》,重申了这次改革所涉及的几种经济业务所适用的税率。此次税收改革涉及高校的技术开发、技术转让、技术咨询、技术服务等,影响比较大的是高校的科研收入,尤其是横向科研收入中的技术服务和技术咨询。

(二)个人所得税税收政策

个人所得税是调整征税机关与自然人(居民、非居民)之间在个人所得税的征纳与管理过程中所发生的社会关系的法律规范的总称。个人所得税制度建立于 1980 年,至今已进行了 7 次较大的调整。2018 年 8 月 31 日颁布的《中华人民共和国个人所得税法》是自 1980 年以来的第 7 次大修。此次个人所得税法修改,既是落实党中央、国务院要求的重大战略举措,更是顺应民意和民心、中央主张和人民意志有效结合的一次重大的个人所得税改革。本次新税法实施分为三个阶段:第一阶段,2018 年 10 月 1 日之前为过渡期政策准备阶段;第二阶段,2018 年 10 月 1 日至 2018 年 12 月 31 日为过渡期政策执行以及综合与分类相结合的个人所得税制(以下简称"新税制")实施准备阶段;第三阶段,2019 年 1 月 1 日起为新税制全面实施阶段。新税制的变化主要包括:提高综合所得基本减除费用标准(从原来的 3500 元/月提高至 5000 元/月);首次设立专项附加扣除项(子女教育、继续教育、大病医疗、住房贷款利息、住房租金和赡养老人);建立综合与分类相结合的税制,将工资薪金、劳务报酬、稿酬和特许权使用费 4 项劳动性所得纳入综合征税范围,在按年计税的基础上,实行年终汇算清缴、税款多退少补等。

三、高等学校涉税业务存在的风险

"营改增"和个人所得税法改革给高等学校涉税业务处理带来了很大的挑战,高等学校原来比较简单的税收处理方式已不能适应新税收政策的要求,高等学校必须对照每一个涉税业务处理流程,梳理存在的风险点,规范各项业务处理流程。

(一)增值税经济业务

1."营改增"后,部分高校面临税负增长的风险

"营改增"是将以往缴纳营业税的应税项目改为缴纳增值税,只对服务的增值部分纳税。该政策实施的初衷是降低纳税人的税负,激发各经济实体的活力。但由于科研业务的特殊性以及收付实现制会计制度约束等原因,大多数高校无法实现增值税的进项税额抵扣,

因此大大降低了该政策减税降负的力度。另外，大部分高校为增值税一般纳税人，"营改增"后，技术开发、技术咨询、技术服务、分析测试等业务由原缴纳5%营业税改为缴纳6%的增值税；租赁费、培训费、场地费、住宿费、餐费等的税率由原来5%变更为17%、13%、11%、6%等，学校整体税负加大。

2. 增值税进项税额抵扣的难度较大

学校的收支是按照项目核算的，而增值税的销项税额和进项税额是按会计科目核算的，两者之间很难做到相互匹配。比如：高校的科研经费要分项目进行抵扣，当出现一位项目负责人拥有多个项目的情况时，取得的进项税发票如何抵扣就成为难题。

高校科研经费支出的大部分项目为固定资产、汽油费、劳务费等，不符合增值税进项税额抵扣的要求，况且高校科研经费不像企业的生产成本一样讲求收支配比，科研经费经常出现当月仅有收入或当月仅有支出的现象，即使有可以抵扣的增值税发票，也无法抵扣。

另外，高校科研项目众多，有的高校甚至有上万个科研项目。在这种情况下，要实现进项税额抵扣势必会加大学校核算工作量，操作难度可想而知。

如果税额抵扣问题解决不好，抵扣事项处理不规范，学校将面临税负增加及各类税收风险。

3. 增值税税票开具环节工作量骤增，容易产生票据监管不到位现象

高校业务范围广、业务量大，"营改增"后票据开具的工作量骤增。首先是甄别是否是应税业务、应税项目是哪个、需要开普通发票还是开专用发票，再就是需详细准确地填写交款单位名称、纳税人识别号、银行账号等一系列信息，开具一张票据需要7分钟左右的时间。以A大学为例，每年增值税税票需开具14000张，这使得原本是附属业务的开票岗位工作十分繁忙。另外，因开票点比较分散、票据管理系统功能不够完善等原因，学校无法对票据领用、管理、开具等情况进行全面管理与监督，尤其是对于先预借发票后收入到账的项目，无法掌握其款项是否及时到位，容易产生税收风险。

（二）个人所得税经济业务

1. 新税法的实施使得高等学校的税收风险增加，税收扣缴、申报难度大幅提升

（1）新税法实施后，为提高税收征管能力，税务机关建立了多部门信息共享的自然人税收征管系统，将所有纳税人信息纳入该系统管理；同时与公安部等17个部委建立信息联动机制，对纳税人所有信息进行全面联网核查，并通过税收诚信管理体系对申报不实者进行惩戒，在降低税收稽查成本、提高稽查速度的同时，给高校带来了更大的税收风险。

（2）自然人税收征管系统对纳税人信息采集的广度和准确度都有所提升。首先，多部门信息共享体系对信息的准确度要求提高。其次，新系统进一步扩大了基础信息采集范围，比如向外籍人员发放劳务薪酬时，不仅要采集其护照信息，还要采集其性别、出入境时间等信息。这些信息看似简单，但采集起来有一定难度。另外，对于新增加的附加专项扣除项目，几乎每一位职工都要填报，信息采集量和采集的难度都非常大。以A高校为例，其每月需申报个税的人员达到上万人。从理论上讲，这些人员都可以在单位进行申报扣缴，但实际操作上存在很多问题，比如政策辅导的难度、数据采集的时间要求等。

2. 新税法对综合所得实行按年征收、汇算清缴模式，对日常税款扣缴提出更高要求

新税法实施综合与分类相结合的个人所得税制，对综合所得按年计税，实行“代扣代缴、自行申报，汇算清缴、多退少补，优化服务、事后抽查”模式。这种征税模式实际上提高了对单位日常税务扣缴的规范性要求。如在汇算清缴环节或者事后抽查发现日常扣缴不规范，税务机关会根据税收征管法律对扣缴义务人进行处罚。处理这些业务时稍有疏忽，就会使高校面临税收风险。

3. 高校工资薪金发放信息系统已不能满足新税法计税要求，需重新开发升级

本轮税收改革对单位税收管理体系影响最大的是个人所得税扣

缴方法的改变和五项附加扣除项的信息的增加。新税法要求工资薪金所得税采用累计预扣方法。累计预扣是指每月根据累计收入计算应纳税额,减去上月累计已扣缴税额,本月缴纳二者的差额。这就意味着不仅要提取当月应纳税所得额,还要提取本年度以前月份的应纳税所得额,和原有的计算模式完全不同,这对信息软件的要求非常高。目前高等学校的工资系统和酬金系统都面临着"推倒重建"的局面。

4.年终奖税收优惠政策的选用难度增加

《国家税务总局关于调整个人取得全年一次性奖金等计算征收个人所得税方法问题的通知》规定:全年一次性奖金税收优惠政策可使用到2021年12月31日之前。计算公式为:应纳税额=全年一次性奖金收入×适用税率-速算扣除数(税率见表2)。

表2　　月度税率表

级数	全月应纳税所得额	税率(%)	速算扣除数
1	不超过3000元的	3	0
2	超过3000元至12000元的部分	10	210
3	超过12000元至25000元的部分	20	1410
4	超过25000元至35000元的部分	25	2660
5	超过35000元至55000元的部分	30	4410
6	超过55000元至80000元的部分	35	7160
7	超过80000元的部分	45	15160

新税法实施后,综合所得按年汇总纳税,税前可扣除额度提高,年终一次性奖金作为"分拆"收入降低税负的作用减小,尤其是对于全年综合所得较低的低收入者来说,享受全年一次性奖金的税负可能增加;在新税法下,要利用好年终一次性奖金税收优惠,不仅要考虑工资薪金年所得额,还要考虑劳务报酬、稿酬、特许权使用费等综

合所得额,因此操作难度也大大增加。

四、风险防控措施

(一)设置专职税务管理岗位,提高涉税业务管理能力

随着高校收入渠道的扩展,涉税业务越来越多,税务机关对高校的关注度越来越高。高等学校应扭转观念,重视学校税收管理岗位设置,结合高校内控建设,将高校税收风险防控作为财务风险防控的重要组成部分;设置专门科室或专职岗位,重点研究高校涉税领域的政策,梳理学校涉税经济业务,熟知涉税环节,以保证涉税事项和流程的合法合规性,降低学校的涉税风险,提高学校税务管控能力。

(二)增值税实行简易征收,降低学校税负

高校科研经费管理具有特殊性,进行税额抵扣的可操作性不大。为降低学校的负担,防范各类税收风险,学校可以根据相关文件,向主管税务机关申请简易征收。A 大学自 2018 年 8 月起对技术服务费、技术开发费、技术咨询费、技术转让费、项目经费、项目服务费、分析测试费、培训费、课程建设费、交通运输服务费、场地费、停车费等项目进行简易征收。根据测算,实行简易征收后税负将下降 50.83%,具体见表 3。

(三)开通网上开票预约系统,分解开票环节的工作压力,提升增值税经济业务管理水平

为减轻票据开具的繁重工作量,加强税务票据管理,必须借助信息化手段,升级学校的票据管理系统,提高工作效率。以 A 大学为例。学校将票据管理系统与国税局金税服务平台进行系统对接,充分发挥学校票据管理系统功能,实现了增值税发票从网上预约申请、审核、开具到计提税款、到款入账的全流程信息化监管,并解决了批量打印税务发票、数据统计等难题,实现了预借票据从合同录入、票据申请、各项税款计算到智能凭证入账的全流程信息化控制,使学校更加方便准确地追踪和监管票据使用,加强了对增值税票据的全过程监管。

表 3　　增值税简易征收税负测算表

类别	开票项目	某一期间销售额/万元	原执行税率			简易征收税率			增值税降幅/%	附加税降幅/%
			税率/%	增值税额/万元	附加税额/万元	税率/%	增值税额/万元	附加税额/万元		
第一类	技术服务费	4970.69	6	298.24	38.77	3	149.12	19.39	50.00	49.99
	技术开发费	2395.23		143.71	18.68		71.86	9.34	50.00	50.00
	技术转让费	9.43		0.57	0.07		0.28	0.04	50.88	42.86
	技术咨询费	786.85		47.21	6.14		23.61	3.07	49.99	50.00
	项目服务费	49.53		2.97	0.39		1.49	0.19	49.83	51.28
	项目经费	14.15		0.85	0.11		0.43	0.06	49.41	45.45
第二类	培训费	234.08	6	14.05	1.83	3	7.02	0.91	50.04	50.27
第三类	课程建设费	28.30	6	1.70	0.22	3	0.85	0.11	50.00	50.00
第四类	公共运输服务费	99.84	11	10.98	1.43	3	3.00	0.39	72.68	72.73
第五类	场地费	363.29	11	39.96	5.20	5	18.16	2.36	54.55	54.62
	停车费	88.45		9.73	1.26		4.42	0.57	54.57	54.76
合计		9039.84		569.97	74.10		280.24	36.43	50.83	50.84

（四）高校应重视优化纳税服务和税收风险管理，建设以信息化为重心的高校薪酬管理体系

为适应新税法改革要求，高校应在软件设置上进行升级改进，使得每月教职工工资发放、税金计算扣缴、税金申报方便快捷。为了更好地做好税收扣缴工作，建议税收征管部门对每一位扣缴义务人开启跨部门信息共享平台，简化纳税人报送手续和流程，让信息"多跑路"，让纳税人少跑腿。

（五）新税法实施后，高等学校必须重新梳理校内主要的涉税业务，规范个人所得税经济业务处理流程

首先，高校财务部门工作人员必须认真解读新税法政策要点，对高校常发生的工资薪金所得、劳务报酬所得、稿酬所得、偶然所得等经济业务严格按照税法要求进行处理，并对每一位纳税人的个人信息进行采集，按规定进行全员全额申报。

其次，严格区分劳务报酬所得和工资薪金所得，将本校教职员工从校内取得的所有收入全部按照工资薪金所得进行税款扣缴。

最后，利用信息化手段，开发酬金申报系统，对校内所有校区、部门的各项酬金支出进行统一管理，避免分拆收入、少缴税款现象的发生。

（六）根据新税法工资薪金税收支出的特点，科学筹划职工工资薪金发放额度

新税法实施后，从个人科研经费或学科专项经费中支付非编制职工工资的，如果遇到哪个月项目经费未到账或经费余额不足时，可以在经费到账后一次性发放两个月的工资，这样不会加重职工当年的税收负担。

针对收入高的教职工，每年 12 月要适当控制业绩性津补贴的发放额度，保持当年收入不超过某一个税率临界点，以便达到节税的效果；协助教职工科学规划专项附加扣除项在家庭内部成员之间的扣除比率分配，使得教职工以家庭为单位能享受到最大的附加扣除优惠。

深入研究全年一次性奖金优惠政策，帮助教职工减税降负。根

据新税法的政策要点，研究不同税率水平下年终奖金发放额度的最优方案。比如：当并入综合所得的应纳税所得额为负数时，全年一次性奖金与综合所得合并计算最优。当工资应纳税所得额为0时，若年终奖小于等于36000元，并入综合所得和单独计算税负一致；若年终奖大于36000元，则并入综合所得最优。引导教职工避开年终奖负效应区间：36000.01～38566.67元、144000.01～160500元、300000.01～318333.33元、420000.01～447500元、660000.01～706538.46元（详见表4）。

表4　全年一次性奖金税收优惠负效应区间

序号	年终奖/元	年终奖/12	税率/%	速算扣除数	税后金额/元
1	36000.00	3000.0000	3		34920.00
	36000.01	3000.0008	10	210	32610.01
	38566.67	3213.8892	10	210	34920.00
	38566.68	3213.8900	10	210	34920.01
2	144000.00	12000.0000	10	210	129810.00
	144000.01	12000.0008	20	1410	116610.01
	160500.00	13375.0000	20	1410	129810.00
	160501.00	13375.0833	20	1410	129810.80
3	300000.00	25000.0000	20	1410	241410.00
	300000.01	25000.0008	25	2660	227660.01
	318333.33	26527.7775	25	2660	241410.00
	318333.34	26527.7783	25	2660	241410.01
4	420000.00	35000.0000	25	2660	317660.00
	420000.01	35000.0008	30	4410	298410.01
	447500.00	37291.6667	30	4410	317660.00
	447500.01	37291.6675	30	4410	317660.01

续表

序号	年终奖/元	年终奖/12	税率/%	速算扣除数	税后金额/元
5	660000.00	55000.0000	30	4410	466410.00
	660000.01	55000.0008	35	7160	436160.01
	706538.46	58878.2050	35	7160	466410.00
	706538.47	58878.2058	35	7160	466410.01
6	960000.00	80000.0000	35	7160	631160.00
	960000.01	80000.0008	45	15160	543160.01
	1120000.00	93333.3333	45	15160	631160.00
	1120000.10	93333.3417	45	15160	631160.06

五、结语

在“营改增”和个人所得税改革的背景下，高等学校财务工作人员应该走在政策研究的前列，积极研究新政策，宣传新政策，提高高校税收经济政策管理水平，加强应税业务风险防控能力。

主要参考文献

[1]毛月焕.浅谈营改增下高校涉税科研经费管理及税务筹划——基于一般纳税人视角[J].财经界(学术版),2016(2)

[2]帅振威.“营改增”背景下高校增值税纳税筹划——以纳税人身份选择为切入点[J].会计之友,2014(8)

[3]李悦.个税改革关键期：如何将消极纳税变积极[J].时代金融,2018(15)

[4]李静翠.高校群体个税涉税中存在的问题探析[J].教育财会研究,2015(20)

[5]刘盾.大数据模式下的个人所得税管理研究[J].湖南税务高等专科学校学报,2018(1)

(作者单位：山东大学)

中央高校专项资金预算管理绩效评价指标体系研究

邓青超　王海清　隗　超

【摘要】 中央高校专项资金是高校经费的重要组成部分，且资金支持规模逐年增加，而如何管理好、运用好专项资金，已成为高校日益关注的问题。专项资金的绩效管理贯穿于预算管理的全过程，绩效指标和目标值的选取对保障评价结果的科学性、合理性起着至关重要的作用。本文对现阶段高校绩效管理存在的问题进行了分析，设计了基于平衡计分卡的专项资金预算管理绩效评价指标体系，为专项资金预算申报、绩效执行监控和项目支出绩效自评提供了可操作的、有针对性的绩效评价指标，旨在提高绩效管理水平，提高资金使用效益，推动学校可持续发展。

【关键词】 中央高校专项资金　预算管理　绩效评价指标　平衡计分卡

一、绪论

（一）研究背景

十九大报告指出“建立全面规范透明、科学标准、约束有力的预算制度，全面实施绩效管理”。财政部先后出台了《中央部门预算绩效目标管理办法》《中央部门预算绩效运行监控管理暂行办法》等绩效评价相关规定。2018 年 9 月，《中共中央 国务院关于全面实施预算绩效管理的意见》中明确提出，要解决当前预算绩效管理中存在的突出问题，建立全方位、全过程、全覆盖的预算绩效管理体系。现阶段，高校的预算管理尚未建立有章可依的、科学的、合理的绩效评价指标体系；各高校在进行项目申报和项目支出绩效自评时一般是根据项目的特点和完成情况自行确定评价指标，指标选取较为随意，不同项目或同一类项目不同时期不具有可比性，不利于绩效评价结果的有效应用。

（二）国内外研究现状

美国是最早开展绩效评价的国家，已形成较为系统、科学、规范的绩效评价系统，促进了高校的长远发展、教师能力水平的提升。美国于1993年颁布的《政府绩效与结果法案》(GPRA)，明确规定将绩效评价结果作为政府部门、高校等预算安排的重要依据，为绩效评价提供了制度保障。

英国实行绩效预算，根据单位的战略目标确定绩效评价指标和目标值，通过签订公共服务协议来明确使用预算资金需达到的绩效结果。财政部、内阁委员会负责监督预算绩效完成情况，定期对绩效目标的完成情况进行监督检查。项目完成后，各单位根据预算执行情况提交绩效报告，由审计署进行绩效预算审计并公布设计结果，绩效审计结果将作为下一轮预算资金分配的依据。

在我国，针对部门预算管理的现状，党的十六届三中全会提出对专项资金预算支出进行绩效评价，财政部出台了一系列绩效评价相关规定，并决定开展绩效评价试点工作。绩效考评试点工作的开展，一定程度上提高了项目支出预算管理水平，提高了资金使用效益，促进了绩效管理理念的普及，对下一步绩效评价工作的全面开展奠定了良好的基础。财政部在总结前几年绩效考评试点工作的基础上，从绩效评价对象、评价程序、指标体系选择、评价结果应用等方面入手，对绩效评价相关规定和工作流程等作了进一步的规范。在编制部门预算“二上”阶段，项目实施单位需报送各专项的绩效目标，并于次年年初对于所有专项进行绩效自评。目前，预算单位绩效自评覆盖率达到100%。

(三)研究创新点

本文设计的绩效评价指标是在中央预算管理系统绩效自评指标的基础上进行的再设计,并针对专项资金性质选取不同的绩效评价指标,为专项资金预算申报、绩效执行监控和项目支出绩效自评提供可操作的、有针对性的绩效评价指标,旨在提高绩效管理水平,提高资金使用效益,推动学校可持续发展。

二、相关概念

(一)中央高校专项资金

中央高校专项资金(以下简称"专项资金")是指财政部或上级主管部门按照经济社会发展需要和高等教育发展实际向高校下拨的具有指定用途的项目支出。《财政部、教育部关于改革完善中央高校预算拨款制度的通知》明确规定专项资金必须专款专用,严格资金使用监管,确保专项资金使用规范、安全、有效。专项资金按照其支出用途主要包括中央高校建设世界一流大学(学科)和特色发展引导专项(以下简称"引导专项")、中央高校基本科研业务费(以下简称"基本科研业务费")、中央高校教育教学改革专项资金(以下简称"教育教学改革专项")、中央高校改善办学条件专项资金(以下简称"改善基本办学条件专项")、中央高校捐赠配比专项资金(以下简称"捐赠配比专项")、中央高校管理改革等绩效拨款(以下简称"管理改革等绩效拨款")、国家重点实验室基本建设经费及其他司局级专项等。

专项资金绩效评价是指在项目周期结束后,高校根据项目实际完成情况,按照预先确定的科学的评价方法和评价标准,对照既定的绩效指标及目标值,对应填报年度实际完成值,分析差异存在的原因并打分,最终形成绩效自评报告的过程。

(二)专项资金管理的过程

专项资金管理工作主要分为三个阶段:第一阶段为项目入库申报,填报预期绩效目标;第二阶段为中期项目执行,进行绩效执行监控;第三阶段为后期绩效评价,上报项目绩效自评情况。在项目入库申报阶段,对每个专项项目都要填报年度绩效目标,由项目实施单位根据项目的具体情况，从指标库中选取适用的绩效指标或自行编制指标，并确定目标值。在中期项目执行阶段，根据项目申报的绩效指标、目标值及中期绩效执行情况，完成中期绩效目标监控。在项目运行后期，对专项资金的投入产出等绩效进行客观公正的评价，将实际完成情况与目标值进行比对，分析差距存在的原因并打分。

（三）专项资金绩效评价的目标

1.提升高校的管理水平和治理能力

目前，对专项资金的关注点大多在预算申报环节，对绩效评价的重视程度不够，评价结果也未得到有效利用。对专项资金进行绩效评价，有利于高校的财务部门和职能部门等掌握资金使用效益和绩效执行情况，发现专项资金资源配置及预算管理中存在的问题，并根据绩效评价结果调整预算安排。

2.有利于提高资金使用效益

对专项资金的管理不仅应关注预算执行进度，更应将钱花在刀刃上，避免无必要、重复性支出，确保资金使用规范、安全、有效。通常情况下，高校的财政拨款收入占全年总收入的比重较高，且收入来源比较稳定，而专项资金占财政拨款收入的比重较高。因此，严格资金预算安排和使用监管就变得尤为重要。对专项资金进行绩效评价，能及时发现不同部门、不同项目间资金使用效益的差异，避免低效率、无效益的资金投入。

三、现阶段绩效评价工作存在的主要问题

（一）绩效评价指标和目标值的选取缺乏标准

专项资金绩效评价主要是项目实施部门根据项目实际完成情况，按照“一上”部门上报的绩效指标进行评价并打分，绩效评价指标和目标值的确定是决定评价结果的科学性、有效性的重要因素。项目实施部门根据实际情况确定项目的绩效指标和目标值。此种做法能真实地反映项目的实际情况，但是对于评价指标和目标值的选取缺乏统一标准，赋予了项目实施部门较大的自主权，且未采取相应的约束措施。

（二）未充分考虑教学科研产出的长期性

学科建设成果、科研成果等教育产出需经历一个知识、能力的积累和转化期，当年投入不一定在当年有产出。比如学科建设需要经历一定的投入和积累，在一个绩效评价周期内可能没有成果或成效甚微。所以在选取指标时应考虑教学科研产出的长期性，不能仅重视短期指标，也要多关注长期指标。

（三）专项资金重预算执行，轻绩效管理

专项资金绩效评价贯穿于项目预算管理的事前、事中、事后的全过程，是项目管理的重要环节；但是目前大多数高校将专项项目管理的重点放在项目申请、资金到位、预算分配和预算执行上，往往忽略了绩效执行和监控，导致项目实施单位更加重视预算执行情况，而忽视了绩效执行情况，无法及时发现项目执行中存在的问题，无法针对实际情况提出调整方案，最终导致项目执行结果偏离绩效目标。

（四）绩效评价结果的公平性存在争议

现阶段，专项资金的绩效评价主要采取自评的方式，由项目实施单位根据项目实际情况对绩效指标的完成情况进行打分，并上报上级主管部门。但是，上级主管部门未对各单位的绩效评价结果进行检查或复核，单向的绩效自评方式导致各单位绩效评价结果的公平性存在争议，且评价结果无横向可比性。各单位绩效自评过程没有纪检、审计等部门的监督，绩效评价结果暂未向师生和社会公众公开，无法保证评价过程的公开、公平、公正，容易导致评价指标和目标值缺项漏项、夸大成果、反映不实、改变资金用途等问题。

（五）尚未形成有效的反馈机制

绩效管理系统是由绩效计划、绩效执行、绩效评价和绩效反馈组成的闭环系统，但是“评价结果有反馈”的绩效反馈机制尚未形成。原因如下：第一，上级主管部门未对项目实施单位的绩效自评结果形成反馈，各单位无法及时发现问题和不足。第二，项目实施单位未将绩效评价结果反馈给各职能部门，职能部门对自己的绩效实施情况无法作出准确判断，无法及时制定整改方案。第三，绩效评价结果未作为下年度绩效计划的参考依据，各单位也未建立项目负责人问责机制，致使绩效评价流于形式。

四、专项资金预算管理绩效评价指标体系构建

（一）绩效评价指标选取的原则

绩效评价指标体系是由一系列相互关联、相互影响的指标组成的整体，它将评价主体、评价客体、评价标准、评价方法等绩效评价要素紧密地联系在一起。为保证绩效评价结果的有效性，在评价指标的选取上应遵循以下原则：

1. 全面性原则

全面性原则是指选取的指标能比较全面地反映高校的教学、科研成果等，主要包括与教学、科研活动等相关的重要的、可操作的投入、产出等指标。

2. 可比性原则

可比性原则是指评价指标具有动态可比性，即对于同一项目，可对同一指标不同时期的数据加以纵向比较；对于不同项目，可对同一时期的同一指标进行横向比较。

3. 客观性原则

高校在选取指标时应尽量选择可验证的数据和资料作为绩效评价的参考依据，通过专家论证、问卷调查等方式，保证指标选取的客观性和公正性。

4. 可行性原则

可行性原则是指在选取指标时采用的数据应从现有的财务资料和会计核算数据中获得，应真实、准确地反映客观实际，同时还需要充分考虑其所需的时间、财力、物力以及客观环境等因素。

（二）绩效评价指标的选取

指标的选取是决定专项资金绩效评价效果的关键。指标既要考虑全面性，又要兼顾重点；既要有定量指标，又要有定性指标；既要有收入、支出等财务指标，又要有效益、满意度等非财务指标；既要有短期指标，又要有长期指标。鉴于目前专项资金绩效评价存在的问题，本文选择平衡计分卡法作为绩效评价的方法。平衡计分卡法将高校

的战略目标转化为财务、客户、内部经营、学习与成长四个维度的指标和目标值，从而保证高校战略得到有效执行。

考虑到专项资金的特殊性，高校在进行绩效评价时应充分考虑专项资金是否实现专款专用，是否完成项目预期目标，是否符合高校的长期发展战略等。所以，本文在平衡计分卡的基础上，根据专项资金的性质、用途和分配因素，分别选择相应的三级指标进行专项资金绩效评价。

根据《财政部、教育部关于改革完善中央高校预算拨款制度的通知》规定，捐赠配比专项资金和管理改革等绩效拨款可由高校按照规定统筹使用，其他四类专项资金必须按专项资金管理办法和预算安排专款专用，且其他四类专项资金的用途和性质存在很大区别。本文仅对引导专项、基本科研业务费、教育教学改革专项、改善基本办学条件专项这四类专项进行绩效评价，并根据专项性质的不同选取相应的绩效评价指标，以保证绩效评价结果的科学性、合理性。

1. 一级指标

本文的评价对象是专项资金支出绩效，旨在考核高校的专项资金使用效益。因此，一级指标为专项资金支出绩效。

2. 二级指标

(1)财务维度。高校的教学科研活动的顺利开展都离不开财务的支持，因此财务维度指标在绩效评价中占据着重要的地位。鉴于专项资金必须专款专用，财务维度指标应重点考虑专项资金的性质、投入和使用情况。

(2)客户维度。考虑到高校的特殊性，高校专项资金应主要用于人才培养、科学研究和服务社会。因此，客户不仅应包括专项资金的使用单位，也应包括教师、学生、用人单位等利益相关者乃至整个社会。

(3)效益维度。效益维度指标主要反映高校是否有效运用专项资金开展教学科研活动及其取得的成果。高校应结合专项资金的性质和用途将专项资金用于学科平台建设、科学研究、教育教学改革、实验室建设等方面，并重点考核资金投入取得的成果。有效使用专项资金有助于高校提高教学质量和科研能力，推动一流大学和一流学科建设。

(4)学习与成长维度。“人才强校,学术兴校”是学校发展的重要战略任务,学校能否长远发展取决于教学水平、科研创新能力、学科建设、师资水平、管理能力等诸多因素。一方面要求高校不断引进高层次人才,优化师资队伍,提升管理水平;另一方面鼓励教师“走出去”,通过学术交流、研讨等途径提升教师的综合能力。教师的学习与成长是增强学校和学科竞争力的核心因素,优秀的教师不仅能培养高质量的学生,还能提升学校科研能力,推动学科发展。

3. 三级指标

考虑到专项资金必须专款专用且各类专项性质不同,本文按照专项资金性质、用途和分配因素分别选取不同的三级指标。

(1)引导专项

引导专项用于引导支持高校加快推进世界一流大学和一流学科建设,提高办学质量和创新能力,按照提升自主创新和社会服务能力、师资队伍建设、拔尖创新人才培养、文化传承创新、国际合作交流五类设置项目。上级主管部门在进行预算分配时主要考虑的因素包括:高校在人才培养、师资队伍建设、科学研究等方面具备的基本条件;在科学研究、学科建设、社会服务等方面取得的成效;高校办学特色、综合改革、资金使用管理情况、绩效评价结果。根据资金性质、用途和分配因素,引导专项支出绩效评价指标如表 1 所示。

表 1　　引导专项支出绩效评价指标体系

一级指标	二级指标	三级指标
引导专项支出绩效	财务维度	专项资金到位率
		项目完成率
		专项资金预算执行率
		专项资金预算调整率
		专项资金管理办法建设情况
		专项资金监督检查情况

续表

一级指标	二级指标	三级指标
引导专项支出绩效	客户维度	教职工满意度
		学生满意度
		社会公众满意度
		毕业生就业率
		学生升学率
	效益维度	支持教学科研平台建设
		支持高水平教学成果和团队
		发表高水平学术论文数量
		获得专利、知识产权数
		教学科研奖励情况
		高端智库建设情况
		建设品牌课程数量
		建设大型仪器设备平台数量
		学科评估综合排名情况
		一流大学排名情况
		推动学校可持续发展情况
		推动一流大学、一流学科建设
		提升学校及学科学术声誉
	学习与成长维度	支持国际交流学生人次
		培养和引进高水平人才数量
		支持国际国内学术会议、活动场次
		专任教师具有博士学位比率
		40岁以下青年教师占专任教师比率
		专任教师占教职工总数比率

（2）基本科研业务费

基本科研业务费用于支持高校开展自主选题研究，使用方向主要包括：支持40周岁以下青年教师提升基本科研能力；支持学生提升科研创新能力；支持优秀创新团队建设；支持多学科交叉研究；加强科技基础性工作。基本科研业务费的分配因素主要包括：教育部基地团队数、科研经费规模、40岁以下博士教师数、博士生人数、预算执行率。根据资金性质、用途和分配因素，基本科研业务费支出绩效评价指标如表2所示。

表2　　基本科研业务费支出绩效评价指标体系

<table>
<tr><th>一级指标</th><th>二级指标</th><th>三级指标</th></tr>
<tr><td rowspan="15">基本科研业务费支出绩效</td><td rowspan="6">财务维度</td><td>专项资金到位率</td></tr>
<tr><td>项目完成率</td></tr>
<tr><td>专项资金预算执行率</td></tr>
<tr><td>专项资金预算调整率</td></tr>
<tr><td>专项资金管理办法建设情况</td></tr>
<tr><td>专项资金监督检查情况</td></tr>
<tr><td rowspan="2">客户维度</td><td>承担项目的青年教学科研人员满意度</td></tr>
<tr><td>承担项目的学生满意度</td></tr>
<tr><td rowspan="7">效益维度</td><td>支持青年教师科研项目数量</td></tr>
<tr><td>支持优秀创新团队数量</td></tr>
<tr><td>支持大学生创新研究项目数</td></tr>
<tr><td>发表高水平学术论文数量</td></tr>
<tr><td>获得专利、知识产权数</td></tr>
<tr><td>提升青年教师科研能力</td></tr>
<tr><td>提升自主创新能力</td></tr>
</table>

续表

一级指标	二级指标	三级指标
基本科研业务费支出绩效	学习与成长维度	支持国际国内学术会议、活动场次
		促进师资队伍建设
		支持科研梯队建设
		专任教师具有博士学位比率
		40岁以下青年教师占专任教师比率

(3)教育教学改革专项

教育教学改革专项资金用于支持高校深化教育教学改革,提升高校的教学水平和人才培养质量。上级主管部门在进行预算分配时主要考虑的因素有:教学基础地位和教师教学能力的提升、学生创新创业教育成果、专业综合改革、协同育人、优化专业、公共开放平台慕课数。因此,根据资金性质、用途和分配因素,教育教学改革支出绩效评价指标如表3所示。

表3　教育教学改革支出绩效评价指标体系

一级指标	二级指标	三级指标
教育教学改革支出绩效	财务维度	专项资金到位率
		项目完成率
		专项资金预算执行率
		专项资金预算调整率
		专项资金管理办法建设情况
		专项资金监督检查情况
	客户维度	教师满意度
		学生满意度
		毕业生就业率
		学生升学率

续表

一级指标	二级指标	三级指标
教育教学改革支出绩效	效益维度	创新创业活动/项目开展数量
		创新创业及特色课程开展数量
		发表高水平学术论文数量
		教学获奖情况
		举办创新创业竞赛场次
		校级大学生科技创新基金项目立项数量
		本科生创新创业获奖数量
		发挥协同育人作用
		提升学校服务社会能力和综合实力
		提升教师的教学理念、拓宽国际化视野
		提升学生创新创业能力和就业竞争力
	学习与成长维度	支持学生赴境外学习交流人次
		教师参加培训人次
		教师教学骨干海外研修次数
		本科生参加实践、实训比率

(4)改善基本办学条件专项

改善基本办学条件专项资金用于支持高校校舍维修改造、基础设施改造、仪器设备购置、基本建设项目的辅助设施和配套工程等方面。预算分配因素主要包括:房屋面积和仪器设备数量等存量资产情况、阶段性重大维修建设任务、在校生人数、预算执行管理等。根据资金性质、用途和分配因素,改善基本办学条件专项支出绩效评价指标如表 4 所示。

表 4　改善基本办学条件专项支出绩效评价指标体系

一级指标	二级指标	三级指标
改善基本办学条件专项支出绩效	财务维度	专项资金到位率
		项目完成率
		专项资金预算执行率
		专项资金预算调整率
		专项资金管理办法建设情况
		专项资金监督检查情况
	客户维度	教职工满意度
		学生满意度
		社会公众满意度
	效益维度	修缮/改造面积
		水、电、气、暖等改造工程量
		安防、消防等设施改造/新增数量
		信息系统建设/购置数量
		设备购置/改造/更新数量
		工程/设备验收通过率
		设备购置/工程完成及时性
		预期效果实现率
	学习与成长维度	改善师生教学、科研条件
		改善师生生活设施
		改善学校基本办学条件
		提升服务社会能力

五、提高高校专项资金绩效水平的建议

(一)建立健全专项资金绩效管理体制和流程

高校应成立专项资金绩效管理工作小组,小组成员包括财务、资产、审计、科研、教务等职能部门;应明确组织职能,完善工作机制,制定工作流程。在预算申报阶段,要进行项目立项依据、实施方案、年度绩效目标的申报,工作小组对项目预期目标值进行科学论证和审核。在预算执行阶段,对中期绩效完成情况进行监控,分析偏离绩效目标的原因,及时提出整改措施。项目完成后,项目实施部门提交绩效目标完成情况,绩效管理工作小组进行审核,最终形成绩效自评表和自评报告。绩效管理工作小组还应将绩效评价结果进行公示,并将评价结果作为下年度预算安排的依据。这有利于项目实施部门重视绩效执行,并对存在的问题及时整改。

(二)推进绩效评价结果的应用

根据绩效评价结果,高校应进一步分析绩效偏离目标的原因,从结果中发现问题,找到提升绩效水平的方法,把绩效评价结果作为学校决策和预算安排的参考依据;对绩效较低的项目,在下年度预算安排时适当调减或不安排预算,优化资源配置,提高专项资金使用效益。

(三)培养绩效管理专业队伍

绩效管理涉及财务、审计、资产、科研、教务等职能部门,学校应当对负责绩效管理工作的相关工作人员进行专业培训,提升工作人员的绩效管理水平。队伍建设是保障工作顺利进行的关键,只有不断提升绩效管理工作人员的理论水平,让绩效管理理念深入人心,才能保证绩效管理工作的顺利开展,提高绩效评价结果的真实性、有效性。

(四)加强信息化建设,探索建立预算绩效管理信息系统

现阶段,项目完成情况主要由项目实施部门掌握,绩效评价结果的真实性和有效性一定程度上依赖于项目实施部门提供信息的准确性。通过建立预算绩效管理信息系统,高校可以将专项资金的预算申报、执行、完成情况等纳入系统进行管理,定期统计绩效目标的完

成情况，并与目标值进行比对，分析与目标存在差距的原因，及时提出整改措施。同时，还可以将预算绩效管理信息系统与财务系统、预算系统等对接，实现对预算执行情况、绩效完成情况、资金支出情况等的实时监控，从而保证专项资金专款专用，优化资源配置，提高资金使用效益。

主要参考文献

[1]冯媛.基于“平衡计分卡”理论对高校专项资金绩效评价指标研究[J].现代商业，2018(25)

[2]何桂菊.高校财政专项资金绩效评价研究——以“双一流”专项资金为例[J].商业会计，2019(7)

[3]刘卓菁.平衡计分卡在高校专项资金绩效评价的应用研究[D].首都经济贸易大学，2018

[4]孟雪英.中央高校专项资金支出绩效评价研究[D].山东大学，2016

[5]孙妮娜.高校财政预算项目绩效自评价研究[J].北方经贸，2018(9)

（作者单位：山东大学）

政府会计改革对高校财务管理的影响

裴艳丽

【摘要】 政府会计制度改革历时多年，最终于2015年发布了《政府会计准则——基本准则》，并相继出台具体准则，又于2017年发布了《政府会计制度——行政事业单位会计科目和报表》。至此，改革成果真正落地。政府会计改革给高校财务管理带来怎样的影响，高校财务管理如何满足政府会计制度改革的需求，这是当前高校面临的重要课题。

【关键词】 政府会计制度　改革　高校财务管理

一、文献研究现状及研究思路

（一）文献研究现状

政府会计制度改革在国外起步较早。20世纪80年代以来，新西兰、美国、英国等国家的政府会计改革引发了学者的研究兴趣。萨尔瓦托雷·斯基亚沃-坎波和丹尼尔·托马西在《公共支出管理》一书中认为，绝大多数国家都要求改进负债及或有负债的会计与报告制度。这种改进主要包括：预算会计制度应当说明由于预算执行而导致的拖欠；建立以权责发生制为基础的债务会计、或有负债会计及报告制度。也有专家认为，在政府财务报表中使用权责发生制对于使用者评估政府财务责任来说是必要的，但是收付实现制和修正的收付实现制下的预算会计和报告仍然能够提供有用的运营信息，因此两种衡量机制都是重要的。国际政府会计准则对政府财务报告目标、核算基础、要素等也进行了界定。国际会计师联合会公共部门委员会分别针对两种会计基础下的财务报告问题发布了《财务报表的列报》和《收付实现制会计基础下的财务报告》。公共部门委员会在其《第 11 号研究报告——政府财务报告》中提出，与收付实现制相比，以权责发生制为基础的财务报告能够提供更多、更有价值的财务信息，从而能够更好地满足报告使用者的信息需求。可见，我国改革趋势与国际理念相似。

在新准则、新制度出台之前，国内多数学者主要在政府会计核算基础选择方面进行研究。北京市预算会计研究会政府会计课题组在《关于政府会计管理模式的研究报告》中提出，会计报表要素应当包括预算收支执行情况表要素和财务状况表要素两类。预算收支执行情况表要素包括：预算收入、预算支出、预算结余。财务状况表要素包括：资产、负债、净资产、收入、费用。可见新制度是前期研究成果的结晶。在新体系构建之后，学者也没有中断研究进程。刘玲的《〈政府会计准则——基本准则〉对行政事业单位财务管理的影响探析》从规范会计核算、成本核算、财务报告编制、资产管理，加强财务控制和监督，强化管理会计功能，推进会计体系建设几个方面进行了全面阐述。张楠的《政府会计改革背景下高校财务管理的创新研究》总结了财务管理新方式，力图实现对高校资源的合理分配与利用。随着新制度试行，对政府会计改革影响的研究越来越多。

(二)研究思路

旧制度存在缺陷，需要改革，但是改革的意义并不是坐享其成。新制度并不是改革的终点，只有真正将制度落地执行，才能真正发挥其效力。财务管理工作并不局限在财务部门，它涉及高校各个非财务单位，将财务与其他职能部门联系在一起的就是会计信息流。本文的研究思路如图 1 所示。

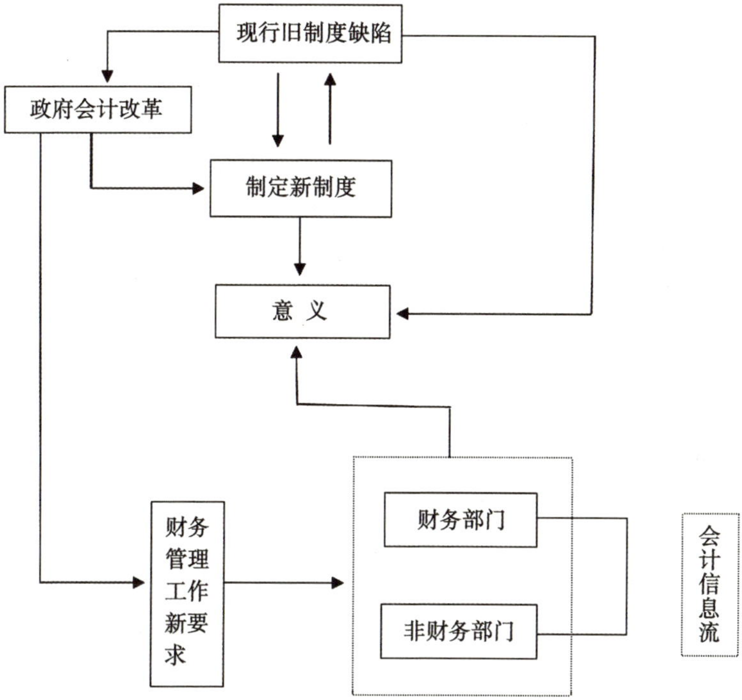

图 1　研究思路逻辑导图

二、政府会计改革概述

(一)政府会计改革背景

1. 核算制度存在弊端

一是行政事业单位会计制度因行业不同而存在差异,缺乏统一性、可比性,影响了会计信息质量。二是在收付实现制的会计核算基础下,会计账务处理存在不当之处,财务信息与预算信息无法满足事业单位会计目标需求。

2. 新形势、新情况要求全面反映事业单位会计目标

随着经济社会的发展,为满足建立现代财政制度、促进财政长期可持续发展、推进国家治理现代化的要求,一是需要如实反映政府

“家底”，加强政府资产负债管理；二是需要客观反映政府运行成本，科学评价政府的运营绩效；三是需要统一规范政府会计标准体系，提供信息准确完整的政府财务报告。

3.政策法律文件推动了政府会计改革进程

2013 年 11 月，十八届三中全会《关于全面深化改革若干重大问题的决定》作出“建立权责发生制的政府综合财务报告制度”的战略部署。2014 年 8 月，《预算法》要求各级政府财政部门应当按年度编制以权责发生制为基础的政府财务报告。2014 年 12 月，国务院批转了《权责发生制政府综合财务报告制度改革方案》，促进了政府会计改革的进程。

(二)政府会计改革理论概念框架

政府会计目标决定了政府会计核算对象及核算基础。我国政府会计需要有两类不同口径的会计核算对象：反映预算执行的信息对应的会计核算对象为当期财务资源，反映财务状况的信息对应的会计核算对象为经济资源。将不同的会计核算对象具体化为会计要素，进而设置与之相对应的会计账户体系，采用相应的会计基础来核算反映预算执行和财务状况的信息，以此达到双重会计目标。具体如表 1 和图 2 所示。

表 1　　　　会计概念对应关系表

会计目标	会计核算对象	会计要素具体内容	会计核算基础
预算会计目标	现金资源	现金收入、现金支出、现金结余、货币资金	收付实现制
	当期财务资源	现金收入＋短期应收收入； 现金支出＋短期应付支出； 现金及约当现金结余； 货币资金、应收款项、应付账款	修正的收付实现制

续表

会计目标	会计核算对象	会计要素具体内容	会计核算基础
财务会计目标	总财务资源	收入(含全部应收收入); 费用(含全部应付支出); 金融资产、全部负债、净财务资源	修正的权责发生制
	经济资源	收入、费用(包括折旧摊销)、全部资产、全部负债、净资产(权益)	权责发生制

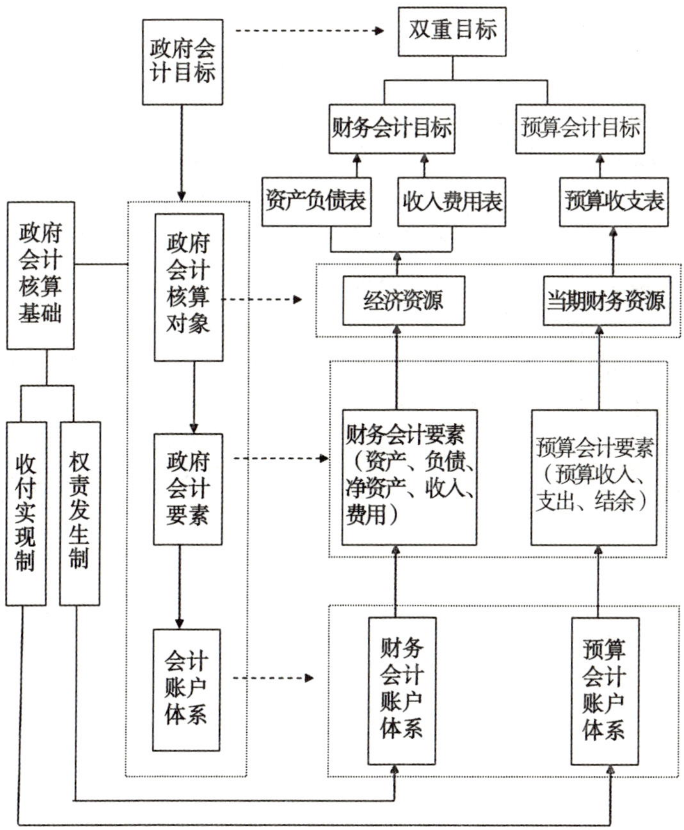

图 2　政府会计理论概念关系示意图

三、政府会计改革成果及对高校财务管理的意义

(一)政府会计改革阶段成果

多年来,我国的政府会计并没有统一的会计制度。原财政部部长楼继伟曾说:深化财税体制改革不是政策上的修修补补,更不是扬汤止沸,而是一场关系国家治理现代化的深刻变革,是一次立足全局、着眼长远的制度创新和系统性重构。《权责发生制政府综合财务报告制度改革方案》明确指出改革的四大主要任务:一是建立健全政府会计核算体系;二是建立健全政府财务报告体系;三是建立健全政府财务报告审计和公开机制;四是建立健全政府财务报告分析应用体系。其中前提和基础就是建立健全政府会计核算体系。目前,政府会计改革在完善政府会计核算体系方面取得了阶段性成果,建立起包含政府会计基本准则、政府会计具体准则及应用指南、政府会计制度的政府会计标准体系。政府会计制度明确提出了财务会计和预算会计双重功能,明确界定了权责发生制和收付实现制"双基础"的核算要求。不难发现,会计核算改革具有彻底性。

(二)高校财务管理内容

会计信息流贯穿高校财务管理的全过程。无论是资产负债的形成,还是货币资金的筹集使用,高校均需要编制预决算,预算管理是高校财务管理的主体。财务管理的数据来自于会计核算,将学校的动态业务以会计核算的形式显示出来,并将数据再次辐射到各部门,整个过程便是会计信息流的运行过程(具体见图 3)。

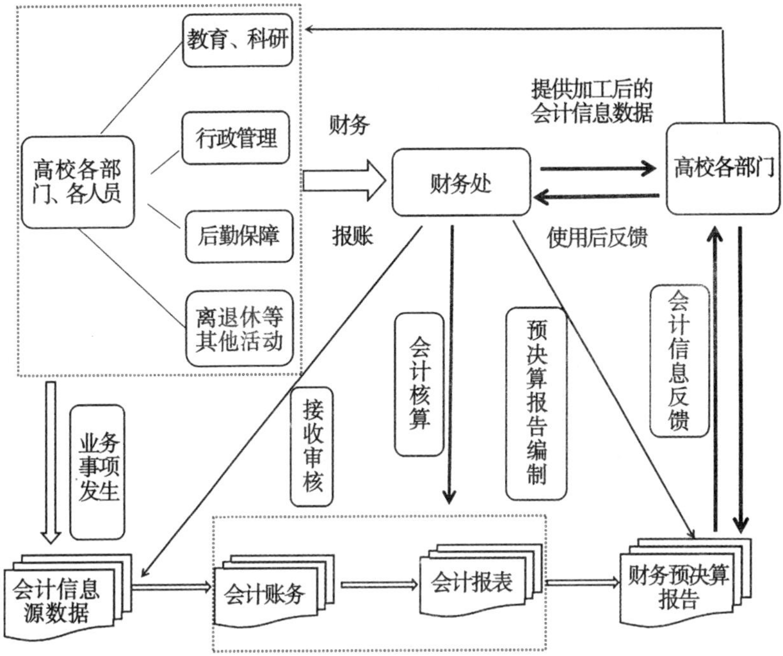

图 3　会计信息流运行过程

会计信息流的实质就是资金流,其中必不可少的便是信息化系统建设。可以这样认为,高校财务管理是以资产负债管理、货币资金管理、预算管理、会计核算、财务人员管理为主导内容,以信息化系统建设为支撑,以其他部门及人员管理为辅助的高校经济业务事项管理工作。

(三)政府会计改革的意义

1. 完善了会计核算体系,财务信息和预算信息得到全面反映

(1)明确采用双基础进行会计核算

新制度明确规定对财务会计和预算会计分别采用权责发生制和收付实现制进行核算,双基础核算使得财务信息和预算信息在各自的核算体系下得到全面反映。

(2)改善了资产负债核算体系

政府会计改革建立的会计标准体系在很大程度上细化了资产以及负债要素的核算内容,如强制要求实行固定资产折旧和无形资产摊销,应收账款提取减值准备,确认预计负债以及待摊销费用和预提费用等。这些核算要求使得资产负债信息得到更全面的反映。

(3)增加了成本费用核算信息

高校的收入支出一直都是以收付实现制为基础进行核算,缺少成本费用意识,且高校的预算拨款资金涉及预算执行进度考核,使用部门只关心资金支出,并不关心资金使用效率,导致效果不佳。引入权责发生制后,根据会计期间确认当期的收入费用,收入与费用实现配比。同时,增加成本费用信息,为今后高校在成本核算方面的改革奠定了前提和基础,也能为评价资金效益、进行绩效考核提供相应的成本会计信息。

(4)资金核算更加明晰

高校的资金形式多样,但是资金并不都被纳入预算管理。简言之,银行账户上的资金并不都是自有资金。比如代管资金就不是资金结存的组成部分,在新制度下要自成平衡,不能混用。财务会计要素与预算会计要素的适度分离实现了不同资金的明晰核算。

(5)完善了预算收支信息

在旧制度下,一些预算收支信息反映不到位。比如银行贷款资金比重日益增大,但这部分并未被纳入预算管理,预算收支信息欠缺。新制度新增了债务预算收入、债务还本支出科目来反映这部分预算资金。

(6)促进了预算管理与项目管理的融合

高校的预算管理与项目管理是分不开的。旧制度下,财务与预算混在一起,而项目是挂靠在预算收入支出科目下进行项目预算额度的增减,有些预算支出并不同步。新制度下,双基础、双分录不仅满足了收入与费用的核算,而且实现了预算支出、项目额度同步配比核算。以校医院使用医疗经费购进药品为例,具体如表 2 所示。

表 2　　存货新旧制度核算比较　　(单位:元)

旧制度购进存货	新制度购进存货	
	财务会计	预算会计
借:存货　1000	借:库存物品　1000	借:事业支出—校医院—医疗经费 1000
贷:银行存款　1000	贷:银行存款　1000	贷:资金结存　1000
旧制度存货消耗	新制度存货消耗	
	财务会计	预算会计
借:事业支出—校医院—医疗经费　1000	借:单位管理费用　1000	不作处理
贷:存货　1000	贷:库存物品　1000	

2. 会计制度体系更加规范,有利于促进高校核算管理

会计制度的统一不仅解决了多制度并存、核算口径不一、会计信息可比性不高等问题,而且也便于高校内部实现统一管理。高校可能有许多附属机构,如校医院、科研院所等,制度的统一便于高校在相同会计体系框架下进行核算,使得高校会计核算体系更加统一完整。

四、高校财务管理现状及政府会计改革对高校财务管理工作的新要求

(一)高校财务管理现状

1. 合同管理不规范,权责发生制流于形式

在引入双功能核算模式后,财务会计采用权责发生制核算经济业务事项,对收入费用按归属期间配比确认;而以权责发生制为基础确认收入大多要依据合同条款,但是由于主客观原因,高校合同管理一直属于薄弱环节:一是高校合同种类多、数量庞大,涉及多头管理部门,缺乏归口部门系统管理;二是大多合同条款流于形式,合同仅

是一种书面凭证，付款执行与合同规定相脱节；三是缺乏系统的流程管理体系，合同管理分散化、自主化，财务部门无法及时准确地获得合同信息，财务部门的职能仅限于“见票报销”。这些情况使权责发生制核算收入费用的功能无法真正实现。

2.资产管理水平不高，资产核算滞后

新制度下实提折旧成为强制性核算要求，但是高校资产管理水平普遍低下，存在账实不符、分类不准、损坏报废程序不规范等问题。对资产进行准确分类管理、核实应补提的折旧并不是一件简单的事。资产数据的准确性也对成本核算、成本归集有直接影响，这对资产管理提出了更高的要求。

3.预算管理作用薄弱，与核算衔接度不高

高校目前预算管理比较薄弱。一是测算准确性不高，不能兼顾成本效率。大多由二级单位报送预算申请，财务处负责汇总并提交至学校讨论，但是预算有效性的论证并不充分。二是预算执行脱离预算申报环节，很多二级单位可能并未按照预算进行开支。三是预算与核算衔接度低，二级单位开支脱离预算，而核算又是根据部门资金使用情况列支报销，核算没有嵌入预算控制，使得预算与核算的相互硬约束难以实现。四是决算考核与预算脱节。理论上，决算情况可以对下一年预算起到映射作用，但现实中并未真正将两者关联起来。

4.资金管理不细致，资金支付容易错乱

出纳环节的资金支付并不是一个孤立的环节，它应当与预算、核算互相衔接；但由于资金管理不细致，可能存在财政资金和自有银行账户资金支付并未与预算额度及核算准确地关联到一起的情况，使得新制度对于资金核算的明晰要求难以落地。

5.对新制度理解不深入，业务素质参差不齐

1998年建立起来的旧制度体系使用了20多年，收付实现制的简单核算模式已在财务人员头脑中根深蒂固。新制度是一场颠覆性的变革，很多财务人员难以真正理解新的核算理念，账务处理存在不一致的情况，降低了会计信息质量。

(二)政府会计改革对高校财务管理工作的新要求

1.促进合同管理规范化,真正落实权责发生制

首先,提高相关人员对合同管理重要性的认识,设立合同管理制度,从授权、审批、签订、执行、跟踪等各个环节加以完善。其次,设立相应的归口管理部门或者关键性岗位,促进规范化管理。最后,完善合同管理流程,使财务部门及时获得合同信息,真正将“业”与“财”融合,落实权责发生制。

2.提升资产管理水平,实现与核算的同步

资产部门应当提高对资产管理的重视程度,对照《关于进一步做好政府会计准则制度新旧衔接和加强行政事业单位资产核算的通知》以及《事业单位国有资产管理暂行办法》查找管理漏洞,梳章建制,尽快与财务核算对接,并建立相关的资产对账制度,确保新制度对资产的核算要求真正落地。

3.加强预算管理系统化,提高与核算的衔接度

要实现预算的申报、评审、论证、执行、绩效考核的闭环管理,兼顾成本、效率及决算结果的效益性。同时要实现预算与核算的互相嵌入融合,以预算引导约束核算,核算过程要反映预算执行情况,提高两者衔接度,反映真实、准确、全面的预算信息,使预算管理真正成为学校管理决策的工具和部门绩效考评的依据。

4.促进资金精细化管理,提高资金支付准确性

一是要合理划分不同资金的性质,如财政资金与银行账户资金、基本支出资金与项目专项资金、受托资金与非受托资金,实现精准管理。二是要促进资金支出与会计核算的衔接。高校资金形式多样,资金流量大,银行对账是一大难题。在资金使用、核算、支付过程中,不仅要促进财务部门与业务部门的衔接,也不能忽视财务内部会计核算与资金结算科室的衔接;要梳理资金支付中的常见问题,及时纠正,以保证资金支付的准确性。

5.加强信息化建设水平,构建强有力的技术支撑体系

现在高校经常提及两个词——“财务信息化”“业财融合”。只有信息化水平提高了,才能依托信息化的辅助功能解决问题,起到事半

功倍的效果。首先是财务内部信息化建设。要将财务信息需求嵌入系统设置中，通过完善系统功能设置，提高各职能科室之间的衔接度与融合度。其次是财务系统与相关业务系统的信息化对接。要加强财务与业务科室的信息系统对接，促进业财融合，提高数据管理的效率性、准确性。如资产系统与财务对接后，可直接生成提折旧的会计凭证，同时也能提高资产对账效率。最后是基于学校统一信息化平台建设，整合分散的管理信息，使财务管理能更好地服务于学校决策与发展大局。

6.增强财务学习培训，构建高素质专业队伍

任何措施归根结底要通过“人”来实现。政府会计改革对高校财务管理提出了更高的要求，必须注重对专业管理人员的培养，构建具备业务技术与管理理念的高素质队伍。一是有重点地组织学习培训，以骨干力量带动整个团队建设。二是对各重点环节，比如预算管理、会计核算、资金管理等加强人才培养。三是加强信息化人才培养。

五、结论

政府会计改革是一次贯穿整个会计核算制度改革的财务管理改革。高校必须在财务管理方面优化创新，这样才能真正将制度落实到位，实现其应有的价值。

主要参考文献

[1]卓越，周思维，刘秋宇.刍议政府会计制度改革对高校财务管理影响[J].行政事业资产与财务，2019(6)

[2]武扬.关于政府会计制度改革对事业单位财务管理的影响探析[J].财会学习，2019(3)

[3]田华，乔焕颖.浅谈政府会计改革对事业单位财务管理的影响[J].中国总会计师，2019(3)

[4]贾旭光.浅析新政府会计准则对高校财务管理的影响[J].中国管理信息化，2019(6)

[5]卢芸.新政府会计制度下高校财务管理模式创新研究[J].纳税,2019(11)

(作者单位:山东师范大学)

省属师范类高校成本核算

——以B学校为例

马璐璐

【摘要】《中共中央关于全面深化改革若干重大问题的决定》中提出，建立权责发生制的政府综合财务报告制度。财政部亦明确规定，高校在2019年1月1日起采用新的《政府会计制度》。新制度采用财务会计和预算会计并行的核算体系，新的会计制度为高校的成本绩效考核提供有效的支持。省属高校总体资金量偏小，科研收入和社会服务收入占全校收入比重较小，财政拨款力度远远不如部属院校，教育资源相对匮乏，而数量较多，竞争压力大，教学成本考核迫在眉睫。学校成本的核算更侧重于教学成本的计量，先将业务活动费用中的教育费用和科研费用作为直接费用确认为院系教学成本，再将科研中心业务活动费用以及行政中心和后勤中心的单位管理费用按学生类别分配到各院系，计算出不同学生类型的教学成本，通过收入和支出配比原则，将教学、科研收入分配至各学院，计算成本指标，以衡量各学院以及各类型学生的成本状况，为省属高校日后考核和发展提供依据。

【关键词】 政府会计准则　权责发生制　作业成本法　配比原则

一、背景

《中共中央关于全面深化改革若干重大问题的决定》中提出建立权责发生制的政府综合财务报告制度，吹响了政府会计改革的号角；紧接着，财政部于2015～2017年相继出台《政府会计准则——基本准则》《政府会计制度——行政事业单位会计科目和报表》等规章制度，明确 2019 年 1 月 1 日起执行新的政府会计制度。新的《政府会计准则——基本准则》将权责发生制全面引入核算体系，采用双分录记账：财务会计以资产、负债、净资产、收入和费用为会计要素，预算会计以预算收入、预算支出和预算结余为会计要素，这样能更加精确地反映高等学校运行成本和经营状况。

我国新《预算法》于 2015 年开始施行，首次将政府全部收入、预算信息公开、绩效预算、跨年度预算平衡和以权责发生制为基础的综合财务报告制度纳入《预算法》，不仅突显了对预算编制、预算管理的完整性和科学性要求，而且体现了将权责发生制引入行政事业单位进行核算的重要性。

在我国，国家财政投入一直占据高等学校资金来源的首位，而原有的核算方式又是以收付实现制为主，各高校并未建立科学有效的成本核算机制。随着政府会计改革的不断深入，高校的成本绩效考核意识也逐渐加强；同时，新的政府会计制度采用了“费用”的概念，使高校逐步细化成本核算工作具有可行性。如何结合教学院系和科研中心等单位的实际情况，在准确核算高校费用的基础上进行合理的归集和分摊，科学地计量教学服务的运行成本，通过收入配比制定成本考核指标，为学校的绩效考核提供依据，正是高校财务管理有待解决的问题之一。

二、省属高校教育成本核算的理论设计

高校属于非营利组织，具有教学、科研和社会服务三大职能。考虑到总体资金量比较小的特点，对省属高校的教学成本核算应更侧重于教学成本的计量。

（一）省属高校教学成本核算的重要性

从结构看，教育拨款和科研收入是高校最主要的经费来源。随着 1999 年大规模扩招，省属高校生源大量增加，同期经费收入增加主要来源于学费和住宿费的增加；但在学生人数增长的同时，是校舍的不断扩建，基建支出的增长远远大于学校学费的增长。省属高校的资金需求与投入不足的矛盾日益突出，促使学校管理层开始重视

成本考核，而传统的财务会计无法满足管理的需要，管理会计中的成本计量逐渐受到关注。

（二）新政府会计准则下省属高校教学成本核算方法的确定

成本是归集在某一产品上的费用。对高校而言，“产品”就是学生。高校学生在校生活丰富多彩，本科生平时除了参加教学活动外，还要参加社会团体活动，而研究生更是要参加导师的科研活动，所以不能像生产企业那样简单地将直接费用与间接费用相加计算学生的总成本。

作业成本法通过资源动因确认、计量、归集资源费用，通过作业动因将确认、计量、归集的费用分摊到产品上去，即产品消耗作业，作业消耗资源。鉴于高校的间接活动较多，采用作业成本法进行成本核算是比较合理的。

新政府会计准则将费用按不同功能和用途分为业务活动费用、单位管理费用、经营费用、资产处置费用、上缴上级费用、对附属单位补助费用、所得税费用和其他费用等科目。省属高校的教学特点决定其业务活动费用和单位管理费用占绝大部分，也是教学成本考核的重点，在省属高校教学成本考核指标中占据关键环节。

根据学校部门实际设置情况，把学校分为教学中心、科研中心、行政中心和后勤保障中心四个作业中心，将不同专业类型的学生视为不同“产品”。将直接费用通过教学中心汇总并直接确认为教学成本；将间接费用先归集到科研中心、行政中心和后勤保障中心这三个作业中心，再按照不同的学生性质分配到教学中心；教学中心则将直接支出和间接支出汇总后，统计出不同专业类型的教学成本。具体如图 1 所示。

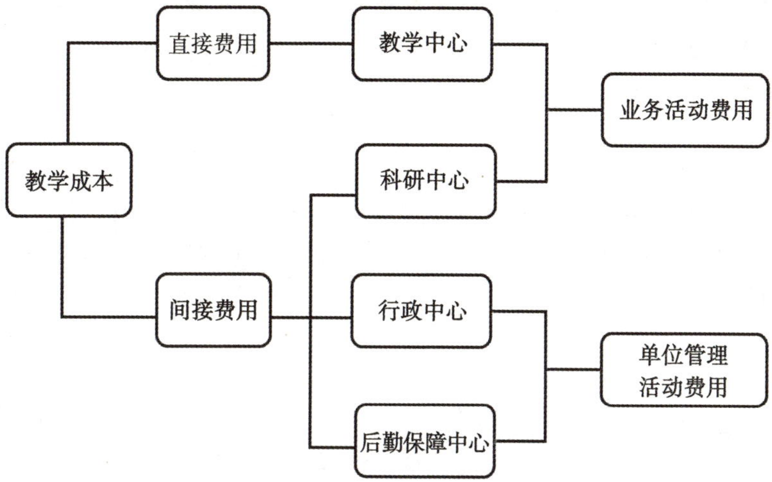

图 1　教学成本作业流程

（三）省属高校教学成本核算内容的确定及分摊

1. 计入教学成本的直接费用内容的确定及分摊

业务活动费用是各院系等教学单位为开展教育活动而发生的费用，包含教育费用和科研费用。教育费用属于直接费用，指高校各学院开展教学活动所花的各项费用，包括学校各学院教学机构、团委、学生工作部、实习中心、实验中心等部门培养学生发生的费用。

省属高校的教学成本核算不能完全按照《高等学校培养成本监审办法》执行，原因在于：首先，省属高校的成人教育占比较低，每年的教育费用与庞大的全日制学生的教育费用相比几乎可以忽略不计。其次，学科和学位的不同对教学成本也有一定影响。例如，高校在校生按照不同学历可以分为本科生和研究生，研究生采用的是小班化教学，无论是图书资料的借阅次数还是实验室的使用次数均远高于本科生的相关数据。因此，省属高校的教学成本采用分学科、分学位核算是比较合理的。

本科生专业可分为文史、理工管理、艺术等若干类型。相比于文史类，理工管理类学生的实验课耗费较大，艺术类学生往往采用小班教学，甚至是一对一教学，教学成本也比较高。因此，高校多以文史类本科生的财政生均拨款数和学费总和为基数，再针对其余专业设置费用分摊系数。

2.计入教学成本的间接费用内容的确定及分摊

(1)科研中心费用

科研费用指高校开展科研活动发生的各项费用，一般为科研管理机构和研究所发生的费用。业务活动费用中的科研费用属于间接科研成本，可以通过学校账务系统的“业务活动费用——科研费用——××学院——××项目”或“业务活动费用——科研费用——××科研中心——××项目”的路径获得。省属高校科研方面对同级财政资金依赖性较大，虽然国家层面的基金项目逐年增加，但使用范围受限，横向经费较少，所以参与科研项目的大多为研究生，本科生相对较少。科研费用分配比例方面，硕士研究生是本科生的1.35倍，而博士生是本科生的1.85倍；理工管理类学生的实验次数以及材料消耗数大于文史类学生，前者与后者之比设为1.05∶1。

(2)单位管理费用

单位管理费用指高校行政和后勤部门开展管理活动发生的各项费用，以及单位统一负担的离退休人员经费、工会经费、诉讼费等。

高校行政部门为开展管理活动而发生的基本支出和项目支出可以通过学校账务系统的“单位管理费用——行政管理费用——××部门——××项目”路径获得。由于行政部门开展的往往都是重复性的管理工作，与学生类型没有直接的关系，因此按照学生人数将费用分摊到各个专业较为合理。

(3)后勤中心费用

后勤中心费用是指高校后勤保障部门为保障学校的日常运行而发生的费用。一般而言，后勤部门的支出主要是水电暖费用，班车运行费用，教学行政楼房、学生公寓楼房及校园绿化的物业费，学生、教职工的医疗费用和饮食费用，可以通过学校账务系统的“单位管理费用——后勤保障费用——××部门——××项目”路径获得。后勤中心费用与行政中心费用类似，与学生类型相关性较低，通常按学生数量分配到各个专业较为合理。

（四）省属高校教学收入核算内容的确定

省属高校收入包括财政补助收入、事业收入、非同级财政拨款收入、捐赠收入、利息收入、租金收入和其他收入等。财政拨款收入是指高校从同级财政部门取得的各项财政拨款，主要包括财政教育拨款、财政科研拨款和财政其他拨款。事业收入是高校开展教学、科研及辅助活动取得的收入，包括学生学费、住宿费、考试考务费和举办非学历教育活动取得的会议费、培训费、版面费等。科研收入包括非同级财政拨款和横向科研收入。

在省属高校收入中，财政拨款和科研经费占到高校收入的绝大部分，其他收入占总收入比例较小，可以忽略不计。以省属 B 大学为例，2017 年财政补助收入和事业收入之和占全校总收入的 81%，2018 年该比例上升到 83%左右。

按照收入和支出配比原则，财政补助收入中的教学专项经费以及事业收入中的教育事业收入可以按照部门分配到各个院系，直接计入各院系收入，再按照教学成本费用分配方式分配到本科生、研究生。财政拨款收入中的专项科研收入和事业收入中的科研事业收入按照科研经费的分配方式进行分配。非同级财政拨款收入也可以按照项目负责人的归属确定院系收入。

（五）教学成本考核指标的构建

各院系和科研中心教学成本考核首先要考虑使用绝对数指标，以此反映不同单位部门之间的差距和真实的收支差异。先采用作业成本法，将教学费用作为直接费用确认为院系成本，科研费用、行政费用和后勤费用等间接经费按照学生类别分配到各院系，最终计算教学成本。再按照配比原则，对省属高校的教学、科研收入进行分配，就可以得到各单位收支净额。收支净额这一指标可以清楚地反映出各部门投入产出情况，为学校管理层决策提供依据。

相对数指标也是成本考核中必不可少的，可以将事物之间的相关程度和发展状况更直接明了地展现出来。为了消除各学院规模大小对收支差额的影响，将收支差额与教学成本进行对比，进一步反映收支盈亏程度。

三、高等学校教学成本考核指标的构建——以B大学为例

2019年1月1日起，全国开始实行新的政府会计制度。学校在学习新制度的同时，将2017年度和2018年度的财务数据按照新制度要求进行重新处理，首次将作业成本法引入学校成本计量，并将全日制在校生按照本科生、硕士生、博士生进行分类，再将本科生按照不同专业分为文史类、理工管理类和艺术类，对学校各院系以及各类型学生教学成本状况进行比较分析，由此可以得到每个学院的收支净额，将其作为关键指标来衡量各院系办学状况。为便于各学院之间的比较，将收支净额与教学成本进行比较，计算出相对数(见表1)以及各类型学生教学成本状况(见表2)。

从各学院成本指标来看，理工类院系的整体成本状况较优，其次是艺术类院系，文史类院系的状况不理想。经过分析发现，影响学校成本指标的因素为以下几方面：首先，财政拨款收入和学费收入较高的院系成本状况一般较好。艺术类院系的成本考核指标总体优于理工类院系和文史类院系。艺术类院系学费收入较高；除了学费外，院系往往又有校企合作办学或中外合作办学的项目，这部分合作办学经费的补充对主要依赖财政拨款和学费收入的省属高校来说影响较大。自2016年开始，B校所在省份增加了硕士生、博士生生均拨款额度，财政拨款的增加额中理工类院系占55%左右，所以理工类院系整体财务状况比文史类院系好；另外，科研收入较高的院系成本状况也较好。成本考核指标较好的学院中，马克思主义学院、化学院和生命科学院均入选该省“双一流”建设计划，基本都为B校传统优势学科，成本考核较好的很大原因在于省级财政对学科的支持。地理环境学院整体成本状况相对较好，原因在于B校绝大部分横向科研经费都来源于该学院的环境评估专业。

表 1　　各学院成本考核指标

学院	成本考核相对指标
文学院	−0.09
外国语学院	−0.20
历史学院	−0.19
马克思主义学院	0.03
教育学院	−0.23
数学科学学院	−0.11
物理与电子科学学院	−0.12
化学化工与材料学院	0.38
生命科学学院	0.88
地理与环境学院	−0.08
信息科学与工程学院	−0.18
体育学院	0.01
美术学院	0.04
音乐学院	0.02
传媒学院	−0.22
管理科学与工程学院	−0.28
心理学院	−0.25
经济学院	−0.15
法学院	−0.12
公共管理学院	−0.38
国际交流学院	−0.17
商学院	−0.02

资料来源：B 校《2018 年决算报表》。

表 2　　各类型学生成本指标

部门	学生类别	成本指标	学生类别	成本指标	学生类别	成本指标
文学院	硕士生	0.10	博士生	0.41	文史类本科生	−0.53
外国语学院	硕士生	−0.02	博士生	0.25	文史类本科生	0.23
历史与社会发展学院	硕士生	0.00	博士生	0.28	文史类本科生	−0.22
马克思主义学院	硕士生	0.25	博士生	0.60	文史类本科生	−0.02
教育学院	硕士生	−0.09	博士生	0.17	文史类本科生	−0.29
数学科学学院	硕士生	0.12	博士生	0.45	理工管理类本科生	−0.13
物理与电子科学学院	硕士生	0.00	博士生	0.26	理工管理类本科生	−0.20
化学化工与材料学院	硕士生	0.59	博士生	0.87	理工管理类本科生	0.34
生命科学学院	硕士生	1.24	博士生	1.80	理工管理类本科生	0.79
地理与环境学院	硕士生	0.11	博士生	0.39	理工管理类本科生	−0.12
信息科学与工程学院	硕士生	0.01	博士生	0.29	理工管理类本科生	−0.22

资料来源：B 校《2018 年决算报表》。

从表 2 来看，研究生的成本状况优于本科生。本科生的成本指标多为负值，说明单纯依靠财政拨款和学费收入无法弥补本科生的教学成本。省属高校想要稳步发展，不仅需要开源节流，更需要增加专项经费收入和科研收入，同时压缩行政中心费用和后勤中心费用。

四、结论

2019 年新的《政府会计准则》正式实施，高等学校采用财务会计和预算会计并存的记账模式，不仅能够更好地向社会、政府等相关利益者提供全面的财务信息，而且也为学校自身考核管理提供了更有效的数据分析来源。

从B校成本考核结果来看，省属高校不能仅仅依靠财政拨款和学费收入，更要开源节流。

(一)打造学校品牌，争取更多的财政支持和社会资源

省属高校的影响力远不及部属院校。省属高校要努力打造品牌专业，振兴传统优势学科，争创“双一流”学科，争取更多的政府专项财政资金的支持，充分发挥高校知识和人才优势，加快科技成果转化，扩大产学研合作，为社会发展提供智力支持。要进一步调整学校课程设置，使其更符合社会发展需要，吸引社会办学力量。

(二)开展预算绩效管理，优化学校内部资源配置

省属高校要按照新《预算法》的要求，引入预算绩效管理机制，健全完善激励机制，按照建设目标与建设任务相结合、建设任务与资源投入相结合、资源投入与绩效考核相结合的原则，实施项目动态管理，强化内涵建设，产出标志性成果，提升学科核心竞争力，促使学校财务管理更加科学化和精细化，推动省属高校走内涵式发展的道路。

主要参考文献

[1]李凤芹. 预算会计体系下高校教育成本核算浅析[J]. 辽宁师专学报(自然科学版),2017(19)

[2]应唯，张娟，杨海峰. 政府会计准则体系建设中的相关问题及研究视角[J]. 会计研究，2016(6)

(作者单位：山东师范大学)

山东财经大学财务绩效评价研究

刘艳梅　刘之信　闫　玉

【摘要】 本课题通过对山东财经大学财务绩效评价的现状进行研究和分析，对照山东财经大学的发展战略和管理目标，进一步指出其财务绩效评价的不足。高等学校财务绩效评价是一项复杂和系统的工程，本课题主要是结合山东财经大学现有的制度缺陷和财务工作中实际存在的问题着手开展各项分析，通过采用优化预算管理、完善现行财务指标体系、完善现行内部控制制度三个方法来实现其财务绩效的事前、事中、事后的全方位管理，进而全面提升山东财经大学财务管理水平。

【关键词】 山东财经大学　财务绩效　绩效评价

随着社会经济的发展，国家不断加大对高等教育的投入力度。如何管好、用好高等教育经费是摆在我们面前的一个现实问题。为此，需要对高等教育经费投入效益进行有效评价。山东财经大学为省属重点大学，现为山东省和财政部共建高校。本课题对山东财经大学财务绩效进行了全面评估，为山东财经大学的内部管理及财务决策提供了依据，有利于山东财经大学建立行之有效的财务管理机制，提高其财务管理效益，促进其财务工作的自我评价和自我约束。

一、山东财经大学财务绩效评价的现状及存在的问题

(一)山东财经大学财务绩效评价现状

山东财经大学目前采用的是统一领导、集中管理的财务管理体制,即由学校层面来统一规划和安排学校的经费和其他资源,集中管理各类财务活动。为实现财务统一化管理,山东财经大学明确规定,对违反规定不将预算收入纳入学校预算管理、私设“小金库”的部门(单位),严肃处理其主要领导、分管领导和直接责任人;情节严重构成犯罪的交由司法部门处理。目前山东财经大学财务绩效评价工作尚处于起步阶段,财务绩效评价手段较为单一,主要是依靠预算管理来实现管理控制。

1.经费管理意识淡薄,评价环境不够理想

山东财经大学目前将主要人力、物力、财力等资源投入教学和科研部门,对学生管理和培养工作重视程度较高而相对忽视经费管理工作;财务部门被划为后勤服务部门,在学校事业发展规划、经费使用和支出方面没有相应的话语权,无法积极有效地发挥财务管理作用,进而无法在校内营造一个科学化和精细化的理财环境。

2.考评方式单一,流程不完善

在制度层面上,山东财经大学在预算管理办法中制定了一些措施来提升财务绩效水平,但是在实际财务活动中缺乏科学的绩效考核制度和规范的绩效考评方案,难以明确经费使用过程中的职责分工、责任归属,无法有针对性地对经费支出活动开展绩效考评工作,难以系统地分析经费支出效益和解决经费管理、使用中存在的问题。由于学校编制的年初预算难以完全覆盖全年工作,而各种因素导致实际执行变动太大,因此山东财经大学会通过追加、调整等方式对预算进行变更,且变更方式随意,流程也不完善,破坏了预算的严肃性和权威性。

3.预算管理办法规定的绩效考评责任无法落实到位

在山东财经大学预算管理办法中,有相当多的内容涉及绩效考评。预算管理办法要求财务部门建立预算效益评价制度、预算执行

事故问责制度，并一再强调严肃财经纪律，但办法规定的措施过于简单，在实际执行中不具有操作性。学校对于预算支出的"严肃性"还是集中在财务审批和预算执行进度环节，在报销过程中严格执行财务"一支笔"审批制度并要求各部门在年底加快执行进度；而对于支出的绩效考评和支出与预算的契合程度考察基本都是流于形式。在这样的背景下，各种违背现有预算管理办法的情况时有发生。

（二）山东财经大学财务绩效评价存在的问题

山东财经大学目前的财务绩效评价主要依靠预算管理来展开，其现有的评价方法存在如下问题。

1.对财务绩效评价重视度不够

预算管理的重点仍然是年度预算收支情况，对于预算编制的科学性和预算考评的重要性的认识不足。虽然能够对有限的财务资源加以收集汇总，但对预算资金的使用效益没有进行充分的跟踪评价。

2.评价工具过于单一，无法对财务使用绩效情况进行宏观把握

高校财务报表分析内容有如下几个方面：分析单位预算的编制和执行情况，分析资产、负债的构成及资产使用情况，分析收入、支出情况及经费使用情况，分析当前财务管理存在的问题，分析单位未来的发展潜力和能力。山东财经大学目前的财务绩效评价内容集中在第一项和第三项，财务分析指标过于简单和单一，没有建立起适合于自身的财务分析指标体系。

3.缺乏经费使用效益意识

山东财经大学现阶段采用的财务管理体制虽然可以维护财务活动的规范性和严肃性，但对二级学院和机构的财务考核往往难以进行。学校现有 24 个直属教学机构，几大教学机构占有的资产量大，分配使用的经费多。在这种情况下，这些二级机构有必要被作为独立的实体接受财务绩效考核。但是在统一、集中的财务管理体制下，很多公用支出由单位统一承担，所以吃"大锅饭"的现象仍然比较普遍，存在一定程度的资源浪费情况。

二、山东财经大学财务绩效评价存在问题的原因分析

(一)管理体制上的原因

山东财经大学目前虽然建立了预算执行效益评价制度,也在预算执行控制的基础上施行了预算执行事故问责制度,但是在落实责任过程中难度较大,很多基本支出并不能将预算责任落实到个人,无法明确目标责任主体。针对项目经费,由财务部门组织有关部门对项目建设效果予以评价,但是各类评价指标缺乏统一标准且主要集中于教学、科研活动的执行情况,对财务绩效方面的考虑较少。另外,很多项目预算已经经过上级主管部门的审批,事后评价预算执行效果往往流于形式。

(二)实施评价欠缺主客观条件

山东财经大学目前的财务核算工作人员不多,本身承担的工作任务已经很重,很难从中抽调人手细化开展财务绩效评价工作;其他岗位人手较少且对这方面工作了解和接触不多,承担此项工作不具有可行性。我国高校预算一直附属于政府预算,部门预算和校内预算难以实现准确衔接。在此背景下,针对项目经费,是按照财政的标准和模式还是按照学校自身确定的标准和模式开展评价,是摆在评价者面前的一大难题。在各方因素综合作用下,评价工作变得较为艰难。

三、改进山东财经大学财务绩效评价的措施

(一)优化预算管理

要让预算管理在财务绩效评价中发挥作用,需要对现有预算管理流程进行优化。

1.预算编制方法的优化

山东财经大学目前的预算编制采用的是传统模式。首先,由学校预(决)算委员会根据学校教育事业发展实际,结合预算年度内需完成的主要工作和任务,初步确定预算编制的总体要求;各个预算责任单位根据总体要求编制本单位的预算支出草案并提交财务部门。

其次，财务部门结合学校财力状况，按预算原则要求分预算责任单位和项目编制形成学校预算建议草案，报学校预(决)算委员会审议(查)后下达各预算责任单位预算控制数。再次，各预算责任单位根据上一年预算执行情况，在控制额度内调整预算申报计划并报财务部门审核汇总。最后，财务部门将调整后的预算申报计划提交校党委会进行最终审批，形成年度预算方案；各预算责任单位需按批准后的预算方案在预算指标额度和支出范围内严格执行。

这种预算编制方法属于增量预算法范畴。这种方法的优点是便于操作和理解，利于实现预算稳定化，预算协调性强。但是这种预算方法存在一些难以避免的缺陷。例如，它无法将预算和现有的管理活动很好地联系起来，没有降低成本的动力。基于以上缺陷，山东财经大学应考虑在当前预算编制方法中引入“零基预算法”。但需要专款专用或者费用开支标准有严格要求、政策性很强的预算项目则不适合采用此法。

2.部门预算和校级预算实现紧密结合

要让部门预算和校级预算实现对接，从而真实地反映单位经济活动，需要从以下几点做起：

(1)预算项目负责人理念的改变

作为一所老牌财经类院校，山东财经大学开展的教学和科研项目众多。虽然这些项目经费大部分是以学校的名义向上级部门申报获得的，但具体负责和使用这些项目经费的都是校内各个项目负责人。由于预算意识的缺乏和预算监督体制不健全，有些项目负责人会将项目经费当作“私人经费”，只根据自己的客观情况决定怎么使用经费、如何安排支出进度和范围，对于学校整体预算执行进度缺乏正确认识。

针对项目负责人预算理念淡薄问题，学校在现阶段可以采取如下措施：

一是要求项目负责人确定好预算支出安排后再向上级部门申报经费。过去，项目负责人多是为了应付上级部门的审查而编制项目计划书，至于相关支出预算是否经过充分论证来确保落地执行则没有被重视。针对这种情况，山东财经大学内部可以要求项目负责人提前拟出一套项目具体支出安排表，将申报预算进一步细化到具体时间节点和对应经济分类科目。

二是对预算执行不到位的项目采取相应措施。对于预算执行进度较慢甚至无故拖延支出报销安排的项目负责人，考虑根据情节严重程度和过失程度采取相应惩罚措施，严重者可冻结其项目经费或者不允许其向以后年度结转当年经费；同时，对以往年度项目预算执行进度较快、执行质量较高的项目负责人在以后年度申报项目时给予优先考虑。

(2)充分利用信息化技术手段

山东财经大学虽然早已实现财务电算化，但是财务核算系统过于简单。现阶段，为做好部门预算和校级预算的对接工作，在财务信息化建设上应有如下侧重点：

一是实现国库集中支付申报系统和校财务预算系统、校财务核算系统三者的融会贯通。山东财经大学要以部门预算为校级预算基础，将国库支付系统内预算数据导入校财务预算系统，将部门预算数据与校级预算系统数据进行比对和修正，再将修正后的校预算系统数据导入校财务核算系统。经过这个流程后，财务核算人员在办理业务时可以清楚地知晓各个项目的申报预算情况，从而可按照经济分类科目对支出进行控制；对于超出经济分类额度的相关支出，系统自动不予记账处理，同时可以让各个项目对应其会计科目从而减少错误记账情况的发生。

二是统一支出分类处理口径，建立追踪查询和分析系统。由于部门预算和校级预算口径不一致以及国库集中支付系统经济分类科目与校财务核算系统记账科目不完全一致等原因，每位财务人员对同一性质的支出所计入的记账科目可能存在理解差异，且这一差异在处理业务量较大时表现更为明显。这种由于财务处理带来的差异会造成部门预算和校级预算不一致的情况。山东财经大学可以利用信息化技术手段定义各个经济分类支出记账凭证摘要，生成“模式化摘要”，再定期将所有记账凭证摘要和记账科目进行比对；系统可以自动找出由于记账错误或者主观判断差异而导致两者出入比较大的凭证并明确某些特殊类型支出核算。通过这种统一化管理，可以实现预算控制和执行的标准化和流程化，也发挥了信息化的控制连续性、一贯性的优势，从而实现经费由粗放型管理到精细化管理的跨越。

3.按照权责结合的原则全面落实预算责任

为更好地落实预算责任，实现权力与责任相统一，山东财经大学在现阶段应该对预算管理模式作出以下改变：

(1)明确学校层面和职能部门与院系层面的预算权力与责任

学校层面的权力与责任主要包括确定年度经费支出总额、对预算主体的预算指标进行划分、预算方案最终的批复和下达、预算总体执行中的控制与执行后的考核。各个预算主体主要负责预算的编制、已批复预算的执行与控制。山东财经大学目前预算管理办法的主要缺陷是：一方面，各个预算单位在预算编制过程中的作用有限；另一方面，对已批复预算的执行的限制较多，未能充分结合部门的实际发展需要。最为关键的因素是在这种预算执行模式下，无法落实对各个预算单位负责人的预算责任。原始报销凭证一般都需要经过校领导签字确认，而校领导不是相关经费支出活动的当事人，对于项目情况也只是大致了解，所以签字审批流于形式，导致校级预算和二级单位预算责任不清，这成为预算执行控制考核的难点。山东财经大学目前应该将预算责任管理模式慢慢由偏向集权控制式转变为集权控制和分权管理相结合，在结合过程中一定要注重发挥内部审计的作用。应当在自主性的基础上加上外部监督和约束，通过定期和不定期的内部审计来落实“谁的经费谁使用、谁的经费谁负责”的原则，进一步提高各个预算执行单位在预算编制过程中的积极性。

(2)效仿企业预算责任体系建立收入中心、费用中心、利润中心

收入中心的设计和管理。山东财经大学的收入结构较为简单，主要为政府拨款和学费、住宿费收入。可以成立由财务部门、教务部门、科技部门三方牵头的收入中心。财政拨款收入一般按照上级财政部门统一安排划拨，到账及时准确。收入中心的主要任务是确保

学费、住宿费等非税收入及时无误收缴。山东财经大学目前已经将学费缴款情况纳入各个学院负责人的年度目标考核体系中。这种做法是切实可行的。在落实收入责任上的主要任务是建立收入中心并认真梳理其他各项杂项收入，防止出现相关合同已订立、财务部门已预开发票但经费却无法到账的情况。

费用中心的设计和管理。山东财经大学作为一所高校，其下大部分机构只产生支出而并无任何收入来源。确定费用中心考核指标一直是一件困难的工作，它往往涉及工作质量和服务水平这些因素，量化起来太复杂。对于山东财经大学来说，科研和教学活动是其主要业务，应该多予经费倾斜。山东财经大学可以为自己树立行业标杆和近期追赶目标，让自主安排的教学和科研支出占除财政拨款外收入的比例达到或者超过同类型高校。对于一些仅仅发生办公支出的部门，应该采用零基预算法分析支出的必要性及效果。可以成立由财务部门和审计部门及人事部门牵头的工作组，结合学校年度目标考核情况对各个党政机构进行工作质量和服务水平的专业判断和测评。通过以上一些改进方法，山东财经大学费用中心的预算责任考核会更加科学和切实可行。

利润中心的设计和管理。山东财经大学虽然属于国家规定的公益类事业单位，但是也可以在政策允许的范围内面向社会和在校生提供一些学历教育、培训等类型的有偿服务。这些有偿服务活动主要由继续教育学院、后勤集团等部门开展。这些部门既要对自己的收入负责，也要对自己发生的相关支出负责，但它们没有权力决定自己的资产运作和投资额度，符合利润中心的所有特征，构成山东财经大学的利润中心。山东财经大学的一贯做法是将这些利润中心视为学校创收部门，对这些自然形成的利润中心的年度利润指标考核必不可少，但高校毕竟不是以盈利为目的，所以要以一些非货币性衡量指标作为补充，如办学地位、办学质量、学生满意度、社会满意度等。评价利润指标有多种方法，但能较好地反映部门领导在其权限和控制范围内有效使用资源的能力的还是可控边际贡献法。这种方法可以让这些部门关注资金使用效益并落实相关预算责任，也可以让部门领导集中力量降低可控成本而不浪费时间在不可控的一些花费上。

（二）完善现行财务指标体系

山东财经大学目前在年终决算时只是按照上级主管部门的统一要求在有限的范围内开展财务分析。上级主管部门要求提供的财务分析报表始终围绕部门预算和财政拨款展开，所侧重的一般是部门收支预决算差异情况分析、一些关键性指标本年变动情况分析等，并且都是按照上级财政部门的政府收支分类口径安排统计的，对于单位管理和提高资金使用效益作用不大。山东财经大学要实现财务分析模式从收支完成情况型到绩效导向型的转变，设计出一套适合单位自身管理的财务分析体系，进而落实资金使用绩效的事后监督和考核。设计财务综合评价指标体系时需要遵循以下原则：

1. 科学实用原则

该套评价指标必须能完整反映财务绩效评价的基本方面，且各个指标之间相互独立，能反映绩效评价的不同方面；同时，各个指标计算必须要有财务核算资料作支撑，绝不能凭空捏造一些指标数据，这也提高了这一套指标的可操作性。

2. 可比性原则

可比性原则要求设计出的这一套综合评价指标既要横向可比也要纵向可比。要达到这一目标，一方面需要在设计时抓住高校财务绩效评价的关键性指标，以确保每年指标内容变化不大进而实现纵向可比；另一方面，对比不同高校财务绩效水平也需建立在统一的核算基础之上，进而实现横向对比。

3. 不断完善原则

每所高校在不同的发展阶段对财务管理活动都会有不同的要求和侧重点，所以需要审查财务综合评价指标和指标权重分配的合理性，这样才能更好地反映高校财务绩效总体水平。《高等学校财务制度》明确将财务分析分为预算收支、财务风险、支出结构、财务发展潜力等方面的指标。在上述原则和框架指导下，为满足学校在运行过程中越来越重视效益的管理要求，应该建立以财务运行绩效为核心、以财务综合实力和财务发展潜力为辅助的综合评价系统。

（三）完善现有内部控制制度

《山东财经大学章程》主要从内部治理结构、经费、资产、教职工与学生等方面规范学校办学行为，促进学校科学发展，该章程的制定和实施对于山东财经大学有着重要的意义。但是章程本身不能解决问题，更重要的还是章程制定得是否科学和章程的落实情况。针对该章程和现阶段山东财经大学内部控制运行中涉及财务绩效方面存在的问题给出如下建议：

1. 完善现有内部治理结构

目前山东财经大学的组织结构是典型的职能制组织结构，它把具有相同职能的管理业务及其人员组合在一起，设置相应的部门和职务，有利于提高工作效率。这种组织结构的主要缺点是部门之间协调十分困难，各个职能部门只重视本部门的业务利益，缺乏对整个项目的思考。财务部门只是一个负责全校会计核算、财务管理工作的职能机构，其他职能部门基于自己利益的考量，往往不服从财务部门的协调和资源调配，因此财务部门在预算调整、经费分配、经费监管等方面的工作存在一定困难。为此，山东财经大学可以效法企业的组织形式和运作规则，独立设置财务审计及内部控制委员会，由此综合协调财务方面的专业性工作。

2. 实现新形势下内部控制的全覆盖

由于高校没有明确的经济效益概念，因此在内部控制建设上一直落后于企业，很多内部控制规范只适用于旧环境、只能解决旧问题，面对日新月异的新情况、新问题往往应接不暇，山东财经大学也不例外。目前实际运行中都是靠各种制度和办法来实现对具体环节的内部控制，但由于这些零散的制度、办法修订不及时，所以内控效果不尽如人意。《行政事业单位内部控制规范》明确要求，行政事业单位按照全面性和适应性的原则建立内控体系。山东财经大学也应该积极适应形势要求，让内部控制贯穿单位经济活动的决策、执行和监督全过程，实现对经济活动的全面控制，同时内部控制应当符合国家有关规定和单位的实际情况，并要随着内外部环境的变化而变化。

主要参考文献

[1]赵传仁.高校预算管理制度问题探析[J].西部财会,2013(6)
[2]董晓燕.高校预算编制困境及对策研究[J].会计师,2013(16)

(作者单位:山东财经大学　潍坊学院)

新形势下高校财务报告存在的问题及对策研究

魏 斐　江海健

【摘要】 当前高校面临着政府会计制度改革、全面预算绩效管理等新形势，新形势对改进和完善高校财务报告体系提出了新要求。本文结合当前政府会计改革背景，分析了现行高校财务报告体系存在的问题，阐述了在新形势下如何完善高校财务报告体系，以期能够在提升高校财务报告公开水平、报告决策有用性以及高校治理能力等方面提供借鉴。

【关键词】 财务报告　绩效评价　政府会计制度

高校财务报告是综合反映高校财务状况、收支情况和预算执行情况的总结性文件，是学校各类经济活动过程及结果的集中体现，也是重要的决策依据。完善的高校财务报告体系应当能够向财务报告使用者提供学校的财务状况、运行情况、现金流量和事业成果等有关信息，反映受托责任履行情况，为财务报告使用者的监督管理或者决策提供帮助，并为编制后续年度预算提供参考依据。在新形势下，高校财务报告体系既包含财务报告及决算报告，还包括财务分析报告、绩效评价报告及其他应在财务报告中披露的相关信息和资料。多层面、多视角分析高校财务报告，是促进资源合理配置、提升资源使用效率的积极举措。

一、高校财务报告公开面临的新形势

随着政府会计制度改革的深入推进，高校财务会计变为双体系的核算模式，财务报告也相应发生变化。《政府会计准则——基本准则》以“政府决算报告和财务报告”确立了政府会计“双报告”要求。“双报告”能够真实地反映政府主体的“家底”、绩效评价情况、预算执行情况、财务状况、运行情况以及现金流量等信息。政府会计制度改革使得高校财务报告目标发生变化，目标应当体现单位主体的资产负债管理及运行情况；财务报告的编制基础也变为收付实现制和权责发生制双基础；财务报告的构成变为双体系下预算会计与财务会计并行的双报表体系，包括政府财务报告与决算报告；对于附注披露的费用等信息，要求按照经济分类进行细化。另外，《关于全面实施预算绩效管理的意见》的出台也对高校财务报告的公开内容提出了新要求。高校财务报告应当充分体现财政资金的利用效率、绩效管理广度和深度、资源配置情况、投入产出情况等信息，全面体现高校绩效管理水平。

二、现阶段我国高校财务报告存在的问题

(一)财务报告的目标不明确

现阶段，大多数高校的财务报告目标并不明确，财务报告内容缺乏目的性和针对性，导致财务报告使用者无法直观地获取有用信息。传统意义上的高校财务报告内容主要服务于财政部门等政府机构，无法为多元化的报告使用者提供信息和服务。随着高校管理改革的推进，使用者对高校财务报告公开的要求也越来越高。高校报告使用者也呈现多元化的趋势，从最初的高校主管部门、财政部门，扩展到高校内部管理层、教职工、学生、债权人、投资人、各级人民代表大会、社会公众等。不同的报告使用者对高校的财务报告需求也不尽相同。高校需进一步明确财务报告目标，编制科学合理的财务报告内容。

(二)财务报告缺乏会计信息内涵分析

当前高校财务部门编制的财务分析报告对具体部门和项目支出

结构、战略实施效果、投入与产出、教育成本管理、收支过程控制等方面分析得不多。财务报告中的数据大都是原始的、初步的，缺乏会计信息内涵分析，影响报告使用者的判断，也不利于与高效内控体系衔接，这种“重报告，轻分析”的现状亟须改变。应根据不同报告使用者的需要，对财务数据进一步加工、整理、解析，编制内涵丰富、满足个性化需求的分析报告。

(三)财务报告缺失对高校职能特征的反映

高校财务报告有别于企业财务报告，除了反映高校经济活动信息外，更需要反映高校的职能特征。培养专门人才，发展科学知识，为社会服务，是目前公认的高校的三项职能。然而当前高校财务报告中并没有体现其职能特征，没有反映培养学生质量以及科研项目带来的经济效益、社会效益的指标。缺失的这些关键指标信息会对财务报告使用者获取相关信息带来不利影响，亦无法全面正确地评价一所高校综合实力及社会影响力。

(四)财务报告披露形式单一且时效性不足

现阶段大部分高校的财务报告表述形式较为单一，仅按照规定条目作一般表述。报告表述内容主要以数据支撑为主，忽视了文字和附注说明的重要性，内容专业性较强，对重大事项的分析披露不够深入。对非财务专业的报告使用者来说，报告内容显得格外晦涩难懂，较难及时提取到有用信息，不够直观。此外，当前高校财务报告还存在披露不及时的问题，不能为使用者提供及时有效的信息，直接影响使用者的决策。

三、完善高校财务报告体系的建议

(一)实行新型综合财务报告模式

高校应按照政府会计制度要求编制“双报告”，解决当前高校财务报告目标不明确的问题。财务会计报告和预算会计报告相结合的新型综合财务报告模式，既实现了“双功能、双基础、双报告”的会计制度改革目标，也为高校防范财务风险、加强运营管理等提供了数据支持。“双报告”模式可以满足不同财务报告使用者的需求，为他们提供更加全面、准确、科学、直观的会计信息。“双报告”模式将有效地提升高校财务报告公开水平，弥补高校会计制度下财务报告的不足，更加全面真实地反映高校运转情况，也为未来推行高校全成本核算管理奠定了基础。

(二)完善财务报告内涵分析

高校应当以财务报表和辅助资料为依据，结合不同报表使用者需求，对财务报告进行有针对性的内涵分析。通过采用专门的统计分析方法，分析和评价高校过去一段时间的运营成果、财务状况、战略规划等，为报告使用者提供有针对性的信息。

财务报告内涵分析对会计信息提出了更详细的要求，需要按照利益相关者需求类别尽可能细化会计信息，增强数据的可用性。实务中可以用项目与科目相结合的二维核算方法，将项目的各项收支细化到明细科目中，反映该项目在运行过程中的投入、产出状况。不同报告使用者的需求不同。高校内部管理层在获取相关财务报告信息的基础上作出战略、资源分配决策和控制；高校教职员工通过财务信息获取学校在人才培养、科学研究、工资薪金等方面的投入以及学校的发展愿景；社会公众关注高校如何分配使用公共资源、是否存在舞弊和贪污腐败行为；学生及家长需要了解高校教学条件、培养成效等；税务部分需要获取学校各项涉税的经济活动信息等；债权人利用财务报告分析高校的偿债能力、财务风险等；投资人需要根据高校的发展潜力、经济效益等作出投资决策；主管部门则注重考察高校在过去一段时期内的财务状况与事业成果，以及公共资金使用是否实现价值最大化等方面。

(三)增加绩效评价体系

绩效评价是指高校根据设定的绩效目标，运用完善的管理制度和系统的工具方法，对一定时期内学校运行效率与效果进行综合评判的管理活动。绩效评价是实施激励管理的重要依据。建立科学的高校财务报告绩效评价指标体系将有助于加强对学校的精细化管理，推动高校向更高层次发展。

绩效评价报告体系为评价高校的运行和管理水平提供了一个可

量化的方法，可以运用平衡计分卡理论构建高校财务报告绩效评价指标体系，包含财务、内部流程、利益相关者、学习与成长四个维度。这四个维度紧密相连，相互作用。绩效评价指标体系如表1所示。

表1　高校财务分析绩效评价指标体系

目标层	维度层	关键指标层
高校财务分析绩效评价指标体系	财务维度	资金到位率
		预算执行率
		资金自筹率
		资金违规使用率
		资产负债率
		流动比率
		收入费用率
		总资产增长率
		资产权益比率
	内部流程维度	师生比
		专业建设投入增长率
		生均教学仪器设备
		人均科研经费
		仪器设备利用率
		科研收入增长率
		知识产权完成情况
		技术指标完成情况
		平台建设完成情况
		节能减排指标完成情况
		财务监督有效性

续表

目标层	维度层	关键指标层
高校财务分析绩效评价指标体系	利益相关者维度	毕业生就业增长率
		教学科研成果转化率
		项目带来的经济效益
		用人单位的满意度
	学习与成长维度	高层次人才增加率
		国际交流与合作次数
		举办研讨会次数
		项目团队人员构成优化程度
		培养高层次学生数量

通过建立绩效评价指标体系，将定量指标与定性指标相结合，将日常管理与战略管理相融合，构建一套科学完整的财务报告体系。绩效评价指标可以为财务报告使用者提供多方面的信息支持，有助于使用者全面了解学校情况，有利于资源的优化配置及整合。

（四）整合共享数据平台，增强报告披露的及时性

高校财务报告披露缺乏时效性，会导致财务报告使用者不能及时地获取有用信息，无法作出正确的评价及决策。当前高校财务管理信息化建设正如火如荼地开展，可以依托信息化手段构建一个以财务数据为核心，集成人事、教务、科研、学工、后勤、资产等数据信息的一体化共享平台，打通各相关系统端口，如资产管理系统、科研经费管理系统、教务系统、耗材采购系统、一卡通系统、公寓管理系统等，实现高效的互联互通和信息共享。整合共享数据平台，及时、精准、有效地反映教育事业及科研事业活动的有关成果信息，提高信息获取的及时性，最终服务于财务报告体系，具体如图1所示。

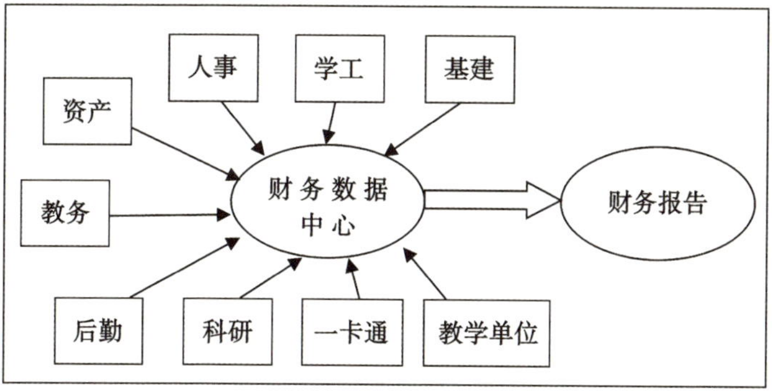

图1 共享数据平台构建

(五)提高报告信息的可读性

高校财务报告应包含管理层声明、重要信息摘编、第三方审计、内部控制与风险管理、治理结构、财务政策陈述等诸多方面的重要信息,同时应当体现当年财务数据与上一年度相比的变化及原因,保证数据的相关性,确保数据之间的钩稽关系准确。在附注中可以披露非财务信息,如招生就业、人才培养、平台建设、学术交流、人事师资等,并对学校当年发生的重要的或者特殊项目作深入解析,避免对所有事项均简单罗列。此外,还可以根据使用者要求在附注中增加学校的投资情况表、学生收费情况表、捐赠情况表等辅助报表,以此提高财务信息披露的完整性。财务报告内容的表达形式要多样化,采用文字、表格、图形等多种形式,增强报告的易读性,帮助使用者提高信息获取能力。还需要不断加深财务信息公开的程度,拓宽报告范围,达到财务报告内容与形式的有效统一,以不断满足信息使用者的需求和社会公众的诉求。

四、结语

高校财务报告具有对外性特征,需要从制度角度来规范财务报告的披露环节,真正提高财务报告的作用和有效性。建议搭建高校财务信息公开平台,统一高校财务报告公开的内容要求,这样既降低了公开成本，也可避免高校因各自随意搭建而引起公开的财务信息不完整、不具体、缺乏可比性等问题。综上，通过实行新型综合财务报告模式、完善财务报告内涵分析、增加绩效评价体系、整合共享数据平台、提高报告信息的可读性等措施，进一步完善高校财务报告，将有利于增强报告使用者对高校财务报告公开的满意度，提高高校的治理能力。

主要参考文献

[1]梅斌. 改进我国高校财务报告：基于公共受托责任的若干思考[J]. 教育财会研究，2018(2)

[2]杨顺利，吴文轩. 试论完善高校财务报告制度[J]. 商业会计，2016(4)

[3]王玲. 高等院校财务报告分析研究[J]. 经济师，2017(6)

（作者单位：山东中医药大学）

高校建设工程财务管理问题研究

袁徽鹏　于晓勃　董　瑶

【摘要】 随着我国经济的发展，高校建设工程面临的内外部财务环境也在不断变化。本文详细阐述了1993年实施“两则两制”会计改革后，高校建设工程财务管理面临的各种问题和应对策略，为解决高校建设工程财务管理问题提供了背景资料和历史线索；同时分析了实施新《预算法》和政府会计准则制度以后，高校建设工程财务管理面临的各种新问题，并对如何解决这些问题、促进财务管理工作进行了深入探讨。

【关键词】 高等学校　基建投资　财务管理

随着我国经济的不断发展，高等教育事业不断进步，取得了举世瞩目的成就。与此同时，高校开始大规模改建扩建老校区、建设新校区，为了满足短期内巨大的建设资金需求，在资金来源渠道有限的情况下开始纷纷举债，高等学校基本建设投融资管理成为财务管理的重要内容。目前我国政府会计改革不断向纵深发展，如何在原有预算框架下开展高校建设工程财务管理工作？如何加强高校建设工程成本全周期管理和合理控制建设成本？如何进一步规范高校建设工程竣工财务决算？本文拟就上述问题作如下探讨。

一、高校建设工程财务管理的历史沿革

(一)相对独立的财务管理阶段

1993年我国开始实施以“两则两制”为标志的会计改革，高校建设工程财务管理也开启了改革的新篇章，直到2012年财政部出台《事业单位财务规则》。该阶段高校建设工程财务管理有以下特征：

1. 高校建设工程财务管理与其他财务管理工作不相融合，相对独立

执行的财务制度、会计制度都自成体系，必须执行的财务会计制度主要包括：财政部1994年10月印发的《国有建设单位会计制度》，1998年2月印发的《基本建设财务管理若干规定》，1998年6月印发的《国有建设单位会计制度补充规定》，2002年9月印发的《基本建设财务管理规定》，2003年12月印发的《关于解释〈基本建设财务管理规定〉执行中有关问题的通知》。高校处理除了基本建设以外的业务时主要执行财政部、国家教育委员会1998年印发的《高等学校会计制度(试行)》和财政部、国家教育委员会1997年6月颁布的《高等学校财务制度》。建设工程财务管理和其他业务财务管理各自运行，少有交集，部分高校建设工程财务管理职能甚至不在财务部门，而是由建设管理部门直接行使。预算内建设资金经发改委审批以后由经建管理部门单独拨付，财务报告也向经建管理部门报送，与高校其他资金的拨付渠道、流程以及财务报告体系、对象各不相同。

2. 财务管理重在规范财政资金，没有充分考虑到高校扩招后基本建设投资迅速增长的实际情况

1998年国家教育委员会印发的《面向21世纪教育振兴行动计划》提出：“2000年高等教育本专科在校生总数将达到660万人。”“高等教育入学率由1997年的9.1%(新口径)，提高到2000年的11%左右。”由此开启了高等学校扩大招生的序幕。为了满足和不断改善办学条件，各大高校开始改建扩建老校区或者建设新校区，部分地方政府甚至专门规划并建设了“大学城”。2002年财政部修订的《基本建设财务管理规定》，主要规范了建设单位管理费和业务招待费的控

制限额，加入了国库集中支付改革试点和政府采购的有关内容，并没有对非经营性项目如何举债、如何管理、如何偿还作出明确规定。然而扩招后大规模工程建设，直接引发了高校债务的快速增长。以S省为例，根据省财政厅、教育厅对78所公办高校化债规划的审核汇总，共锁定2009年年底全省高校银行贷款199.3亿元，平均每所高校的银行贷款达2.5亿元以上，这还不包括融资租赁、委托贷款、内部集资等形式的负债。高校建设工程投融资管理已经成为财务管理的重点，如何规避和化解财务风险，及时偿还到期债务，为新建项目及时筹措资金，成为迫切需要解决的财务管理问题。但是建设工程财务管理工作主要集中在财务部门、工程管理部门和学校管理层之间，其他部门和广大师生还是更关心教育经费的分配和使用办法，只有当日常报销资金支付不及时、暂停报销或者延期发放各种薪酬时，他们才感觉到基本建设财务管理对学校发展的影响。为了集中解决举债带来的财务困境，2010年年底财政部、教育部联合下发《关于减轻地方高校债务负担 化解高校债务风险的意见》，明确对化解高校债务的省份给予支持，S省也充分抢抓机遇，成功化解高校债务127亿元。

（二）适度分离的财务管理阶段

2012年财政部印发《事业单位财务规则》和《高等学校财务制度》，标志着高校建设工程财务管理由相对独立模式转变为适度融合模式，直到2019年开始实行政府会计准则制度。该阶段高校基建财务管理有以下特征：

1.高校建设工程财务管理逐渐融入到全校财务管理中

2016年财政部印发了《基本建设财务规则》，要求建设工程"按项目单独核算，按照规定将核算情况纳入单位账簿和财务报表"。单独核算表明其仍然具有相对独立的财务管理特性，但是定期将核算情况纳入单位账簿和财务报表，却表明两者最终必须融合。高校建设工程财务管理和其他业务财务管理由平行管理模式演变为交叉管理模式，由分别管理转变为统筹管理。模式转变后需要在年度预算中充分考虑基建资金需求，否则将无法完成定期将建设项目核算情况纳入单位账簿和财务报表的任务。建设工程财务已经不再是独立的基建财务问题，而是演变为全校财务管理需要综合考虑的问题。

2.高校建设工程财务管理开始重点关注债务管理

2008年9月国际金融危机全面爆发后，为了应对经济风险，我国政府推出了进一步扩大内需、促进经济平稳较快增长的多项措施。当时初步匡算，实施这多项措施，到2010年年底约需投资4万亿元。随着政策的实施，各地政府债务规模不断扩张，中央政府开始关注地方政府债务管理工作。高校债务作为地方政府债务的重要组成部分，也开启了从严管理的新模式：一是将债务管理提升到学校最高决策层，必须经过党委会或者院长办公会等批准才能举债；二是举债必须经过主管部门或者财政部门审批；三是对负债规模进行了严格限定，债务余额原则上不能突破当年收入总额；四是逐渐降低融资成本，将融资成本较高的信托融资、融资租赁等融资方式替换为成本相对较低的银行贷款等融资方式；五是全面清理置换内部集资，化解不规范融资行为。这一时期，高校政策统一、步调一致，债务管理空前规范，风险防控效果良好，很多高校摆脱了债务困境，开始专注内涵式发展。

3.高校建设工程融资进一步规范，结构日趋合理

高校债务管理变革的分水岭，是2010年财政部、教育部印发的《关于减轻地方高校债务负担 化解高校债务风险的意见》。之前由于高校融资回报率低，很多信贷机构不愿意将资金投入到高校建设中。此外，由于短期融资利率低于长期融资利率，为了节省资金成本，高校出现使用大量短期流动资金贷款用于项目建设的情况。这种使用短期资金满足长期需求的做法，给高校财务管理带来了很大的风险。为了偿还到期贷款，高校只能频繁“借新还旧”，一旦不能及时收到贷款替换到期债务，就会产生财务风险，化解债务政策就是在这种背景下出台的。政策实施以后，大部分高校抓住机遇，将债务风险降低到可控水平，财务状况得到了极大改善，为学校事业发展提供了有力保障。之后金融市场和金融环境发生了变化，高校能争取到更多项目贷款进行工程建设，贷款周期和还款方式与项目建设周期和经济寿命相匹配，融资结构大大优化。这种结构性变化也使高校

财务状况进一步得到改善，挤占、挪用其他资金搞建设的情况减少了，资金使用更加规范。

4. 高校建设成本管理成为财务管理的突出问题

受房地产经济影响，高校工程建设成本逐渐增加，出现了单位建设成本成倍增长的局面。高校收入虽然也在增加，但是随着事业单位分类改革向纵深推进，高校内涵式发展需求资金也在增加，高校收入增长根本无法满足人员经费、日常公用经费增长需求，高校仍然没有结余资金用于工程建设。建设成本增加直接导致了高校融资规模的进一步扩大，而“三去一补”的政策也给高校使用杠杆融资带来了新的不确定性，很多高校出现了新的债务危机。

（三）完全融合的财务管理阶段

2015 年财政部发布《政府会计准则——基本准则》，为高校建设工程财务管理与其他业务财务管理完全融为一体吹响了号角；2019 年高校正式实施政府会计准则制度，实现了高校建设工程财务管理与其他业务财务管理的完全融合。高校基本建设业务不再“单独建账，独立核算”，高校建设工程管理也不再单独运行，而且完全按照《预算法》的要求被纳入一个体系中，实现了高校建设工程财务管理与其他业务财务管理的深度融合。

二、现阶段高校建设工程财务管理面临的问题

（一）高校建设工程预算管理问题

1. 如何将工程建设巨大的支出装入高校预算的“笼子”是首先要解决的问题

如前文所述，高校为了满足建设工程投资需求而长期负债运行，需要按期偿还存量贷款本息，此外还需要不断筹资以满足新建工程项目的投资需求。在相对独立和适度分离的财务管理阶段，高校建设工程财务困境只在小范围内爆发，深度融合以后直接影响全校的日常财务工作。此外，高校单个项目建设工程周期一般不会超过两年，在两年时间内既要确保按期偿还存量债务本息，又要考虑预留资金用于新增投资，对“以收定支，收支平衡”预算管理体系是个不小的考验。

2.高校工程建设投资具有一定的不确定性，如何合理安排预算成为技术难题

支出的不确定性历来存在，但是由于建设工程投资金额占比较高，其不确定性对预算影响相对较大。高校要求按照年度编制预算，而建设工程一般都要跨年度结算，各种原因导致的支出变化经常影响两个甚至多个预算年度。在资金充裕的情况下这些问题相对好解决，但在资金紧张的情况下很难为基本建设预留资金。如何协调投资进度、预算支出和合同履行之间的关系，成为新的难题。

3.高校建设工程借款无法在预算管理中体现

2014年，财政部印发了《地方政府存量债务纳入预算管理清理甄别办法》。按照该《办法》，高校债务既不是一般债务，也不是专项债务，无法在部门预算中列示；但实施政府会计制度以后，债务却可以作为预算收入入账。这种矛盾需要解决。

（二）高校建设工程成本管理问题

1.成本管理仅仅局限在施工成本管理上，没有形成决策、规划、设计、招投标和施工全过程成本管理系统

高校建设工程始于决策，形成于规划和设计。决策、规划和设计对高校建设工程成本有着重大影响。同样功能的建筑，采取什么样的结构，使用什么样的材料，对成本影响至关重要，贪大求洋势必造成成本攀升和浪费。

2.高校建设工程普遍存在超概预算的情况

一是概预算编制审批以后，工程迟迟没有开工；真正开始建设时，原有概预算与当前市场定价偏差较大，导致工程实际成本超过概预算金额。二是为了满足更多功能需求，施工过程中变更较多。比如为了教学方便，临时对教室布局进行调整或重新划分；为了改善教学环境，增加了智能教学设备。对于更高品质的追求往往导致实际成本超过概预算成本。

3.存在超范围计量成本的情况

一是根据《基本建设项目建设成本管理规定》，建设成本必须是按照批准的建设内容发生的成本，建设内容一般不包括室外工程、绿

化景观工程，而这些又是建设工程的必要支出，导致超范围确认计量成本时有发生。二是在高校办学资金紧张、工程建设主要依靠贷款的情况下，很多配套工程只能暂时在建设工程中列支，比如教室用的课桌椅、学生公寓用的家具。没有这些支出，建设工程也达不到预定可使用状态。在经费紧张的情况下，只能先在建设工程成本中列支，也导致超范围计量成本的情况。

（三）高校建设工程竣工财务决算问题

一直以来，高校建设工程就存在重前期报批、中期建设，不注重工程竣工财务决算的问题。高校不及时进行工程竣工财务决算主要有以下原因：

1.高校固定资产不计提折旧，高校结余也不需缴纳所得税

企业在建工程完工以后转增固定资产，可以计提折旧；竣工财务决算时确定固定资产价值和折旧的依据，折旧金额作为企业经营成本，有抵减企业所得税的作用。因此在建工程完工以后企业都希望尽快办理竣工财务决算。高校作为公益事业单位，固定资产不计提折旧。虽然 2012 年财政部印发的《高等学校财务制度》规定“高等学校应当对固定资产采用年限平均法或工作量法计提折旧”，但是配套的实施细则尚未出台，在实际执行过程中高校一直没有计提折旧，高校结余也不缴纳所得税，因此高校进行竣工财务决算的动力不足。

2.多部门联动机制尚未建立

高校工程竣工财务决算需要多部门联动。受内部控制和校内管理体制影响，建设部门、财务部门、资产管理部门分属不同校领导管理，多部门联动需要构建协调机制。在没有确切动因的情况下，这种机制很难建立。

3.高校建设工程完工交付以后，结算时间很长，影响财务决算

一方面，为了满足校内使用功能，建设期间工程变更多，势必影响工程造价。学校、建设方、监理方、跟踪审计单位对变更工程量的确认和定价产生分歧的可能性大大增加。多方在价格博弈中需要很长时间才能达成共识。整个工程造价审计周期随之延长，结算也迟迟不能进行。另一方面，高校本身资金紧张，与供应商可能达成延期

付款协议，导致工程完工交付以后，长期没有开具发票进行结算。

三、高校建设工程财务管理面临问题的解决对策

（一）完全遵循预算管理的原则，做到“无预算不开支，超预算不开支”，同时加强预算绩效考核，真正做到“花钱必问效，无效必问责”

高校建设工程在编制可行性研究报告和概预算过程中，没有充分考虑高校实际的财务状况，财务人员也没有充分参与工程建设决策过程，财务部门对于是否实施建设工程控制力很小。目前，建设工程财务管理和其他业务财务管理已经完成融合，因此必须按照《预算法》的要求，对整个建设工程投融资产生的现金流进行分析，并将其全部编入部门预算中，这样才能确保高校建设工程与财务状况不脱节，才不会因为工程建设影响正常事业发展。同时，要积极开展建设工程绩效评价工作。建设工程实施之前就要确定绩效目标，建设项目实施以后要根据其具体情况，对照申报目标进行考核。考核结果既要在部门预算中通过奖惩等形式体现，也要在校内预算中传导，形成资金良性循环机制。

（二）要切实做好高校建设工程成本管理，实现成本的全周期管理，并据实做好建设项目概预算

成本的全周期管理要求从高校建设工程决策开始到项目交付使用为止，都要进行成本管理。要根据成本动因，适当运用作业成本法、标准成本法等管理工具对建设项目成本进行分析，同时要充分考虑建设项目实施的机会成本。全周期成本管理甚至可以延续到建设项目后期的使用和维护阶段；应当逐渐建立大数据分析模型，找到最切合实际的建设方案，不断优化资金投入效益，满足项目使用需求。

高校建设项目概预算审批以后，要尽快予以实施。相关部门应当对可行性研究报告和概预算设定有效期；超过有效期的或者高校认为明显不符合实际的概预算，应当要求相关负责人进行修订，待修订后的概预算获得批复以后才能开工建设。在编制概预算时要充分考虑宜居需求，将必要的室外工程和环境绿化工程编入概预算中，也要充分引入绿色节能智能的建筑理念，使编制和批复的概预算更加

符合实际，避免出现少编预算、超额支出现象。

（三）高校要高度重视，不断利用信息化等手段加快建设工程竣工财务决算

针对已经投入使用多年、尚未进行竣工财务决算的建设项目，一是要根据已经确定的成本暂估入账，尽快估算固定资产价值并按要求提取折旧，二是要成立专门工作小组，集中解决历史遗留问题，尽快结清账目，避免长期挂账。

对于新建项目，要提前考虑竣工财务决算需要。相关职能部门根据授权和分工，利用信息化手段，在信息系统中按照建设工程节点提供相应材料；财务部门根据提供的材料最终形成竣工财务决算报告，避免在最后编制工程竣工财务决算时到各个部门收集材料的局面。

高校建设工程财务管理主要还是规范化和合规性管理，高校基建引发的违规违纪行为在全国各地也时有发生。加强内部控制，让制度得到有效贯彻和执行，是最终解决各方面问题的利器。高校应当牢固树立艰苦奋斗、勤俭节约思想，不断加强高校建设工程财务管理，确保财政资金和其他各项资金发挥最大效益。

主要参考文献

[1]马永义．纵论政府会计主体基建业务核算规则的历史演进[J]．商业会计，2019(8)

[2]李云龙．浅议高校基建工程成本控制的改进方案和措施[J]．科技经济导刊，2018(31)

（作者单位：山东交通学院）

应用“互联网+战略管理会计”创新高校“阿米巴”管理模式

宋慧晶　吴高波　武传宝　马　赫　赵东辉

【摘要】 “互联网+”的出现是大数据时代发展的产物，推进高校信息化进程，促进建立互通互联的智慧校园，是高校管理者面临的一项重大课题。战略管理会计的发展推动高校逐步认识、升级内部管理，从战略管理层面使用管理会计方法，运用管理会计工具实现高校内部管理的现代化、科学化、规范化、标准化。阿米巴经营管理模式来自日本稻盛和夫先生的企业管理经验。本文试图从“互联网+战略管理会计”角度，借鉴阿米巴经营管理经验，改变传统管理活动的运作模式。

【关键词】 “互联网+”　战略管理会计　阿米巴管理

随着高等教育国际化、信息化、现代化的发展，面对国内外竞争和环境变化，为获取竞争优势，高校除了关注自身发展外，还要关注竞争对手的策略变换；除了关注短期诉求和利益外，还要关注长期规划和可持续发展。战略管理理论和方法由此进入高校管理者的视野。实施战略规划，运用战略管理会计工具提升内部治理水平是大势所趋。而“互联网+”是信息时代发展的产物，有利于实现互通有无，集成共享，为战略管理落地实施提供了契机。

一、打造“互联网+业务”网络一体化综合管理平台

高校运用“互联网+”理念，构思打造内部资源共享信息化网络平台，为战略管理会计应用提供良好的网络平台环境和技术保障。从“互联网+人事管理”“互联网+财务管理”“互联网+科研管理”“互联网+教务管理”“互联网+资产管理”等业务层面分析业务流程和共享资源点，整合业务信息资源。汇总统计高校业务内容，分析每项业务流程交叉部门，找到高校业务交叉点，设置管理权限，实现一体化全方位管理。本文以“新生报到”业务为例，分析平台搭建要点：

(1)审核新生身份证、录取通知书等资料时，设置“新生报到”模块，由新生登录系统、上传个人身份证件及其他资料。

(2)系统内设置审核规则，新生报到时上传信息，只要与系统录取信息比对一致，即可按流程进入下一个比对环节。

(3)系统在流程节点上设置审批权限，只要系统比对一致，即可进行批量审批，按顺序进入下一个节点。具体流程如图1所示。

高校信息化实施过程是管理制度化、制度流程化、流程表单化、表单信息化的具体应用，更是高校内控建设的关键。

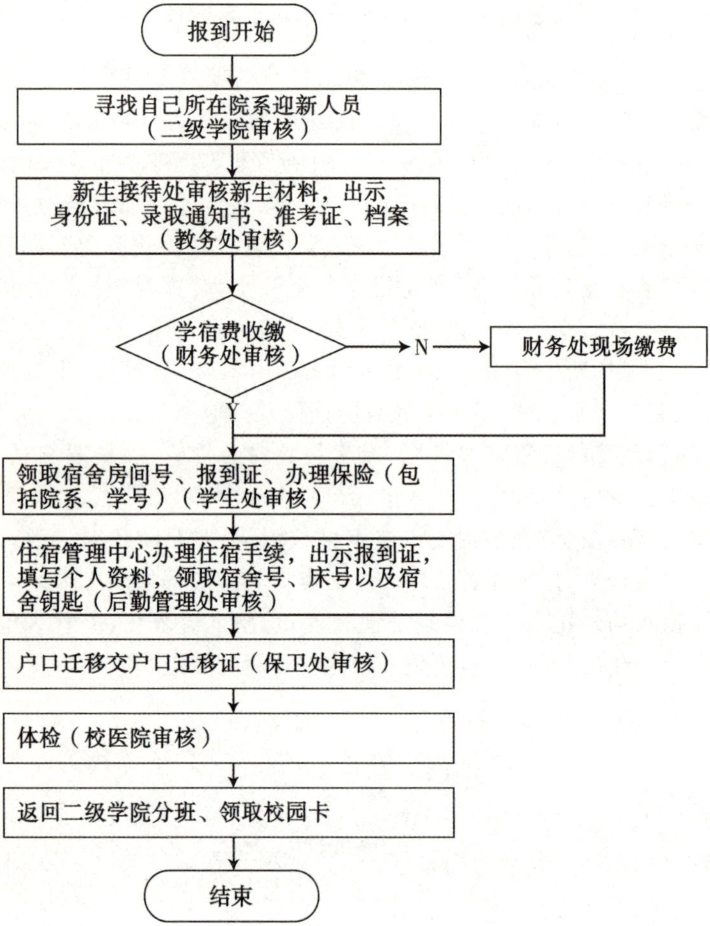

图 1　新生报到流程

二、战略管理会计在高校的应用分析

战略管理会计应从整体上分析和评价战略管理活动。从实务工作来看，信息技术的发展为战略管理会计的发展提供了技术条件，是战略管理会计落地实施的基石和保障。战略管理会计在高校内部管理中至少从以下六个方面发挥作用：

（一）全面预算管理

全面预算管理体系是一个动态、多元的循环系统，全面预算管理体系流程如图2所示。

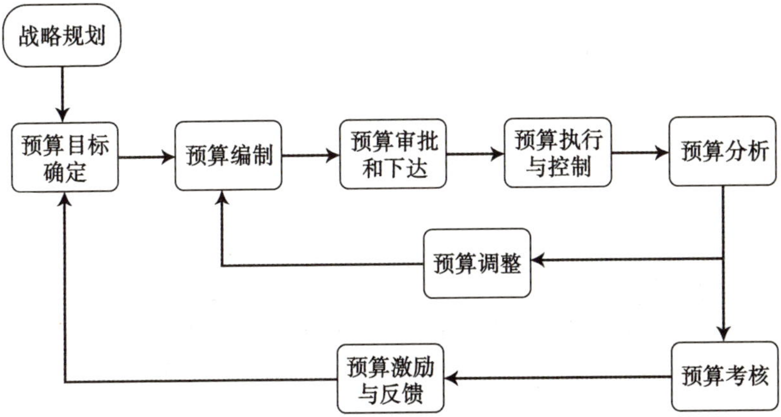

图2　全面预算管理体系流程

战略规划一般属于中长期规划（3～5年）。高校根据中长期战略规划拟订高校预算。预算报告需要考虑外部竞争环境和竞争对手的变化，在此基础上调整预算规模和结构。随着国际化名校招生规模的扩大、国内高校自主招生形式的变化、全球性优质生源的争夺、就业市场人才需求的变化，高校定位、发展路径、发展规模及结构也需要随之调整。为此，高校预算规划要融入战略规划中，发挥其在人、财、物配置方面的作用，以提高高校管理效益。

（二）成本管理

衡量高校办学成本一直是实务界多年探讨的问题，要选用科学、规范的成本测算方法。从战略管理角度可将高校业务事项划分为各项“作业”，进而可分析作业动因，测算作业成本。以简单的高校招生业务为例。招生业务可划分为如下作业：接新生作业、新生报到审核作业。接新生作业动因有：接送车辆往返公里数或包车天数，接送服务人员劳务报酬(按接送次数计量)。新生报到审核作业动因有:各部门审核服务人员劳务报酬(按天数计量)。报到资源消耗动因有:工作餐数量,水电量,打印复印资料用量。高校应从以下方面转变传统成本核算理念:一是划分高校业务内容,分析业务流程;二是将每项业务内容看成综合作业群,分析作业群内部的各项作业;三是找出各项作业的作业动因;四是综合测算作业成本。随着高校信息化程度的提升,某些作业动因将会消失,如新生报到审核作业动因,原因是此项工作将在系统内自动完成。应用作业成本法核算高校办学成本的关键是重新划分高校业务群,重整高校内部业务流程,识别作业和作业动因。

(三)投资管理

高校应将投资重点放在人才培养、研发等方面。投资时考虑投入和产出,即成本效益问题。有些成本可能是沉没成本,有些可能是机会成本。比如,高校人才公寓建设投资是高校着眼于人力资源方面的投资,不能局限于财务指标测算,还要重视非财务指标,如人才未来的社会效益。高校投资决策分析一般可按六个步骤进行:①确定投资目标;②收集投资信息;③提出备选方案;④定量分析,初步评价备选方案;⑤确定最优方案;⑥评估执行情况和反馈信息。

(四)人力资源管理

战略管理的重要组成部分是人力资源管理,战略管理会计的核心是以人为本,发挥人的主观能动性,通过激励机制,发挥人力资源的最大价值。目前高校竞争归根结底是人才竞争。各高校纷纷通过政策激励的方式引进高端优秀人才,比如创建创业孵化基地、建设重点研发实验室、创新校企合作模式、组建学生创新团队、申请国家级重大研发专项等,大力提高高校研发水平,激发创新活力,完善高校多层次、多元化、多国籍、多维度的人才培养模式和激励策略,促进高校教师队伍的可持续发展。战略管理会计中的财务与非财务指标分析方法,可用于人事战略规划,也可用于日常人事管理以及事后的员工绩效评价。通过对高校教职工的年龄结构、工作能力、素质等进行价值分析,并实施恰当的管理,可以最大限度地展现高校教职工的价值，保证高校战略目标的实现。

（五）风险管理

高校管理者应将风险意识贯穿于战略决策、实施始终。善于运用管理会计方法排查风险点，根据潜在机会规避现在和未来的风险，提高风险管控能力，保障和促进高校各项事业持续健康发展。高校的风险点主要集中在科研与学术管理、校办企业和国有资产管理、招生和考试管理、干部任免、物资采购管理、基建（修缮）管理、决策机制、财务管理（票据管理、收费管理、银行存贷款管理、货币资金管理、大额资金支付）等方面。

（六）绩效评价

高校具有社会公共服务属性，关注人才培养、社会认可度、知名度等非财务指标，因此需要引入综合评价体系。应从战略规划、组织愿景出发，将财务、顾客、流程、学习与成长四个维度与战略发展目标和日常业务相结合，确定高校战略目标、关键衡量指标、战略执行策略和路径，最终实现高校整体战略。财务维度的战略目标是增收节支、优化资源配置；涉及平衡计分卡的关键指标为人均开支水平、支出收入比、设备购置支出占总支出比率、资金到位率、资产负债率、专款专用率和预算执行率。顾客维度的战略目标是提高政府部门、用人单位、学生家长、学生、社会公众的满意度；涉及平衡计分卡的关键指标为各关系人满意度、高校科研成果数量、师生比、毕业生就业率、学校排名、学校报考率、社会认可度和用人单位满意度。流程维度的战略目标是建立科学合理、形式规范、集成高效的内部流程；涉及的平衡计分卡的关键指标为决策合规、内控健全、流程完备和问责与激励相结合。学习与成长维度的战略目标是完善人才培养，加强员工培训；涉及的平衡计分卡的关键指标为教职工满意度、师生培训及获奖情况、学校制度文化建设、技术转让次数、著作和专利数以及科研成果获奖率。

三、创建高校“阿米巴”责任中心

日本“经营之圣”稻盛和夫先生总结家族企业管理的实践，提出

"阿米巴"经营模式。它实行的是以单位时间核算制(用来衡量"阿米巴"小组每小时创造的附加价值)与利益连锁管理(一个"阿米巴"小组增速带动所有"阿米巴"小组产生连锁增速的机制)为核心的管理会计制度。"阿米巴"是组织内部某一部门的最小单元,比如生产小组 5～6 个人完成某一个工序,这个生产小组被称为一个"阿米巴小组"。"阿米巴"经营管理理念源于家族企业。但对于高校而言,关键是如何划分"阿米巴"单元组织,如何实现单位时间核算制和利益连锁管理。以高校财务报销业务为例,业务流程如图 3 所示。

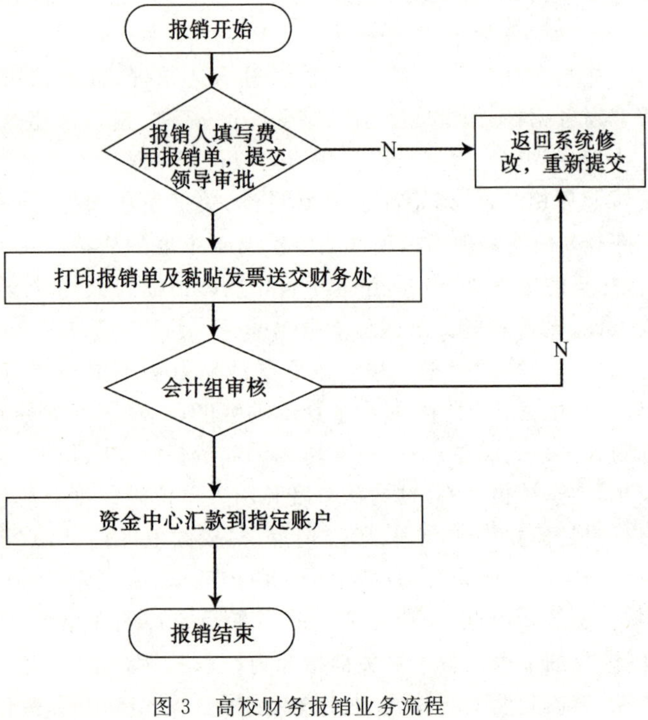

图 3　高校财务报销业务流程

报销业务流程中的一个关键节点是会计组审核环节。如果将 2～3 人的会计审核小组看成 1 个"阿米巴",那么会计审核组可能存在 2～4 个"阿米巴"。引入单位时间核算制后,将"阿米巴"处理报销

单数量(衡量业务效果)用字母 N 表示,处理时间用字母 T 表示,则:

单位时间附加价值＝“阿米巴”利润/总时间

总时间＝正常工作时间＋加班时间＋内部公共时间

用业务效果 N 作为“阿米巴”利润的替代量,则会计审核“阿米巴”单位时间附加价值＝N/T。显然,通过绝对值 N/T 的比较,便可以衡量各个“阿米巴”的效率。

如果其中一个“阿米巴”发现了可以提升自身效率的审核处理方式,并切实采取了行动,带动其他“阿米巴”产生连锁反应,则可以实现“阿米巴”经营管理的另一个核心利益连锁管理。比如:原本由“阿米巴”组内一个会计人员完成发票政策合规性审核、发票分类、金额计算、汇总统计、制单并生成凭证等一系列工作,即由一人完成一份报销单的完整审核过程,现改为由“阿米巴”小组共同完成,以提升工作效率。即会计甲只负责发票政策合规性审核,会计乙只负责发票分类和汇总计算,会计丙只负责制单并生成凭证。一份报销单审核工作由三人共同完成。“阿米巴”组长可根据业务情况和人员熟练程度实施定期轮岗。总之,无论采用何种操作模式,都是为了提升整个“阿米巴”小组的绩效。

高校应拓宽思路和视野,发现有利于提升高校内部治理水平和管理效率的“阿米巴”,推广单位时间核算制,树立教职工的核算意识和参与内部管理的意识,鼓励基层教职工创新服务理念和方式,培育现代化校园文化。

主要参考文献

[1]黄伟春,范松林.如何在职能部门构建阿米巴经营模式[J].财务与会计,2016(23)

[2]茅钰璇.阿米巴模式与管理会计思考[J].时代金融,2016(11)

[3]罗静.大数据时代管理会计在高校管理中的运用研究[J].财会学习,2016(12)

[4]吴明菁.大数据时代管理会计实践与创新探讨[J].现代商贸

工业,2017(10)

[5]任地双.管理会计在企业全面预算管理中的整合策略[J].管理观察,2018(15)

(作者单位:山东科技大学)

内部控制视角下高校财政专项资金管理研究

苏 琳　赵景龙　徐丛栋　孔 燕　张 文

【摘要】 近年来,国家和地方均加大了财政专项拨款力度,加强了预算绩效考核机制建设。高校怎样高效管理和使用专项资金成为亟待解决的问题。本文立足高校实际,从内部控制视角,通过对财政项目的规划、管理体制、运行机制、流程设计、风险管理等方面进行总结和分析,提出了解决办法。

【关键词】 高校　财政专项　内部控制　业务流程

随着高等教育体制改革的不断推进,高校进入了内涵与特色发展相结合的阶段。围绕"双一流"建设目标,高校在各领域展开了激烈竞争。为保证目标的实现,国家、省、市均加大了对高校的投入,尤其是增加了财政专项拨款。高校财政专项资金是提高高校办学水平的重要条件,是学科建设、专业提升、条件改善、科研水平提高、人才引进和培养、教学设施更新的坚实后盾。然而财政专项资金怎样获得高效使用,是各级拨款单位和高校所面临的亟待解决的问题。

2018 年 9 月国务院下发了《全面实施预算绩效管理的意见》(以下简称《意见》),要求各级政府部门用 3～5 年的时间针对财政拨款实现全方位、全过程、全覆盖的预算绩效管理,实施"花钱必问效,无效必问责"的管理措施,以解决财政资金使用效率和效益问题。高校财政专项资金是国家财政拨款的一部分，应当按照政策进行预算绩效化管理。预算绩效化管理理念提出的时间比较早，但是到目前为止在行政事业单位却难以落地，其主要原因是缺乏一套切实可行的实施“办法”。预算绩效管理是内控体系建设的一部分，其目标与高校提高资源配置和使用效益的目标相一致。我们可以利用内控体系建设的思路和方法，对高校财政专项资金进行管理应用研究。为此，本文从内控角度出发，沿着发掘问题—问题成因—相应对策的思路进行剖析。

一、当前出现的问题

按照财政部和教育部内部控制相关文件，高校内部控制体系应包括单位层面和业务层面两方面内容。相应地，高校财政专项资金的管理研究也应从这两部分入手。根据财政专项资金的特点和影响因素的重要性，我们分别从项目规划、管理体制、运行机制、业务流程、风险防控等方面查找高校财政专项管理中存在的问题。

(一)项目规划不明确

财政专项资金具有指定性，是高校为完成特定目标和工作任务而取得的具有指定用途的资金。但是，有相当部分专项资金是因为高校满足特定条件而申请的，资金能否到位和资金到位多少存在不确定性。资金批复到位后执行单位若没有对项目进行事前规划或准备，就容易产生资金使用目标不明确，预算不准，执行中挪用资金和效益低的问题。

(二)管理体制不合理

高校财政专项资金管理的决策机构应当是学校的最高决策机构，然而，实践中学校会把项目资金使用的决策权下放至项目归口管理部门，归口部门本着“专业事找专业人”的原则将资金管理全部授权给项目执行单位或项目负责人。这会使项目决策者与实施人为同一机构或个人，导致决策层与执行层权责不一致。这样的管理体制对项目整体实施起不到控制和有效考核的作用。

(三)运行机制不健全

财政专项资金管理的运行应包括项目的规划、评审、执行、评价与监督等环节,每个环节都应相互衔接,业务和财务相互关联。但是,实际管理过程中,往往会忽视某个环节或者出现业务管理与财务管理相脱节的问题,这将直接影响财政项目管理的有效性。

(四)业务流程设计不科学

完整的业务流程应包括决策、执行和监督三个方面,应有授权审批、预算管理等控制措施,使流程设计更加科学化、合理化、高效化。当前,财政专项管理流程除缺少关键环节外,还受持续变化的政策等因素影响。实践中这些问题的解决需要专业化人员持续关注,人才缺失导致流程设计存在缺陷。

(五)风险管理缺失

资金运转过程中难免出现使用不合规、效益不高的问题。为加强财政资金的管理,高校更应该在财政专项资金方面实施风险管理。风险管理在高校实践应用中是比较欠缺的,很多重大风险未能在事前进行预警或防范,出现了舞弊和其他大的问题。

二、问题的成因

综合上面的问题,我们不难发现,问题的起始点在项目的事前准备与规划不明确。财政拨款主要立足于国家或地区中长期规划。高校要在上级规划的前提下,按照本校的特色,针对重点方面如学科建设、专业设置、科研水平、人才引进、学生管理、环境改造等,提前组织专家制定科学而具有前瞻性的规划。根据学校规划,各部门制定工作目标,明确工作任务,有重点地组织实施,设计科学的业务流程,明确业务链上各岗位的责任,设置合理的审批权限,加强财事结合,提高绩效管理水平。实践中,高校虽然有长期规划和任务目标,但是具体内容制定得不是很明确,有些大的项目都是随领导的变动而发生变化,且大部分规划和目标未经行业专家或权威人士论证。

规划既是项目管理的重点,也是难点,一旦各单位工作目标明确,我们就可以提前做好财政项目储备,科学地设计相关评审流程,进行项目筛选，最后按照重要性对项目进行排序，将其纳入项目库管理。也就是说，除规划外，我们需要有一套科学的项目库管理流程。然而，截至目前，完整的高校项目库流程还未在实践中加以应用。原因有：一方面受制于规划不明确，针对重要排序无法作出客观评价；另一方面在于管理体制及运行机制的不完善。财政专项资金的管理体制和运行机制的主要问题集中在项目执行单位和归口部门的管理上，根据财政项目的特点，从以下方面作进一步分析。

专项资金具有指定性。项目执行单位认为自己拥有该款项的支配权，学校归口部门和领导的决策只是一种形式，对依托全校建设的大局观和用款的时效性也并不在意。即使有些基础性的投入对项目及其他领域可产生很好的助推作用，执行单位也没有动力将项目资金投入到必要的基本建设中，导致资金没有发挥应有的效用。归口部门认为资金用途既然是指定的，执行部门的申请只要合规就应当给予审批。两级部门人员在资金管理的主观意识上与项目要求存在差距。

专项资金具有复杂性。一个项目的实施往往会受多方面因素影响，如学科带头人、团队、内外部环境、政策等。一旦规划中有关键环节出现问题，会导致整个项目管理受影响。为此，项目执行和归口单位应做好项目开展前的论证和风险评估工作，制定应对策略，加强项目执行中的管理和事后总结。实践中，我们虽就关键环节和相关内容方面咨询专家，但是项目的开展往往离不开核心专家的带队和团队的密切配合，而人才引进、培养和团队磨合需要时间，且有些外部政策变动大，和内部环境不配套，这些都会影响项目的开展。

专项资金具有时效性。财政专项拨款有用款时间要求，项目如无法在本年内形成支出，一方面结余资金会被收回，另一方面会影响下一年度的项目拨款。各项目归口部门应及时对项目进行规划、论证、预算、执行、评价。财务部门也应在预算编制方面给予指导、执行方面进行监督和绩效评价方面予以配合，还需要对项目以前的收支进行必要的分析，为决策提供支持。资产、采购、设备管理、建设、合同等部门更需要在各自领域负责科学地论证、审核、提出建议、组织实施等。领导层则需要在各部门论证后对规划、建议、方案等进行决策。整个流程运行完毕将花费大量的时间，如无事前的项目储备，那么关键流程势必缺失，导致项目管理有效性会大打折扣。

每所高校都有自己特定的组织文化和管理特色，管理体制与运行机制均受其影响，在设计流程时也应加以考虑。但是，当前业务层面普遍存在自身业务不成体系，流程过于分散，缺乏专门机构和人员的问题。在激烈的竞争环境的冲击和影响下，一部分高校业务部门极易受到市场上软件推广商的“诱惑”，将别的学校的信息系统或核心流程拿来直接使用，陷入所谓的“高效率业务流程路径依赖”陷阱，导致外来文化与本校管理理念的冲突，业务管理难以有效落地。还有一部分高校业务部门虽在建设中考虑了学校的实际情况，但属于“单打独斗”，与内部其他机构缺乏沟通协调，流程设计得烦冗复杂，运行效率低下。

三、解决对策

财政专项资金管理是当前高校管理的难点，真正做好这项工作的学校屈指可数。通过对专项资金管理过程中出现的问题和问题成因的分析发现，解决这些问题需要出一系列的“组合拳”，既要从单位层面的学校文化、规划目标、体制机制上下功夫，又得将业务层面的业务流程和风险予以管控。实践中，我们需要从以下方面考虑：

（一）明确学校办学定位，做好工作规划

高校做好规划的前提在于明确自身的办学定位。明确学校定位有利于形成办学特色，形成竞争优势，为科学、合理地规划作铺垫。学校要深入贯彻落实国家和地区重大决策部署，规划要有前瞻性和战略性，为学校发展指明方向。这需要学校领导高度重视，组织各部门共同参与，委托行业专家或机构进行专题论证，广泛听取师生意见、建议，在办学定位的框架下与重点项目进行衔接。根据学校定位和规划，立足学校实际，明确年度工作目标，将目标分解成各部门或项目的指标，这既可以为重点项目指明方向，又可以为项目绩效考核指标体系建设奠定坚实基础。另外，通过规划，我们可以有目的地对项目的管理体制、运行性机制等提前部署，将项目分级分类、有重点

地进行组织论证、评审、立项,对必要且可行的项目提前作准备。

(二)建立健全财政专项资金组织管理体系

高校应当建立健全财政专项资金的决策、执行和监督相互分离、相互制约的管理体制和关键岗位职责清晰的运行机制。

1. 加强管理体制建设

高校财政专项资金管理体制应实行分级管理。重大财政专项资金由学校领导班子集体研究决定。涉及技术性强、专业程度高的项目,应组建由行业专家、项目负责人、归口部门和相关机构人员参与的项目管理委员会进行管理。议事决策机制应集体研究、专家论证和专业技术咨询相结合。管理规则应符合实际,如校领导日常事务多,工作繁忙,应重点关注项目战略方向和大额资金的使用。项目初始规划和实施由项目执行人和归口部门共同负责,初始规划前期需要将专题论证、技术咨询、相关部门建议集中起来,做好备选方案,向决策层汇报,接受监督层审核。审计部门对项目管理的全过程和完成结果进行监督、检查。

2. 完善项目管理运行机制

项目管理需要多部门配合,业务流程相互衔接,以实现业务财务融合,这是当前和未来的挑战。在方法上我们要从完善业务流程下手。财政专项资金具有复杂性,流程涉及部门多,业务面广,衔接难度比较大。但是我们要完成这一挑战,使业务流程在几个部门间“穿针引线”,势必要以主要业务的重点控制对象为关注点,构建部门间业务流程主框架。通过流程梳理和优化,确定各部门和关键岗位职责,运用相应的控制措施对关键控制点和风险点进行管控,完成部门间的衔接。

四、设计科学的财政专项管理流程

业务流程设计是财政专项资金管理的核心,是信息系统构建的“灵魂”。财政专项资金流程主要涉及规划、项目申请、评审、立项、执行、考核评价、监督等方面。每所学校都有自己的管理特色,流程设计上首先应梳理现有的流程,明确现有业务环节,然后利用风险评估系统分析业务活动中的风险影响程度，确定需要关注的风险点，通过风险应对策略和相应的控制措施对流程进行优化改造，科学地完善专项管理流程。另外，随着内外部环境的变化，需要专门机构或人员给予及时关注或研究，将有利于项目流程完善。

在项目申请环节，项目执行单位一般须按照单位内部的联席工作机制对项目进行初步论证，然后根据规划设定清晰、明确的绩效目标，阐述项目的可行性、必要性，列明项目支出明细和政府采购等情况后提交项目归口管理部门。项目归口部门根据本校实际情况聘请校内外专家或者专业咨询机构对项目的绩效目标和项目基本情况进行论证审核，提出修改意见、建议或方案。财务部门根据其绩效目标、项目支出明细等内容并结合自身财力对项目进行评审。其他业务部门如资产、采购等根据现有资产配置和使用情况进行评审。最后将评审通过的项目提交决策层予以审批。另外，项目实施过程中的变更调整也要按照事项的重要性和金额的内容设定审批程序；针对变动较大的项目，应组织专家进行论证，甚至重新进行一轮评审。

五、加强财政项目的风险管理

风险管理在企业中应用较为广泛，在高校改革的转型期也逐渐受到重视。风险管理包括风险识别、风险分析、风险评价、风险应对等内容。首先，风险识别的主要任务是广泛收集与学校风险和风险管理相关的信息，并对其进行筛选、提炼、对比、分类、组合，编制风险事件库。其次，进行风险分析，即对识别出的风险及其特征进行定义和描述，采用定性和定量的方法，分析风险发生的可能性和对学校目标的影响程度。根据风险事件库编制风险评估调查问卷，并在一定范围内进行调查。再次，结合风险识别和分析的结果进行风险评价。对各种风险的分析结果进行比较，确定风险等级，绘制风险坐标图，评估学校面临的重大风险，确定对各项风险的管理优先顺序和策略。最后，根据评估出的重大风险和重要风险，全面分析风险发生的原因，提出风险管理的总体策略和具体应对方案。

六、利用信息化手段，提高财政项目管理水平

财政项目信息化建设工作以各经济活动业务流程管控设计为基础，结合实际情况，针对项目需求循序渐进地开展项目的启动、调研、实施、培训、试运行和上线工作，以逐步实现“数据多跑路，人员少跑腿”的高效管理模式。

综上，高校财政专项资金管理是当前高校面临的难点，从内控的角度对财政专项资金进行管理是解决问题的重要方法和手段。本文主要立足于财政专项资金管理研究，通过对高校管理体制、运行机制、流程设计、风险管理等方面出现的问题进行研究和分析，提出了解决的办法。但是高校财政专项资金管理具有复杂性，对于不同性质的项目，具体的管理内容和采取的措施是不一样的，会随外部政策和内部管理及人员的变动而产生变化。专项资金还具有时效性，并有绩效管理的要求，这表明深入开展财政专项资金管理研究仍具有重要意义。

主要参考文献

[1]韩开军.地方高校财政专项资金预算控制研究[J].财会研究，2018(8)

[2]杨勇，何涛，陈伟，丁粒.高校专项资金管理思考[J].财会通讯，2015(19)

[3]张淑娟.高校财政专项资金管理研究[J].财会学习，2015(12)

（作者单位：曲阜师范大学）

财务视角下高校基建内部控制管理研究

欧阳平　王　琳　李　春

【摘要】 近年来,随着我国高等教育事业的不断发展和国家对高等教育发展的大力支持,高校招生规模和建设规模不断扩大,基础设施建设投资规模也越来越大,由此导致的风险也不断增大。针对普遍存在于高校中的招投标制度不健全,项目质量监控不全面以及竣工决算审计滞后等多方面的问题,加强内部控制是绕不开的一环。本文从财务管理的角度,结合高校自身特点,以L高校为例,分析了高校基建在内部控制中存在的问题并提出具体的建议,以期为健全高校基建内控机制提供一些参考意见,并对推动高校基建内部控制建设发展起到积极作用。

【关键词】 财务管理　管理会计　会计核算

一、L高校基建内部控制存在的问题

(一)制度不完善,人员配备不足

1. 制度不完善加大了高校财务风险

一方面,学校基本建设部门虽然对各科室的管理职责及工程施工管理流程以流程图的形式表现出来,但没有形成具体的管理文件,导致在基建内控管理中出现遇到问题找不到制度依据的情况。图1为工程施工管理工作流程图。虽然该流程图对整个工作流程进行了细致的梳理,但是对于每项具体工作的管理职责及各种问题的处理方法却没有详细的文件表述。在实践中,由于没有明确的制度规定,所以工作往往没有落实到个人,导致调研和分析不足,这必然会影响到内控管理的有效性,且有巨大的财务风险。

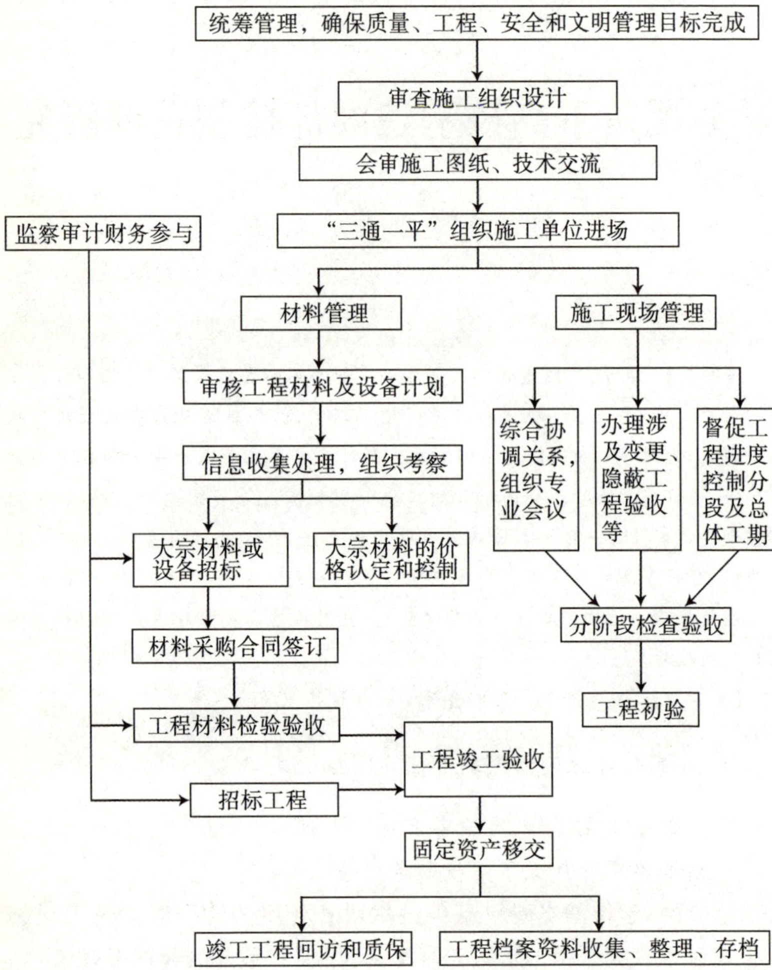

图1　L高校工程施工管理工作流程

另一方面,尽管学校制定了一系列与内部控制有关的管理文件,并制定和推行了经济责任管理办法，但是全校普遍对内部控制重要性认识不足，而内控意识弱必然会导致内控管理执行不到位甚至被忽视。各部门多关注自身发展情况，如学校基建部门与审计处、财务处在项目建设过程中缺乏及时的沟通与交流，在一定程度上会影响项目的竣工决算；很多工程项目虽然早已完工，但因为相关材料未送交审计处，或因为签批手续不完善，导致项目堆积，影响了审计进度，也使整个项目的竣工决算被无限期推迟。

2.专业人员配备不足影响财务内控管理的有效性

一方面，缺乏专业性的基建财务管理人员。在实际工作中，由于基建项目本身的建设时间长，因此基建财务管理人员岗位设置较少。通常情况下，学校基建项目都由财务核算科进行核算，财务人员普遍缺少基建工程造价、资产评估、工程项目招投标程序等方面的知识储备，在工作中未能主动核实工程进度和工程量，且没有实时跟进工程项目建设，只是对各种出入账目进行核算管理，参与的是事后管理的工作，使基建财务管理存在漏洞。

另一方面，缺乏专业的基建技术人员。我国高校引进的通常是教学和科研专业学术人才，行政管理部门普遍存在人员配备不足、多年不招聘、一人兼数职的现象。L高校基建部门2011～2016年未进行过人员招聘和引进，2017年至今新招聘专业技术人员2名，而这与学校快速发展的基建项目显然是无法匹配的，在一定程度上影响了工作效率并容易导致结算滞后。

(二)风险控制能力薄弱

1.缺少风险评估机制，风险应对能力薄弱

L高校管理层普遍对风险防范问题不够重视，致使学校在整体内控管理工作中明显缺乏风险控制能力，基建部门内控管理也受此影响，风险应对能力较差。

2.权责不明容易产生腐败风险

《行政事业单位内部控制规范(试行)》中明确规定：不相容岗位应相互分离。明确划分职责权限可有效避免分工叠加，形成相互制约、相互监督的有效内控管理工作机制。目前有的高校仍存在管理层权责不清、职务交叉现象。学校管理者由于对内部控制了解不够，只考虑到专业的相关性和职务胜任与否，没有充分意识到权责不明所带来的腐败风险。

(三)管理规范性不强

1.招投标过程不规范

在学校项目招标中，有时会出现过程简单化、形式化的现象，学校没有及时组织相关专家对投标单位进行专业评审；此外，也容易出现固定使用一家施工单位的现象。高校基建项目招标公告一般发布于学校新闻网站和基建部门网站，且报名截止时间及递交资料时间较短，有些社会施工单位因没有及时关注网站而错过招标信息，在一定程度上影响了招标的公正性。有些项目由于需要紧急建设，学校来不及招标，也会出现“参照之前招标情况”的现象，由学校领导商议后直接委派施工单位建设。

2.合同管理不规范

L高校对合同管理执行的是授权审批制度，但是由于工程合同的复杂性和项目之间的差异性，合同管理规定仍存在疏忽之处。此外，还存在合同细节审查不严的现象，导致补充协议中会有不明确要素，在项目建设中如果出现问题，便找不到解决的依据，甚至会由此影响建设进度，带来财务风险。

3.基建会计核算中授权审批制度不够完善

如在工程竣工结算时，经常会出现工程结算值按一定比例审减的情况，有时审计报告中的审减原因及内容处缺少详细的数据分析计算，还会出现工程量变动无计算说明的情况，以及评标报告、招标报告是复印件等诸多不符合规定的问题。但是因为校领导或者相关部门领导已签字，会计核算人员就不再对此要求补充完善，导致内部控制监督制度无法落地，更甚者会出现假账问题，使得基建内控管理失效。

(四)信息化水平落后，沟通不畅

首先，L高校基建信息化水平相对落后，应用软件多年未更换，不能满足学校基建发展的需要。很多数据及信息的更正和维护都停留在手工录入阶段，影响了工作的效率和效果，更缺乏全过程的信息化管理，对工程的进度，材料、设备安装等具体的环节很难做到全面掌控，不利于领导作出科学决策。

其次，基建相关部门之间也缺乏有效沟通。在学校，与基建相关的部门主要有校园建设与管理处、资产处、审计处、财务处。这几个部门在基建项目整个实施过程中是紧紧联系在一起的，只有有效地做好沟通、衔接工作，才能保证基建财务管理的高效率。但是在现实工作中却没有有效的沟通途径，各部门之间掌握的信息不一致，信息传递不及时，大大降低了基建管理的效率并在工程施工建设过程中暴露出很多问题。如财务部门只是参与招投标工作，并未获得基建项目实施的第一手资料，也并未对全过程进行财务监督，在最后结算工作中往往缺乏对项目建设情况的了解，影响工作效率和决策。基建部门往往更关注项目建设进度，认为只要建设达标，就应向施工单位付款，却忽视了项目合同的付款规定；而财务部门由于缺乏对建设进度的实际掌握，只能通过严格执行合同来控制资金支付，由此两者便容易产生矛盾，影响基建财务管理的效率。

二、财务视角下完善高校基建内控管理的建议

（一）完善基建内控制度和人力资源建设

1. 对于项目建设的管理办法作明确规定

建设项目规模大小和资金多少以及内容差别决定了项目的复杂程度。因此，应通过对项目进行有效分类，分别设置不同的管理办法。如对于大型项目，成立牵头组织，全面负责内部协调事宜；对于建设中的难点环节，组成多人参与、多方参与的专家组织；在项目管理中落实横向协调、主管科室牵头、其他科室介入的管理机制等。

2. 加强专业人员配备

高校应根据基建部门发展需要设立相应的财务岗位，并配备专业基建财务人员，专门负责学校基建核算工作，以规避内控风险。还应配足专业技术人员，并制定专业能力发展计划，定期组织培训，不断提高基建管理人员和专业技术人员的业务水平，这样才能更好地

为基建发展服务。

(二)建立完善的风险评估体系

1.高校应建立专门的风险管理部门,负责高校基建的风险管理和控制工作

由校长或委派专门的分管副校长领导风险管理工作,并由学校基建处、审计处、财务处、资产处等与基建相关部门组成工作小组,建立相应的风险管理框架,并组织和实施风险评估和管理。

2.风险管理部门应树立风险管理意识,并做好风险防范和应对

基建处应向风险管理部门及时提交建设项目风险评估报告,做好基建业务的风险识别,各部门应做好基建项目实施过程中与本部门相关业务的风险识别,通过各部门间的探讨、沟通,提交管理层相关结果和意见,不断健全和完善风险管理框架。只有做好风险防范,科学决策,制定出科学的应对措施,才能尽量地规避或减少风险的发生,并通过有效的风险应对尽可能地减少风险带来的不利影响。

(三)加强基建内控关键点的财务控制活动

1.规范基建招标流程,建立工程项目招标采购工作组

以L高校为例,学校现规定项目预算资金五万以上的需进行招标。学校可根据本校实际情况设置专门的工程招标采购工作组,由分管校园建设工作的副校长担任组长,校园建设与管理处处长为副组长,纪委(监察室)、审计处、财务处、资产处等相关单位负责人为成员。设置工程项目招标采购办公室,具体负责工程招标工作细则制定,招标文件制定,招标过程的开标、评标、资料准备和专家参与等各项工作。可将招标信息在学校网站及专门的有公信力的网站予以公告,并保证一定有效期,使得更多竞争者参与进来,并由此择优。

2.加强基建合同管理,规避资产损失和纠纷

由于学校基建管理不完善,合同订立时会缺乏规范性;且由于学校领导往往有很大的决策权,还会产生“人情合同”,这种合同引起的财务风险是不容忽视的:一方面会导致学校领导腐败现象的发生,影响内控管理的正常运行;另一方面,缺乏规范性和明确性的合同会使重视经济利益的施工方或材料供应方利用合同漏洞钻空子,在工程

建设中偷工减料、以次充好，工程建设质量无法得到保证，给财务内控管理带来巨大的风险。因此学校在签订施工合同时，应当组织预算、基建、财务、审计、资产等相关部门人员共同参与，按照合同协议书、合同通用条件、合同专用条件、设计图纸、工程报价单、工程量清单、工程承包范畴及完工期限、工程延期赔偿、付款方式及质保期、施工变更等具体内容逐步达成共识，明确双方责任义务。

3. 加强基建投资管理和控制

应合理控制基建贷款规模。近年来，高校为满足快速发展的需要多方面筹措建设资金，银行贷款成为学校建设的重要资金来源。预算外资金由于缺乏有效监管，如果不能对其进行谨慎、科学的规划，会带来很大的财务风险和发展隐患。因此，学校应根据发展总体规划通过定性和定量分析合理确定贷款规模，并保证“专款专用”。财务部门应做好基建投资监督工作，根据掌握的情况提出资金计划的合理化建议，并建立完善的资金监管机制，由基建会计人员负责，对资金的调整、追加、减少做好监督，避免投资无目标、开支无监管的现象。通过合理控制基建贷款规模，加强资金监管，防止资金流失，并通过流程规范提高资金使用效率，以防范可能产生的财务风险。

4. 加强基建资金支付过程控制，完善核算制度

在资金支付环节应加强财务控制，实行“两支笔”会签制度。财务部门作为核算单位，应做好监督核算；同时，每一阶段工程款的支付都不能缺少基建管理部门负责人和财务部门负责人的会签以及相关部门的审批。根据《建设工程价款结算暂行办法》的相关规定，工程质量保证金的预留比例为工程价款结算总额的5%，具体分段结算与支付流程在合同中作明确规定。设计具体流程为：①第一阶段：项目建设完工后，须附合同和验收通知，并由分管领导、项目负责人、基建部门及财务部门负责人会签，支付至合同总金额的70%～80%。②第二阶段：项目竣工结算时提交审计报告，经各级领导（一般包括基建部门、财务部门、审计部门相关负责人及分管校领导）签字审批，方可按照审定值付至结算值的95%。③第三阶段：剩余5%作为工程质量保证金，待质保期过后由使用单位负责人确认质保期内无质

量问题并经基建部门负责人签字后予以支付。这种层层监管、层层审批的支付流程,有利于加强资金监管,促进基建财务内控管理的有效运行。具体支付流程如图 2 所示。

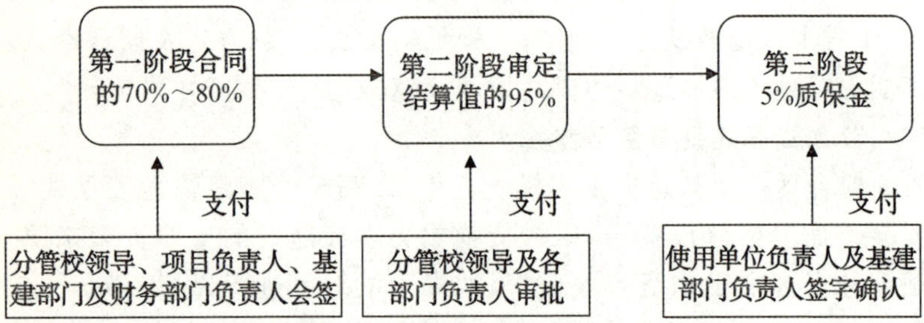

图 2 基建资金支付控制流程

高校基建项目核算是一个繁杂的过程,每一个环节都可能有特殊情况的出现。因此,对于每一个过程细节需要的材料及说明都应有明确详细的规定,避免不规范行为导致的内控漏洞。

5.健全基建竣工决算管理流程

竣工决算滞后,是存在于很多高校基建发展中的问题。校领导和基建部门领导往往只重视建设项目完工情况,容易忽视竣工验收等后续工作,严重地影响了财务管理的效率和效果,影响了工程项目结转为固定资产账的管理,导致控制活动失效。因此,健全高校基建竣工决算管理流程,保证及时竣工决算,是学校应予以高度重视的基建内控关键点。

首先,应加强学校领导及基建部门管理者对竣工决算工作的重视。可成立以分管校领导为总指挥、各职能部门负责人为成员的基建竣工验收委员会。校领导应及时督促,各职能部门应相互配合、加强沟通,使学校基建竣工决算工作顺利开展并及时完成,提升资金使用效率,利于财务管理的统筹规划。

其次,实行项目责任人负责制,明确规定项目负责人从项目立项到竣工决算的所有职责,使项目负责人形成及时办理竣工决算的程序化思维和自觉性。

最后，应设置基建项目档案管理员岗位，对项目建设全过程中的资料进行整理、分类，为竣工决算的及时进行提供完整的数据资料和文件。

（四）推进基建信息化建设

1. 建立并完善基建信息管理软件

基建项目各个环节的资料信息是比较分散的，而且各个项目组对所负责的项目掌握较全的项目信息。在不同管理部门间要实现资源有效整合与共享，必须依靠完善的基建管理软件。高校可引进先进的基建管理软件或根据学校自身特点和实际需要自行开发适用的软件，以全方位掌握建设项目的策划、用途、工程造价、施工单位、监理单位等基础信息以及立项、招标、资金拨付、建设进度、竣工验收等详细资料，并通过数据整合和统计分析作出科学决策。

2. 做好信息化建设对接

信息化系统不应是封闭的内部系统，也不是“各自为政”的管理系统。也就是说，信息化建设既应满足部门内信息沟通和交流的需要，也应做好与外界及相关部门之间的信息对接，实现信息的有效传递，以保证内控管理的有效性。可以在系统中设置技术及信息交流平台，以加强基建部门各科室间的信息沟通和各项目组间的技术交流，实现资源共享；还可设置专门的项目建设平台，与财务处、审计处、施工单位、监理单位等相关部门建立信息对接，避免信息不对称带来的各类问题，提高内控管理水平。

3. 完善信息化人才队伍建设

信息化建设与应用是强化基础工作的重要载体，而专业人才是落实并推动信息化建设与应用的重要催化剂。因此，高校基建在进行信息化建设中，应强化信息专业技术人员建设与培养。学校可以通过制定相关考核制度和办法对信息技术人员的专业化水平进行考核，从中选择合格的信息化人才，并定期组织学习与能力考核，以不断提高学校整体信息化应用水平并紧跟信息化快速更新发展的趋势。

三、结论

本文以L高校为例进行具体分析研究，对完善高校的基建内控管理工作具有一定的借鉴意义。本文创新之处在于，在加强高校基建内控的可行性建议中，着重提出了信息化对现代高校完善内控管理的重要性。先进的管理手段是提高基建管理水平的助推器，也是今后应加强研究的一个方面。通过对L高校基本建设内部控制情况的研究，我们可以看到，理论研究只有与实践经验相结合，才能发挥作用。在基建管理中，应重视内部控制制度建设，完善的规章制度能为内部控制的顺利实施提供依据和保障。

主要参考文献

[1]财政部.关于全面推进行政事业单位内部控制建设的指导意见，2015

[2]池国华，方红星主编.内部控制[M].东北财经大学出版社.2014

[3]寇立梅.新校区建设中的高校基建财务管理问题分析及对策[J].商业文化，2011(2)

（作者单位：聊城大学 中国农业银行聊城市东昌府支行）

新建本科高校财务状况质量分析

——以山东省省属公办新建本科 A 大学为例

韩济长

【摘要】 本文以 2000 年后新建本科 A 大学为案例，从收入总量、支出结构、资金需求、债务状况及风险、财会队伍建设、内部控制建设、预算绩效评价质量等几个方面，对以 A 大学为代表的在省属高校中占比较大的新建本科高校的财务状况进行深度剖析或梳理；针对财务状况质量欠佳的现实，提出进一步改善新建本科高校财务质量的对策措施，切实发挥财务工作对高校发展的推动力、保障力和调动力作用，为促进学校内涵式发展，争创特色鲜明的高水平应用型大学提供坚强有力的财务保障，为倾力实现教育报国、教育强国梦而做出积极贡献。

【关键词】 新建本科高校　财务状况　对策措施

一、引言

新建本科院校，指的是教育部 2000 年以后批准设立的本科院校。它包括普通专科高校升格为本科高校，也包括从成人本科高校转型为普通本科高校，还包括民办专科高校升格为民办本科高校以及其他各种类型的新成立的本科高校。新建本科院校的“新”不仅指时间上的“新”，更重要的是走出了一条中国特色的新的高等教育发展道路。20 世纪 90 年代以来，随着改革开放的不断深入和社会主义市场经济体制的确立，我国高等教育规模迅速扩大，逐步从精英教育阶段向大众化教育阶段转变。为满足社会发展与经济建设对高层次教育的迫切要求，进一步优化高校布局结构，一些地方政府或一批办学条件相对较好的专科学校审时度势，乘势而上，单独升格或通过合并组建升格为本科院校，使得整个高等教育结构发生了重大变化。新建本科院校是我国高等教育的重要组成部分，在我国高等教育大众化进程中肩负着重要使命，它们的发展状况将会直接影响我国高等教育的发展进程。

新建本科A大学就是在大力发展国内高等教育的前提和背景下，于2000年筹(新)建的地方本科院校。2000年年初学校规划建设被列入当年市政府重点建设工程，概算投资2亿元，规划占地600亩，建筑面积13.5万平方米，设计在校生规模6000人，建设期一年半。2001年7月新校区完成建设，当地师范专科学校、教育学院、乡镇企业职工大学、广播电视大学、师范"五校"完成实质合并搬迁。2002年3月经教育部批准成立地方本科院校，实行"省市共建，以市为主"的办学管理体制，财政拨款由当地市财政部门承担。建校之初，市财政部门实行以财政经费包干为主要内容的预算管理体制，将学校作为市一级预算单位进行管理，实行"收入全留，定额补助，增支超支不补"的预算管理办法。财政经费包干期间，也正值学校快速发展的关键时期，新的预算管理体制，对保障、促进学校发展和稳定起到了一定的积极作用。但随着办学规模的不断扩大，学校办学经费不足、资金短缺和债务负担沉重成为学校建设和发展的"瓶颈"问题。学校资金供求矛盾突出是多种原因叠加造成的。但归结起来主要原因有四个方面：一是当初学校规划设计建设规模小，不能很好地满足学校的规模发展。为适应办学规模的扩大，就要增加土地、校舍，增加购买教学仪器设备、图书，以此逐步改善办学条件。受市财政部门财力所限，教育部批复建立本科院校后，市政府没有按照相关文件中"承诺按学校本科生每生每年4000元的标准划拨生均定额经费以及每年安排400万元专项经费，须落实到位"的承诺安排相应的事业经费和基本建设专项经费。基本建设投入全靠学校银行贷款或其他借款。

二是市财政拨款生均定额偏低，财政经费包干时间过长。第一轮财政经费包干期为 2003～2007 年，每年财政拨款定额为2725 万元；第二轮财政经费包干期为 2008～2011 年，每年财政拨款定额为 4600 万元。三是为迎接教育部 2012 年本科教学水平评估，不断加大“四项教学经费”投入，使其他日常办学公用经费更为紧张。四是学校贷款总量偏大，市财政部门对学校贷款未予财政贴息，贷款利息全部由学校负担，学校融资成本高，还本付息负担沉重。

二、学校财务状况质量分析

为进一步贯彻落实《山东省中长期教育改革和发展规划纲要(2011～2020 年)》及《山东省人民政府关于贯彻国发〔2011〕22 号文件精神 进一步加大财政教育投入的意见》，经山东省人民政府批准，同意 2012 年起将 A 大学划归省直属管理，实行“省市共建，以省为主”的办学管理体制，办学事业费由省财政厅核定。下面重点分析 A 大学 2012 年的基本财务状况和 2016～2018 年的收入总量、支出结构、债务状况及风险、财会队伍现状、预算评价质量等财务指标，实事求是地对财务状况进行分析，寻求良策，以期进一步改善提高学校财务状况质量。

(一)2012 年学校基本财务状况质量分析(见表 1)

表 1　　2012 年基本财务状况质量分析表

项目	总量	收入结构占比			支出结构占比			债务结构占比			
		财政拨款	教育事业收入	其他收入	人员经费支出	商品与服务	项目支出	银行贷款	委托贷款	开行项目贷款	其他借入资金
收入	2.6 亿元	1.5 亿元，57%	0.9 亿元，35%	0.2 亿元，8%							
支出	2.6 亿元				1.1 亿元，41%	0.5 亿元，18%	1.0 亿元，41%				

续表

项目	总量	收入结构占比			支出结构占比			债务结构占比			
		财政拨款	教育事业收入	其他收入	人员经费支出	商品与服务	项目支出	银行贷款	委托贷款	开行项目贷款	其他借入资金
债务	3.3亿元							1.3亿元，40%	0.8亿元，26%	0.3亿元，9%	0.9亿元，25%

据2011年学校年终决算报表反映，2011年实际完成收入为12875万元，2012年实现收入2.6亿元，较2011年收入翻了一番多，收入总量大幅增加。支出结构合理优化，人员经费支出占比40%，公用经费支出占比60%；人员经费和公用经费支出占比相对达到最佳比例。2012年预算执行情况总体良好，圆满完成了预算收支任务。主要表现在以下几个方面：一是顺利完成省级管理体制上划，省级财政拨款量有了较大幅度提高，收支矛盾在一定程度上得到了缓解和改善；二是支出结构进一步优化，资金使用效益进一步提高；三是本科办学水平评估和其他重点支出有充分的资金保障，进一步发挥了资金杠杆调节作用；四是适时适度化解了部分债务危机，防范和降低了财务风险。2012年学校坚持以日常教学为中心，以内涵提升和教育教学质量提高为目标，以本科办学水平评估为重点，积极调整和优化支出结构，确保学校各项重点支出的资金需要。一是确保教职工工资、绩效奖励等人员经费的及时足额发放，提高了教职工的获得感、幸福感指数；二是确保教育部本科办学水平评估的资金需要，加大“四项教学经费”的投入；三是保证教学仪器设备、图书资料的购置和实验室条件改造，进一步改善教学、实验条件；四是在基本建设方面，充分利用银行贷款资金，科学确定、合理控制贷款规模，预防资金断流，既满足了学校各项事业发展的资金需求，促进了学校的建设和发展，又适时适度地化解了部分债务危机，降低了财务风险。

（二）2016～2018年学校基本财务状况质量分析

2012年上划省直属管理后，2012～2015年学校收入总量稳步增长，收支矛盾在一定程度上得到有效缓解，日常教学投入不断增加，重点建设资金得到有效保障，办学条件不断改善。2016年后，学校收支结构发生重大调整变化，人员经费支出占比大幅提升；日常公用经费刚性支出大量增加；校舍基本维修资金和建设发展资金极度缺乏；债务负担沉重，债务化解剥离工作任重道远。由于债务率达74%，因此学校新增贷款受到严格限制，筹措资金异常困难。资金短缺和债务负担沉重成为学校实现内涵式发展的主要“瓶颈”。

1. 2016～2018年学校收支基本情况分析

2016年学校实际完成收入37698万元（其中财政拨款收入21876万元，事业收入13487万元，其他收入94万元）；2016年实际支出35591万元（其中人员经费支出22423万元，占比60.17%；日常公用支出7012万元，占比18.82%；项目支出7831万元，占比21.01%）。

2017年学校实际完成收入38031万元（其中财政拨款收入23631万元，事业收入13317万元，其他收入475万元）；2017年实际支出38005万元（其中人员经费支出24937万元，占比65.61%；日常公用支出5694万元，占比14.98%；项目支出7374万元，占比19.41%）。

2018年学校预算收入38895万元（其中财政拨款收入23204万元，事业收入14424万元，其他收入1240万元）；2018年实际支出38895万元（其中人员经费支出28244万元，占比72.62%；日常公用支出5627万元，占比14.47%；项目支出5023万元，占比12.91%）。

比较分析2016～2018年收入可以看出：学校年度收入相对比较稳定，年收入总量为3.8亿元左右。其中财政拨款为2.3亿元左右；事业收入为1.3亿元左右（2018年实际事业收入按照学费制收费标准测算，较往年收费标准平均上浮10%左右）；其他收入主要是国有资产有偿使用收入，在年度收入中占比十分小。2018年其他收入1240万元系学校国际交流中心出租10年，房租一次性收取1001万元这一特定偶然因素所致。从学校收入环比来看，还没有形成逐年增长的稳定经费投入机制，经费投入尤其是教学经费投入仍然存在较大的缺口。

比较分析2016～2018年支出可以看出，按照以收定支的原则，2016～2018年实际支出为3.8亿元左右，但这3年支出结构有较大变化：人员经费每年以5%～7%的增速在递增，2018年人员经费占支出比重高达72.6%；日常公用和项目支出分别以年3%左右和4%左右的速度在递减。人员经费支出增量大，支出占比较高，进一步挤压占用日常公用运转经费和项目支出建设发展经费，导致教学日常运行经费投入严重不足，教育质量内涵提升受到严重影响；同时，行政办公预算经费标准一再降低，行政办公经费在低位运行，很难保证办公高效优质；后勤保障经费尤其是维修经费更是难有保障，公共基础设施年久失修，育人环境受到严重影响。

2.学校债务情况及风险分析

按照山东省人民政府关于调整学校管理体制的意见，2012年学校办学体制上划省直属管理，截至2011年12月底的所有债务不上划，与学校剥离，由市政府承担。2014年10月山东省审计厅对学校2011年年底资产债务情况进行了专项审计，出具审计报告。审计认定，学校债务总额为33022万元。其中，银行贷款13040万元，职工委托贷款8435万元，融资租赁借款1000万元，市财政局借款4587万元，开发银行项目借款2960万元，地方政府债券借款3000万元。截至2011年年底，学校债务率为256%（2011年学校收入为12875万元；2011年年底债务总量为33022万元）。学校债务量大，债务率高，负债绝大部分为一年期流动资金贷款，到期贷款还款次数频繁，资金周转异常困难，极有可能造成贷款逾期，导致资金断流，学校存在极大的财务风险。2012年随着学校办学体制上划，预算收入总量增加，学校积极调整优化支出结构，节约挖潜，在市政府不能有效化解剥离债务的情况下，学校采取积极有效措施，量力而行，做到适时适度偿还债务，节约利息开支。截至2017年年底存量债务为2.8亿元。其中原存量债务3.3亿元中已偿还1亿元，原存量债务剩余2.3亿元。2017年，学校为落实《山东省财政厅 山东省教育厅关于对省属普通高校新上项目实行银行贷款贴息的通知》精神，结合学校年度收支实际，新增维修改造资金贷款5000万元，主要用于学校基础设施维修改造和仿真模拟实验室建设。截至2018年1月底，学校债务率为74%(2.8亿债务/3.8亿元收入)。由于债务率高，为防范系统性金融风险，学校被列入省教育厅新增贷款审批受限范围，2018年学校不能办理新增贷款业务。

3.学校财务内部控制建设情况分析

2016年年底，由财务处牵头，学校完成学校内部控制实施方案的编制和财务内部控制情况报告的编报。学校财务内控制度的建设可以对学校内部的部门管理、职责分工、业务流程、经济活动等方面进行制约、监督，实现有效管控。学校财务内部控制是指学校为实现财务控制目标，通过制定制度、实施措施和执行程序，对学校经济活动风险进行防范和管控，对学校内部的管理部门岗位职责进行细化分工，对业务活动按照必要的流程进行风险分析，对相应风险点制定管控措施，建立相互制约、相互监督的防范和管控体系。它既是学校的重要经济管理活动，也是学校重要的制度安排；既是学校管理的一项系统工程，也是学校治理的重要基石。学校财务内部控制的建设和实施，对提高学校内部综合治理水平、规范学校层面和内部管理部门权力运行、规范财经秩序、加强廉政风险防控等方面都具有重要的现实意义。学校财务内部控制建设的框架已经基本搭建完成，取得了阶段性成果，下一步要着重在落实抓细完善财务内控体系方面下足功夫，建立科学有序的学校财务内部控制体系。

4.学校预算绩效评价质量情况分析

为加强政策引导，强化激励约束，促进学校不断提高预决算和财务管理水平，山东省财政厅对省级教育单位预算管理开展绩效评价。选取预算执行进度、结余结转、预决算衔接、政府采购预算编制等指标，对学校预算管理情况进行绩效评价并量化赋分。由此，学校绩效评价综合得分位列39所高校中的第29位。其中预算执行进度、结余结转、预决算衔接、政府采购预算编制四个评价指标得分很不平衡。政府采购预算编制情况获得单项指标满分8分，位列该单项指标第1位；预决算衔接获得单项指标17分，位列该单项指标第5位；预算执行进度指标0分，位列该单项指标第30位；结余结转单项2分,位列该单项指标第29位。从预算绩效评价结果来看,学校位列省级教育单位中游偏后位置,下一步要着重加快预算执行进度,压低压减结余结转两个方面,从整体提高学校的预算评价质量。

三、进一步改善提高学校财务状况质量的对策措施

目前,新建本科院校生均财政定额拨款标准和学生收费标准相对稳定,财政专项资金有限,学校年度收入总量相对稳定,而学校因内涵发展需要而有效改善办学条件、引进高层次人才、政策增资等因素,造成学校刚性增支大幅增加,收支结构发生明显变化,收支矛盾更为凸显;债务总量大,债务率高,新增贷款受到限制,筹资渠道狭窄,潜在债务风险巨大,学校债务剥离化解任重道远;学校作为一所新建本科学校,财会队伍梯队建设、财务内部制度建设完善、财务管理信息化、预算绩效评价质量管理等财务基础工作相对薄弱。这些方面构成了学校整体财务状况不佳甚至堪忧的现状,尤其是收支矛盾将长期存在并更加突出。在全国高校不断深化教育综合改革和全省新旧动能转换重大工程全面展开之际,新建本科院校正面临向应用型转变的良好机遇和严峻挑战。我们应该有清醒的判断和正确的认识,善于反思,勇于创新,敢于担当,攻坚克难,不断建立新制度、新机制,采取强有力措施,进一步改善提高学校财务状况质量,切实发挥财务工作对学校事业发展的推动力、保障力和调动力作用,以保证学校健康稳定可持续发展。

(一)加强财务队伍建设,强化宗旨意识,进一步提高财务管理效能和水平

按照财政部、教育部颁布的《高等学校财务制度》的规定和高校不断推进深化综合改革的部署安排,结合学校目前财务队伍实际,应对财务管理队伍进行科学合理"顶层"设计,建立总会计师制度,加强学校财经管理与监督;强化财务处班子建设,增强财务处在学校层面对财务工作的宏观调控、宏观管理和整体把握;健全机构,充实财会队伍建设,进一步优化财会队伍专业和年龄结构,形成一支富有凝聚力和战斗力的财会队伍;创新搭建优质高效财务管理平台,进一步明

确财务行为规范、岗位职责、业务流程、报账程序，形成温馨、高效、严密、便捷的工作环境和氛围；强化服务意识，正确处理服务与监督的关系，寓监督于服务，真正为学校聚好财、理好财、管好财。政府会计改革、内部控制规范建设、全面推进管理会计体系建设等会计改革举措，对高校财务人员的素质提出了全方位的要求。财务人角色和意识要发生根本改变，新准则、新制度的培训、学习要更加深入，理论和政策水平更要提高到一个较高的层次。要结合“互联网＋”时代下管理会计要求的“前移、无界、互联”等特征，充实前沿的培训内容，当前尤其是重点抓好“准则＋制度”体系下《政府会计制度》“双体系、双基础、双目标”“平行记账”等主要内容的学习，更新知识，加强业务与财务的融合，促进普通财务人员向管理会计师转型升级，真正体现财务人员的价值和水平。拓宽视野，提高境界，提高业务素质，不断提高财务管理效能和水平。

（二）依法保障教育经费投入，拓宽筹资渠道，确保学校办学经费持续稳步增长

要依法保证教育财政拨款增长明显高于财政经常性收入增长，保证教师工资和学生人均公用经费逐步增长。提高国家财政性教育经费支出占国内生产总值比重。完善政府高等教育经费财政拨款投入机制，实行“以绩效导向为目标的竞争性差异化”财政拨款制度，坚持绩效优先，提高高校竞争意识，实施差异化对待。新建本科院校要紧紧抓住分类拨款的有利契机，把学校专业调优、调强、调出特色，通过专业结构调整优化，做到有实力，显特色，争取更多的财政拨款或专项财政资金，保障学校办学经费的稳定来源和增长。社会投入是学校办学经费的重要组成部分，要充分调动社会办学的积极性，增加社会资源进入学校的途径，多渠道增加办学经费。进一步争取地方财政、税收、金融和土地等优惠政策，鼓励和引导社会力量、校友捐资、出资办学。最大限度地调动教职工为地方经济和社会发展服务的积极性、主动性和创造性。充分发挥学校自身优势，为地方提供智力、技术、人才、文化等方面支持。积极落实学校服务地方行动计划，坚持需求导向，聚焦地方经济社会发展需求；坚持问题导向，着力解

决地方经济发展面临的重大问题；坚持深度融合，发挥自身优势，攻坚克难，全力服务协同战略，致力于在科技研发、决策咨询、文化研究、教育培训、民生公益等方面发挥重要作用。在服务地方行动计划中，把握主动权、参与权、话语权，在实现学校与地方产学研深度融合中，进一步拓宽资金来源渠道，实现办学经费持续稳步增长。

（三）科学优化支出结构，节约挖潜，努力提高资金资源利用效率

要坚持“以保民生保运转为前提，以硕士点培育建设为抓手，以柔性引智强化师资队伍建设为重点，以实现内涵发展为目标”的原则，科学优化支出结构。一要始终秉持人才培养是大学的本质职能的理念，把人才培养的质量和效果作为检验一切工作的根本标准。坚持立德树人，进一步加大“四项教学经费”的投入力度，突出本科教育是大学的根和本的地位，把本科教育放在人才培养的核心地位、教育教学的基础地位、新时代教育发展的前沿地位，全面提高本科教育教学质量，实现高等教育内涵式发展。二要以打造一支“四有”好教师队伍为目标导向，将人事制度改革作为学校综合改革的突破口，调整优化人才引进和人才资源政策，控制人员经费过快增长。学校坚持“不求所有，但求所用；不求所在，但求所为；不求常在，但求常来”，突破用人机制约束，依靠灵活的制度设计创新人才政策，创新性推出“借才借智”的柔性引智思路，为学校建设高水平应用型大学提供坚强的人才保证和广泛的智力支持。学校内部破除“论资排辈”旧观念，树立“能者居之”新理念；破除“千人一面”旧标准，建立“个性发展”新常态。建立健全按岗聘用、竞争择优、能上能下，有利于优秀人才脱颖而出的动态用人新机制，激发人才引擎新动力、学校发展新活力。以深化人事分配制度改革为杠杆，调整人员经费支出结构，妥善处理个人收入和学校事业发展的关系，适度控制人员经费支出规模过快增长。三要按照预算编制要求，严格控制非教学性支出，行政办公经费压减10%以上，最大限度地压缩“三公经费”和减少不必要的消耗性开支。四要强化节约意识，提高资源利用效率。积极倡导“节约资源，降低成本”和“合理消费，俭而有度”的思想，强化办学成本核算，以效益评估和审计结果指导资源分配，落实资源资金使用责任

制，改革公共资源配置模式，建立健全公共设备平台运行和共享机制，提升资产管理水平和效益。

（四）建立健全有效体制机制，强化制度建设，提高管理效益

实现高等教育内涵式发展是高等教育的发展目标。面对新要求，建立有效的体制机制，将有限的资源经费使用好、利用好，最大限度地发挥其效益。按照内涵式发展就是特色发展、可持续发展、协调发展的原则来分配、管理、使用经费，用市场化手段配置教育资源。资金投入导向要紧紧围绕“人才培养”中心和“立德树人”根本任务，坚持“适应转型、统筹兼顾、突出特色、保障重点、优化结构、提升内涵”的原则。随着高等教育体制改革的不断深化和完善，高校筹资办学模式和经费来源日趋多元化，高校经济活动呈现多样化和复杂化趋势，使得高校财务管理和会计核算要求不断提高，财务工作任务日趋繁重和复杂，高校财务内部控制环境亦发生了巨大改变。财务管理的优劣直接影响高校的财务状况质量。要构建以绩效为导向的学校财务内部控制制度保障体系，扎紧制度“笼子”，完善流程再造，以制度管人、流程管事，管好用好学校各项经费投入，优化支出结构，减少浪费和损失，防范或降低财务风险。围绕资源配置效率，将绩效理念和管理方法深度融入预算编制、执行和监督全过程。注重从过程管理向目标管理转变，关键是处理好目标导向与过程控制的关系，全面实施预算绩效管理，在工作中要逐步形成预算编制、预算执行、预算完成、预算评价一条龙机制，真正建立“预算编制有目标、预算执行有监控、预算完成有评价、评价结果有反馈、反馈结果有应用”的全过程预算绩效管理评价机制，突出责任和效率，关注产出和结果。推进“放管服”相结合，激发二级学院办学活力。突出目标管理，坚持绩效导向，以发展规划和资源配置等主要手段引导二级学院工作，以监督制约等途径规范二级学院权力的运行。实行财权与事权相匹配，责权利相结合，自主支配经费，自我承担风险责任。将管理重心下移，一方面按照制度规定强化制度刚性和约束；另一方面，下放经费报销签字权限，扩大二级学院经费自主支配权，激发二级学院办学活力。

（五）努力完成债务剥离化解，减少融资成本，降低财务风险

要深入贯彻《山东省高等学校债务化解的实施意见》，在市财政部门形成的学校债务剥离化解初步方案的基础上，抓住有利契机，把债务剥离化解作为学校近期工作的重中之重，树立攻坚意识，建立健全债务剥离化解工作责任制，持之以恒，久久为功，抓细抓实，力争全面完成学校债务剥离化解工作，为学校建设发展减轻债务负担，降低财务风险，理顺资产管理渠道，确保学校各项工作顺利开展。

四、结语

党的十九大报告明确指出："建设教育强国是中华民族伟大复兴的基础工程，必须把教育事业放在优先位置，深化教育改革，加快教育现代化，办好人民满意的教育，落实立德树人根本任务，实现高等教育内涵式发展。"这为中国特色社会主义新时代加快高校教育综合改革进一步指明了方向。中国特色社会主义进入新时代，"人民日益增长的美好生活需要和不平衡不充分的发展之间的矛盾"成为当前我国社会的主要矛盾，办好人民满意的教育，实现高校内涵式发展，成为人民日益增长的美好生活需要的题中应有之义。新建本科院校应当认真把握机遇，迎接挑战，进一步统一思想、凝聚共识、潜心思考，不能因自身发展条件暂时不充分、不完善而放松努力和"修炼"，而应切实增强学校事业发展的使命感、紧迫感、责任感，真正做到"聚财有方，管财有责，用财有效"，努力改善提高学校财务状况质量，用最大的勇气和智慧推进学校深化教育综合改革，进一步明确"以提升质量和水平为导向，特色发展、内涵提升"的发展思路，把内涵发展作为学校可持续发展的生命线，把特色发展作为保持学校核心竞争力的关键；根据应用型人才培养目标，积极开展产学研协同育人，改革人才培养模式。坚持服务区域发展办学方向和培养应用型人才的目标定位，促进区域融合发展。坚持在和谐中求发展，在发展中抓质量，在质量中显特色，在特色中上水平。少一些好高骛远的错觉，多一些脚踏实地的谋划。推动办学理念创新、组织创新、管理创新和制度创新，走以提高质量为核心的内涵式发展道路，优化体制机制改

革，凸显教师教育特色，集中一定的资金资源，为学校内涵建设提升提供充足财务保障和支撑，找准改革发展的突破点，释放改革活力，增强发展动力。

主要参考文献

[1]山东省中长期教育改革和发展规划纲要(2011～2020)

[2]山东省人民政府关于贯彻国发〔2011〕22 号文件精神 进一步加大财政教育投入的意见

[3]山东省高等学校债务化解的实施意见(鲁政办发〔2011〕35 号)

(作者单位：泰山学院)

高校预算管理绩效评价指标体系研究

高 葵 孙继杰 赵晓艳 王锡珺 任万冰

【摘要】 高校预算管理绩效评价是高校财政工作的重要组成部分，是高校管理的风向标。近年来，高校预算绩效评价的整体情况日趋复杂，对高校的发展有很大影响。本文通过对新形势下高校财务预算执行问题的原因分析，从预算绩效评价指标体系的角度提出了解决措施；采用文献综述的方法梳理了国内外预算管理绩效的制度发展，同时以山东省A高校数据为依据，提出了预算执行绩效评价指标体系的模拟应用及高校预算执行绩效评价质量的建议，以期保障高校预算管理绩效评价指标体系的健康和谐发展。

【关键词】 预算管理 绩效评价 评价质量 体系

近年来，随着高校预算收入的逐年增长，高校预算绩效评价迫在眉睫。本文通过理论联系实际，对高校的预算执行绩效评价指标体系进行研究，并以A高校为例进行实践调查研究以及案例分析，设计出一套操作性较强、更加优化完整的绩效评价指标体系，以期能有效地推动高校预算管理绩效评价体系的应用与完善。

一、A高校预算执行的现状

(一)A高校基本情况

A高校是经山东省人民政府批准建立的全日制高等职业技师院

校，经历多年发展，目前隶属于淄博市人民政府管理。该校主要培养高级技工、技师，兼具有多种社会培训服务功能，并设有技能鉴定中心，具备职业资格证书的鉴定、颁发资质。该校始建于1958年，几经变迁合并，目前已成为国家高技能人才培养基地，第44届世界技能大赛电气安装工程中国培训基地，山东省第一批技工教育特色名校及齐鲁技能大师特色工作站。该校截至2019年7月具有专任教师579人，一体化“双师型”教师419人。学院共有智能制造工程、交通工程、电气工程、信息工程、现代服务、工商管理、生物制药与化工、基础教育、实习实训9个教学系（部）和46个具体门类专业，目前全日制在校生规模达到12000余人。

（二）A高校预算收支结构情况

1.预算收入结构情况

A高校作为事业单位，收入预算主要包括预算拨款、财政专户拨款、事业收入和其他收入。预算拨款是指学院从省、市财政部门获得的各种财政拨款。财政专户拨款包括教育费和其他财政拨款收入。事业收入主要是指学院收取的学费、住宿费和其他收入，是学院在教学、研究和支持教育活动之外所赚取的进行非独立会计核算的收入。其他收入是指学院取得的除上述规定范围之外的各项收入，包括投资收益、利息收入、捐赠收入等。2016年，A校收入决算为8150万元。其中：财政拨款收入为5135万元，占2016年教育经费收入的63%；事业收入为2852万元，占比35%；其他收入为163万元，占比2%。2017年A校收入决算为9128万元，较上年增长12%。其中：财政拨款收入为6117万元，占2017年教育经费收入的67%；事业收入为2920万元，占比32%；其他收入为91万元，占比1%。2018年A校收入决算为9045万元，较上年减少0.9%。其中：财政拨款收入为5518万元，占2018年教育经费收入的61%；事业收入为3256万元，占比36%；其他收入为271万元，占比3%。具体如表1所示。

表 1　　2016～2018 年教育经费构成一览表　　(单位:万元)

收入项目	2016 年	2017 年	2018 年
财政拨款	5135	6117	5518
事业收入	2852	2920	3256
其他收入	163	91	271
合计	8150	9128	9045

2.预算支出结构情况

A 高校的支出包括基本支出和项目支出。2016～2018 年基本支出分别为 3800 万元、3880 万元和 4220 万元,项目支出分别为 730 万元、1840 万元和 1280 万元。从表 2 可以看出,A 高校近年来的教育事业支出情况表现正常,相对来说比较平稳。

表 2　　2016～2018 年教育事业支出增减明细表　　(单位:万元)

项目	2016 年	2017 年	2018 年
基本支出	3800	3880	4220
项目支出	730	1840	1280
合计	4530	5720	5500

虽然 A 高校的支出相对稳定,但是,项目支出预算执行较差。2018 年,基本支出为 4220 万元,预算完成率为 106%,超出预算;项目支出为 1280 万元,预算完成率为 78%,预算完成率低。这说明 A 高校的预算执行管理仍需加强。

二、A 高校预算执行管理存在的问题

(一)财务机构不健全,复合型人才不足

在我国,包括 A 高校在内的大多数高校的财务工作基本上由财务处负责。二级单位缺少懂核算的复合型人才,各部门不了解资金运营管理,忽视经费的成本效益,无法激发工作人员的办事热情与责

任感。这势必影响高校财务管理水平的提升,不利于高校的正常运营与健康发展。

(二)预算执行绩效管理意识不足

随着《预算法》等法律法规的颁布实施,山东省教育厅和财政厅加强了对高校使用财政资金的进度和实施率的监测,定期对全省各高校的财政资金执行进度进行公示。A 高校项目资金的使用进度往往低于项目进度和省级部门的平均水平。虽然学校非常重视并且已经做了很多工作来加快资金的使用进度,并已取得了一定的效果,但问题仍未得到解决。二级部门是预算执行部门,但二级部门领导和负责人不是金融会计专业人员,对预算理解不足或有偏差,预算和绩效意识还有待提高。一些项目主管部门及负责人对财务和经济政策缺乏了解,缺乏分配和使用专项资金的紧迫性。在进行预算调整时随意性很大,使得预算使用偏离原始轨迹,学院预算管理工作实施有效性不足,资金使用效率低下。

(三)绩效评价指标不够完善

新公共管理理论强调绩效考评,利用绩效考评加强高校管理。尽管 A 高校近年来注重预算绩效评价,对各部门所负责项目的全年预算执行率、预算执行效果等多项指标进行考核、评价、公示,并通过奖励和惩罚来促进二级单位改善预算资金使用效果,但是 A 高校的绩效评价指标体系仍有待改善之处。

目前 A 高校绩效评价指标相对单一,主要依据财务量化绩效评价指标,非定量指标明显不足。A 高校的评价指标大致分为两类:财务绩效和教学绩效。财务绩效包括预算执行率,预算收入完成率,教学绩效如生师比、教学成果等指标。A 高校为了数据的精确性,设置的指标多为财务定量指标,缺少定性指标。此外,A 高校目前的绩效评价指标只适合评价二级部门的绩效情况,对行政部门、教辅部门的评价指标极少,并且只注重达成短期目标,没有与该校的长期发展计划相结合。

整体来讲,A 高校预算执行的评价方式和结果的成效性有所欠缺,亟待创建更加科学、全面的绩效评价指标体系。

三、A 高校预算执行绩效评价指标体系的建立

(一)预算绩效评价指标的选取

A 高校从合并以来,不断查找影响预算执行绩效水平的指标。预算管理要求学校提高资源利用效率,所以预算评价不能只从一个角度出发,需要结合多个角度。在专家意见的基础上,学校对相关指标进行了概括,同时考虑实用性并去除引用次数过少、雷同或类似的指标,最终选取了其中的 25 个指标,包括教学绩效、科研绩效、资产绩效和专项经费四个方面。

将所有指标划分为两大类:第一类为共性指标,即二级教学部门、教辅部门、行政部门都通用的指标,包含预算编制、预算执行、预算完成效果三大类。第二类为个性指标,二级教学部门包含教学绩效、科研绩效、发展绩效和专项经费四大类;行政部门与教辅部门则存在一些不易定性定量的因素,故只对部分部门进行个性指标设计,包括图书馆、招生与就业处、组织与人力资源处、资产管理处等。

(二)预算绩效评价指标权重的赋值

指标权数一般是从主观和客观两个角度来进行赋值,主观赋值法能够对评价对象所处的外部环境以及评估者表现的用意作出良好的评价,它主要包括专家咨询和层次分析。而客观赋值法的特点在于它可以得到数据支持,主要包括熵值法和逼近理想点法等。虽然这些方法具有客观性,能利用科学合理的数学方法得出权重结果,但是客观赋值法不能直接排除掉主观赋值法很容易发现的不合理结果。与客观赋值法相比,主观赋值法应用时间较长,较为成熟;而客观赋值法则不够成熟,并且这种赋值方法是以实际问题为基础的,不具有普遍性,而且难以计算。因此,课题组决定采用组合型主观赋值法对相关指标设置权重,这是相对比较现实也能落地的方法选择。

在如今的主观赋值法当中,使用较多的主要有两种:一种是德尔菲法,另一种是层次分析法。我们一般使用指标来评价高校的预算执行情况。为了保证调查问卷的回收率,课题组对 A 高校展开实地调研,最终发放调查问卷 60 份,剔除无效问卷,收回有效问卷 42 份。

课题组选用 yaahp 软件确定各个指标的权重。yaahp 软件是依据层次分析法的基本原理,利用计算机技术简化分析计算过程的辅助软件,它可以直观地绘制模型,并自动解析生成判断矩阵,最终得出各个因素的权数值。各部门具体指标权数分配如表 3 至表 5 所示。

表 3　　教学部门预算执行绩效评价指标权数分配表

<table>
<tr><td rowspan="9">共性指标(0.39)</td><td rowspan="4">预算编制(0.07)</td><td>及时性(0.01)</td></tr>
<tr><td>完整性(0.01)</td></tr>
<tr><td>规范性(0.02)</td></tr>
<tr><td>合理性(0.03)</td></tr>
<tr><td rowspan="3">预算执行(0.15)</td><td>预算收入完成率(0.03)</td></tr>
<tr><td>预算执行率(0.09)</td></tr>
<tr><td>预算调整率(0.03)</td></tr>
<tr><td rowspan="2">预算完成效果(0.17)</td><td>计划完成率(0.05)</td></tr>
<tr><td>质量及效果(0.12)</td></tr>
<tr><td rowspan="9">个性指标(0.61)</td><td rowspan="4">教学绩效(0.25)</td><td>生师比(0.03)</td></tr>
<tr><td>教学收入年增长率(0.08)</td></tr>
<tr><td>教学成果(0.07)</td></tr>
<tr><td>实践教学获奖(0.07)</td></tr>
<tr><td rowspan="3">科研绩效(0.20)</td><td>教师人均科研经费(0.07)</td></tr>
<tr><td>科研经费年增长率(0.06)</td></tr>
<tr><td>科研成果获奖数(0.07)</td></tr>
<tr><td rowspan="2">发展业绩(0.05)</td><td>固定资产增长率(0.03)</td></tr>
<tr><td>收入占总收入比重(0.02)</td></tr>
</table>

续表

个性指标(0.61)	专项经费(0.11)	专项经费到位率(0.03)
		专项经费完成率(0.04)
		是否属于专项专用(0.04)

表 4　　教辅部门预算执行绩效评价指标权数分配表

共性指标(0.79)	预算编制(0.19)	及时性(0.03)	备注:除实训中心和图书馆之外的教辅部门共性指标权重均为 0.79
		规范性(0.03)	
		完整性(0.05)	
		合理性(0.08)	
	预算执行(0.33)	预算收入完成率(0.07)	
		预算完成率(0.19)	
		预算调整率(0.07)	
	预算完成效果(0.27)	计划完成率(0.09)	
		质量与效果(0.18)	
个性指标(0.21)	实训中心(0.11)	实验室使用率(0.06)	
		实验室完好率(0.05)	
	图书馆(0.10)	图书借阅率(0.05)	
		图书增加率(0.05)	

表 5　　行政部门预算执行绩效评价指标权数分配表

共性指标(0.42)	预算编制(0.08)	及时性(0.01)	
		规范性(0.02)	
		完整性(0.02)	
		合理性(0.03)	

续表

<table>
<tr><td rowspan="5">共性指标(0.42)</td><td rowspan="3">预算执行(0.17)</td><td>预算收入完成率(0.05)</td><td rowspan="5"></td></tr>
<tr><td>预算完成率(0.09)</td></tr>
<tr><td>预算调整率(0.03)</td></tr>
<tr><td rowspan="2">预算完成效果(0.17)</td><td>计划完成率(0.05)</td></tr>
<tr><td>质量与效果(0.12)</td></tr>
<tr><td rowspan="4">个性指标(0.58)</td><td rowspan="2">招生就业处(0.36)</td><td>招生计划完成率(0.2)</td><td rowspan="4"></td></tr>
<tr><td>就业率(0.16)</td></tr>
<tr><td rowspan="2">组织与人力资源处(0.22)</td><td>人才引进(0.11)</td></tr>
<tr><td>师资培养(0.11)</td></tr>
</table>

四、A 高校预算执行绩效评价指标体系的模拟应用

A 高校的预算执行绩效评价指标体系已经初步建立。为了验证该指标体系的恰当性,以该校 2018 年的数据为基础,根据其制度设置和过去建立的指标体系,评估各系(部)的预算执行情况。该方法要领是运用综合评分法,将每一个目标指标的总分值设定为 100 分,先分别按差别指标的评估尺度对各评价指标进行评分,而后乘以权数,最后相加,求得预算执行情况的总分。由于 A 高校有 24 个二级部门,数量过多,所以随机挑选二级教学部门 4 个,教辅部门 2 个,行政部门2 个,对以上 8 个二级部门分别进行评价。

表 6 为 A 高校 4 个二级教学部门各预算绩效指标的评分情况。

表 6　　教学部门预算绩效指标分值

部门 指标	工商管理系	交通工程系	电气工程系	智能制造工程系
及时性	20.00	80.00	80.00	100.00
完整性	0.00	80.00	80.00	100.00

续表

指标 \ 部门	工商管理系	交通工程系	电气工程系	智能制造工程系
规范性	100.00	100.00	100.00	100.00
合理性	100.00	100.00	100.00	100.00
预算收入完成率/%	80.00	100.00	90.00	100.00
预算执行率/%	50.47	56.33	40.12	67.25
预算调整率/%	100.00	100.00	100.00	100.00
计划完成率/%	100.00	100.00	100.00	100.00
质量及效果	45.50	52.46	30.78	56.73
生师比	97.75	81.61	76.88	80.37
教学收入年增长率/%	−13.00	15.00	55.00	36.00
教学成果	9.86	39.09	43.67	100.00
实践教学获奖数	0.00	45.00	57.00	65.00
教师人均科研经费/万元	3.65	6.21	7.06	32.64
收入占校总收入比重/%	18.50	31.02	28.60	35.78
固定资产增长率/%	0.00	30.00	40.00	30.00
专项经费到位率/%	100.00	100.00	100.00	100.00
专项经费完成率/%	100.00	40.00	80.00	50.00
是否属于专项专用	100.00	100.00	100.00	100.00

表 7 为 A 高校 2 个教辅部门各预算绩效指标的评分情况。

表 7　　教辅部门预算绩效指标分值

指标＼部门	图书馆	实训中心
及时性	80.00	100.00
完整性	80.00	100.00
规范性	80.00	100.00
合理性	100.00	100.00
预算收入完成率/%	100.00	100.00
预算执行率/%	57.86	60.38
预算调整率/%	100.00	100.00
计划完成率/%	100.00	100.00
质量及效果	38.87	63.54
图书增加率/%	20.00	—
借阅率/%	56.00	—
实验室使用率/%	—	80.00
实验室完好率/%	—	60.00

表 8 为 A 高校 2 个行政部门各预算绩效指标的评分情况。

表 8　　行政部门预算绩效指标分值

指标＼部门	招生就业处	组织与人力资源处
及时性	80.00	60.00
完整性	80.00	60.00
规范性	80.00	50.00
合理性	100.00	100.00
预算收入完成率/%	100.00	100.00

续表

部门 指标	招生就业处	组织与人力资源处
预算执行率/%	53.93	63.51
预算调整率/%	100.00	100.00
计划完成率/%	100.00	100.00
质量及效果	57.83	53.11
招生计划完成率/%	88.00	—
毕业生就业率/%	92.24	—
人才引进	—	45.00
师资培养	—	56.00
“三公”经费控制率/%	60.00	90.00

在得出上述二级部门绩效指标的评分后，将各指标的分数乘以相应权重得出二级部门预算执行的综合绩效分数，排名如表9所示。

表9　　二级部门绩效指标综合评分表(部分)

二级单位	综合分数	名次
智能制造工程系	67.97	1
招生就业处	65.12	2
组织与人力资源处	64.37	3
图书馆	58.02	5
交通工程系	56.88	6
电气工程系	55.42	7
实训中心	53.64	9
工商管理系	49.80	10

由新指标体系得出的二级部门预算执行绩效评价结果与A高校财务处所做的2018年绩效评价结果相比较可以看出，在新指标体系下，组织与人力资源处和图书馆的绩效名次有明显上升，这是因为学院原本没有行政部门与教辅部门的个性指标，所以忽略了部门的管理状况。

五、提高A高校预算执行绩效评价质量的建议

当前，我国大多高等院校的绩效评价指标体系还不够完善。由于办学性质和思路的不同，所以各高校对绩效评价的重点也会不一样。A高校虽然建立了一套绩效评价指标体系，但对于评价的流程与结果的应用仍然有很长的路要走。

（一）加强财务管理相关培训

首先，要进一步提高工作效率，优化机构设置，明确部门员工权责；其次，要完善业务学习制度，保证预算财务人员的工作质量，鼓励和支持财务人员参加业务培训、继续教育、职称考试；最后，为大力培养具有多岗位工作能力的复合型财务人员，可以尝试实行非相近岗位的轮岗制度，从而提高财务人员在管理与决策中的参与程度。可以考虑在合法合规的基础上通过增加编制、招聘人员、引进人才等方式继续引进高素质的财务专业人员，进一步充实财务队伍。

（二）加强绩效评价体系应用

建立预算执行绩效评估团队，成员包括学院领导、行政部门负责人和二级部门领导及教师代表等，对学院及各部门进行绩效评价。可以采用德尔菲法以及调查问卷等方式，使预算执行绩效评价体系贯穿学院管理全过程，形成人人参与的氛围和局面。进一步建立分级的绩效评价指标，设计分别适用于行政管理部门、教学部门和教辅部门的评价指标。对各部门进行定量和定性评估，使评价结果成为学院财务支出决策和其他各部门工作考核的重要依据。

（三）建立预算执行评价反馈机制

反馈执行的重要性是不言而喻的。首先，必须要规范反馈的流程，这样才能让评价人员各司其职，将评价工作有条不紊地开展下

去，从而保证评价结果的相对准确性。其次，要提高反馈信息的采纳率，若无法保证采纳率，势必会影响执行者、反馈者、评价者的工作积极性，使得绩效评价工作流于形式，失去了评价的意义。学院管理层要综合汇总各部门的绩效反馈结果，并正确分析运用，为下一年的预算安排提供依据。综上所述，建立一套科学有效的预算执行反馈机制，了解预算进程，为后续执行工作提供参考意见，对加强预算管理非常重要。

（四）建立预算执行监督机制

高校的预算执行是整个预算管理过程不可或缺的一部分，应当实现日常监督检查与落实。预算执行监督机制包括对预算资金的流程管理以及对相关人员或机构的执行效果进行检查和考核。对预算执行情况进行考评不应该只有事后监督，而是应该采取全程日常化、阶段化的监督方式。要检查资源是否分配得当，支出是否合理合法，对绩效信息采取公开制。预算执行是预算管理的重要一环，由二级部门根据财务处确定的最终预算金额来实施。预算经费应严格按照预算编制来支出，不得随意超额使用。原则上，在预算执行过程中无法调整预算金额，但如果确实发生显著偏离计划或其他的意外情况，也应该允许经过一定级别的申请审批之后进行预算调整。在预算执行过程中应严格执行经济责任制，保障高校预算管理绩效评价指标体系健康发展。

主要参考文献

[1]邓彦，余馥佳.新《预算法》下高校绩效预算管理模式探析[J].财会通讯，2017(5)

[2]教育部财务司编.高校领导干部财务工作手册[M].华中师范大学出版社，2013

[3]李祥云.我国高等学院投入产出的效率评估[J].高等教育研究，2015(5)

[4]李彬.高校预算绩效评价问题探讨[J].财会通讯，2014(14)

[5]白万龙. S大学预算支出绩效评价研究[D]. 石河子大学,2015

（作者单位：淄博市技师学院）

基于层次分析法指标权重的山东省高校预算执行绩效评价体系研究

邵 明

【摘要】 本文通过对比国内外高等院校预算管理及预算绩效评价的现状，指出我国高校在预算执行及绩效评价中存在的问题，以此说明构建高校预算执行绩效评价体系势在必行。

【关键词】 高校 预算执行 绩效评价 指标体系

一、绪论

高等教育已成为各国经济发展和科技进步的主要动力，更成为发达国家继续发展以保持领先优势、发展中国家追赶发达国家的重要途径。而有效使用财政资金是高校持续健康发展的重要保障。所以，如何提高资金使用效率和资源配置率，越来越受到各个国家和各个高校的关注。

（一）背景和意义

十六届三中全会提出完善财务预算绩效管理制度，2008 年度政府工作报告也提出加强预算绩效管理制度，2010 年我国成立预算执行管理办公室，2012 年成立年度预算绩效管理领导小组。这一系列举措为高校预算绩效考核提供了支持。

20 世纪末期，在教育部门的带动下，财务管理相关专家和学者开始探讨"如何促进高校财务绩效评价工作"。此次研究成果对高校的预算绩效考核和财务管理工作都有极大的帮助。高校是我国公共事业单位的重要组成部分,建立科学完善的预算绩效评价机制是大势所趋。

从现有文献来看,大部分都是研究高校预算绩效评价的,侧重于高校预算执行绩效评价体系的相对较少。本文通过分析近两年高校预决算数据中存在的问题,构建了适合高校的预算执行绩效评价体系,在一定程度上丰富了现有的预算绩效评价框架。建立新的预算执行绩效考核指标体系,不仅有助于高校提高预算资金的使用效率,而且有利于促进高校财务管理工作的完善。

(二)国外研究现状

1997～2003 年,佰克(Burke)等人针对公立高校的教育拨款绩效状况与前景、有效性及绩效报告等问题发布了 7 份研究报告,对美国高等教育的预算与绩效评价相结合的问题进行了深入探讨。

在美国,联邦政府将高校绩效评价体系考核作为资金拨付的重要参考依据,最早在大学绩效考核中采用定量方法的也是美国。其中最有代表性的是美国肯塔基州大学绩效指标评估体系。这个体系有五个方面:教育质量、经济发展和生活质量、教育机会平等、协调发展和主动性。澳大利亚、新西兰等国家也启动了一系列高校预算考核工作。

国外专家在高校预算绩效评价研究中取得了一定的成果,其先进之处值得我国借鉴,但是对其不足之处也需高度重视。在长时间对预算执行与决算阶段绩效评价的研究与运用中学者慢慢认识到,绩效考评不应仅局限于预算分配阶段,还应重视在其他阶段的应用。但是目前对此方面的研究基本停留在理论探讨阶段,缺乏针对高校的预算执行绩效考核机制。

二、高校预算执行绩效评价体系构建

在构建预算执行绩效评价体系时,一般把指标分为财务指标和非财务指标两个方面。而平衡计分卡恰好能将预算执行绩效评价体系的财务指标和非财务指标结合起来,并使这些指标得到量化。

平衡计分卡是一种有效评价战略绩效的方法,而根据相关理论,高校的预算编制与执行应当依据战略绩效管理理论来进行控制。所以,高校预算执行绩效评价体系可以以平衡计分卡为工具。除了适用性外,平衡计分卡还具有以下优势:第一,平衡计分卡借助于因果关系将高校各类财务、非财务指标结合起来;相比于一般只包含财务指标的评价体系,平衡计分卡中非财务指标的加入更有助于高校全面、宏观地对绩效作出评估和考核。第二,平衡计分卡十分注重各部分与组织整体战略目标的协调,缓解了各部分间的矛盾冲突,激励各部分为实现整体的目标而努力。第三,平衡计分卡的非财务指标突出了无形资产对于高校的重要性;在对高校的预算执行绩效进行评价时,无形资产指标有助于提高高校对于社会效益的重视度,进而提升高校的社会责任意识。

构建高校预算执行绩效评价指标体系时,首先得明白谁需要这些评估结果。高校绩效考核使用者一般有三类:学校本身、政府、社会公众。基于这三类使用人群,我们把高校绩效评价指标体系分为四个层面:①财务层面:主要是政府和学校本身使用,政府会把绩效评价结果作为教育经费拨付的参考依据。②学生层面:学生在报考大学时会关注该校的一些教育资源、环境等条件。③管理层面:这是高校管理人员绩效考核的依据,也是高校管理改革的依据。④学习和创新层面:主要指学校本身和社会公众,由此层面可以分析出一所高校的发展力,也会看出此高校对社会的贡献度。具体如表1所示。

表 1　　高校预算执行绩效评价指标设计

目标层面	准则层	指标层	指标方向
高校预算执行绩效评价	财务层面	收入决算总额	正向
		预算支出准确率	正向
		预算执行结余率	逆向
		万元投入培养学生数	正向
		教育支出准确率	正向
	学生层面	师生比例	逆向
		生均图书册数	正向
		学校占地面积	正向
		校舍占地面积	正向
		就业率	正向
	管理层面	专职教师占总的比例	正向
		研究生指导老师比例	正向
		两院院士总人数	正向
		国家级重点学科总数量	正向
		教育支出占总额比例	逆向
	学习和创新层面	学术期刊的数量	正向
		发表学术论文篇数	正向
		国家重点实验室总数量	正向
		来华留学教育支出	正向
		应用研究支出	正向

(一)定性指标的无量纲化

经济社会现象复杂多样，不仅存在许多客观的可定量评价的指标，还有一部分指标需进行主观判断。一般用“0”或“1”来表示主观性的评价指标得分；而将定性评价指标中的“差、良、优”通过定性指标与定量指标相互转化变为“0.4、0.6、0.8”的判断系数。根据评价者自己的专业知识和经验并结合评价对象在某一方面的表现确定指标所能达到的等级，然后参考相对应的等级参数和指标系数来计算定性指标的无量纲化得分。

（二）定量指标的无量纲化

定量指标的无量纲化通常由专业评估者使用一定的计算公式和模型进行实际值的指标计算转换。定量指标的无量纲化的处理方式有以下几种：指数值转换法、分数的定值转换法和函数值指标转换法。其中：

正向指标的转换公式为：

$$X_i = \frac{X - X_{min}}{X_{max} - X_{min}} \times 40 + 60$$

逆向指标的转换公式为：

$$X_i = \frac{X_{max} - X}{X_{max} - X_{min}} \times 40 + 60$$

上述两公式中，X_i 为评价对象指标转换后的评价值；X 为评价对象指标转换前的评价值；X_{min} 为所有评价对象中指标的最低值；X_{max} 为所有评价对象中指标的最高值。

这种转换方法有很强的无量纲化处理能力，能把大小不同、方向不同、量纲不同的指标统统转化到 0 到 1 之间。在实际运用中，可以根据数据的分布状态任意加乘，将最后结果控制在 10 分到100 分之间。本文在公式中乘以 40 再加上 60，使结果在 60 到 100 之间。

（三）基于层次分析法的指标权重计算

首先向专家发放调查问卷，构建判断矩阵；然后计算并分析构建综合性的判断矩阵；最后使用 MATLAB（商业数学软件）进行一致性检验。如果一致性检验通过，则构建其他指标的判断矩阵；如果没有通过，则重新构建该判断矩阵，直到一致性检验通过。重复上述步骤，直到计算出所有指标的权重。具体过程如下：

1. 构造目标层的判断矩阵

将财务层面、学生层面、管理层面、学习和创新层面两两比较，得出目标层的判断矩阵（见表 2）。

表 2　　A_1 判断矩阵

A_1	B_1	B_2	B_3	B_4	W_i
B_1	1	1/3	1	1/3	0.1141
B_2	3	1	6	1	0.4024
B_3	1	1/6	1	1/6	0.0811
B_4	3	1	6	1	0.4024

2.使用 MATLAB 运行矩阵进行一致性检验

表 2 矩阵运行后得到:$CI=0.0202$、$CR=0.0225$、$W=(0.1141,0.4024,0.0811,0.4024)$。$W$ 即为所求特征向量,也是所求的各指标的权重系数值。一般而言,如果 $CR<0.1$,则认为该判断矩阵通过 MATLAB 的一致性检验,否则需要重新调整判断矩阵,直到结果通过一致性检验。CI 越小,说明判断矩阵的一致性越大。表 2 中 $CR=0.0225<0.1$,所以判断矩阵通过了一致性检验。因此,可以认定财务层面指标权重为 11.41%,学生层面指标权重为 40.24%,管理层面指标权重为 8.11%,学习和创新层面指标权重为 40.24%。

3.参照上述计算过程,可以得到指标层的权重系数值

具体结果如表 3 至表 6 所示。

表 3　　B_1 判断矩阵

B_1	C_1	C_2	C_3	C_4	C_5
C_1	1	3	6	4	5
C_2	1/3	1	5	4	6
C_3	1/6	1/5	1	1/4	1/3
C_4	1/4	1/4	4	1	3
C_5	1/5	1/6	3	1/3	1

表 4 B_2 判断矩阵

B_2	C_6	C_7	C_8	C_9	C_{10}
C_6	1	4	5	3	1/2
C_7	1/4	1	3	1	1/3
C_8	1/5	1/3	1	1/3	1/6
C_9	1/3	1	3	1	1/3
C_{10}	2	3	6	3	1

表 5 B_3 判断矩阵

B_3	C_{11}	C_{12}	C_{13}	C_{14}	C_{15}
C_{11}	1	3	5	4	3
C_{12}	1/3	1	4	2	1
C_{13}	1/5	1/4	1	1/2	1/4
C_{14}	1/4	1/2	2	1	1/2
C_{15}	1/3	1	4	2	1

表 6 B_4 判断矩阵

B_4	C_{16}	C_{17}	C_{18}	C_{19}	C_{20}
C_{16}	1	1/4	1/2	2	3
C_{17}	4	1	3	3	5
C_{18}	2	1/3	1	4	5
C_{19}	1/2	1/3	1/4	1	3
C_{20}	1/3	1/5	1/5	1/3	1

表 7 是一致性检验结果。

表 7　　一致性检验结果

层次因素	N	λ_{max}	CI	CR	一致性检验结果
A_1	5	4.0606	0.0202	0.0225	$CR<0.1$
B_1	5	5.4267	0.1067	0.0952	$CR<0.1$
B_2	5	5.1311	0.0383	0.0293	$CR<0.1$
B_3	5	5.0848	0.0212	0.0189	$CR<0.1$
B_4	5	5.2726	0.0682	0.0608	$CR<0.1$

由表 7 可知，所有的判断矩阵都通过了一致性检验，可以作为各个指标的权重系数值。表 8 为各指标层占准则层权重。

表 8　　各指标层占准则层权重

准则层	权重/%	指标层	权重/%
财务层面	11.41	收入决算总额	45.81
		预算支出准确率	29.79
		预算执行结余率	4.34
		万元投入培养学生数	13.00
		教育支出准确率	7.11
学生层面	40.24	师生比例	31.17
		生均图书册数	11.73
		学校占地面积	5.05
		校舍占地面积	12.23
		就业率	39.82

续表

准则层	权重/%	指标层	权重/%
管理层面	8.11	专职教师占总的比例	45.45
		研究生指导老师比例	19.19
		两院院士总人数	5.84
		国家级重点学科总数量	10.34
		教育支出占总额比例	19.19
学习和创新层面	40.24	学术期刊的数量	14.10
		发表学术论文篇数	44.62
		国家重点实验室总数量	25.80
		来华留学教育支出	10.29
		应用研究支出	5.20

4.求每一指标的权数

表9是采用这种方法计算出的各项指标权重。

表9　　合成权数排序表

准则层	权重/%	指标层	权重/%
财务层面	11.41	收入决算总额	5.23
		预算支出准确率	3.40
		预算执行结余率	0.50
		万元投入培养学生数	1.48
		教育支出准确率	0.81
学生层面	40.24	师生比例	12.54
		生均图书册数	4.72
		学校占地面积	2.03
		校舍占地面积	4.92
		就业率	16.02

续表

准则层	权重/%	指标层	权重/%
管理层面	8.11	专职教师占总的比例	3.69
		研究生指导老师比例	1.56
		两院院士总人数	0.47
		国家级重点学科总数量	0.84
		教育支出占总额比例	1.56
学习和创新层面	40.24	学术期刊的数量	5.67
		发表学术论文篇数	17.96
		国家重点实验室总数量	10.38
		来华留学教育支出	4.14
		应用研究支出	2.09

计算出每个评价指标的权重后，将每个评价指标的得分进行求和，得出最终的综合评价值。然后将综合评价值进行比较和排序，由此进行相关的绩效评价分析。

三、高校预算执行绩效评价体系的应用

本文以 W 大学为例，将 W 大学 2018 年度的预算执行情况与另外 11 所高校（W_1 至 W_{11}）进行对比，并对这 12 所高校的评价结果进行排序，分析绩效评价结果。

以选取的指标为依据，从各高校官网、教育局网站上找到所需要的数据，再把数据进行无量纲处理。

（一）数据的无量纲化处理

对原始数据采用分数定值转换法进行无量纲化处理。其中，预算执行结余率、师生比例、教育支出占总额比例采用逆向指标公式处理，其余指标均采用正向指标公式处理。具体结果如表 10 至表 13 所示。

表 10　　12 所高校财务层面原始数据

学校代码	C_1决算总额/亿元	C_2预算支出准确率/%	C_3预算执行结余率/%	C_4万元投入培养学生占比/%	C_5实际支出准确率/%
W 大学	6.72	83.68	30.41	6	104.41
W_1	5.53	85.12	28.02	4	108.35
W_2	4.14	101.04	32.54	5	147.09
W_3	7.34	95.60	29.73	5	113.63
W_4	3.65	99.20	23.54	12	112.32
W_5	8.01	105.13	21.81	12	110.77
W_6	6.91	92.37	25.03	11	105.26
W_7	3.32	79.36	22.84	13	113.49
W_8	6.61	75.13	33.37	6	97.89
W_9	2.64	106.94	26.44	8	122.55
W_{10}	5.41	82.02	29.40	9	112.70
W_{11}	8.95	102.77	15.89	9	135.95

表 11　　12 所高校学生层面原始数据

学校名称	C_6师生比例/%	C_7生均图书册数/万册	C_8学校占地面积/万平方米	C_9校舍占地面积/万平方米	C_{10}就业率/%
W 大	13.04	145.41	450.37	204.79	98.41
W_1	13.61	106.32	450.38	238.42	98.40
W_2	10.03	236.27	274.11	240.16	97.61
W_3	13.84	97.69	332.76	195.03	97.15
W_4	16.31	75.86	466.67	237.45	95.87
W_5	13.96	105.36	519.86	217.79	95.41
W_6	15.17	108.13	344.47	262.00	96.24
W_7	16.10	105.40	597.18	216.78	93.25
W_8	13.47	163.41	244.99	200.20	96.95
W_9	11.46	158.70	198.94	150.80	98.31
W_{10}	12.64	127.63	257.00	171.72	98.01
W_{11}	11.39	154.16	448.97	117.61	96.69

表 12　　12 所高校管理层面原始数据

学校名称	C_{11}专职教师占比/%	C_{12}硕博导占总教师比例/%	C_{13}高层次人数/人	C_{14}省级以上重点学科数量/个	C_{15}教育支出占总额比例/%
W 大	43.22	29.36	33	35	49.44
W_1	24.84	19.90	78	39	54.10
W_2	18.99	16.52	87	43	58.93
W_3	38.90	43.51	46	20	61.18
W_4	39.19	57.09	15	22	62.48
W_5	55.75	65.56	8	19	74.24
W_6	47.83	60.95	8	22	64.71
W_7	21.01	31.08	22	17	54.73
W_8	42.90	22.87	30	30	63.47
W_9	48.33	38.80	27	16	64.40
W_{10}	44.81	37.63	17	10	58.26
W_{11}	36.63	35.07	11	15	70.27

表 13　　12 所高校学习和创新层面原始数据

学校名称	C_{16}期刊数量/个	C_{17}发表学术文章/篇	C_{18}重点实验室数据/个	C_{19}留学生支出/百万元	C_{20}应用研究支出/百万元
W 大	12	5.86	10	4.12	2.31
W_1	6	4.26	9	2.34	3.20
W_2	14	5.87	8	2.31	0.54
W_3	33	6.03	6	5.12	0.38
W_4	37	3.39	7	4.20	1.17
W_5	13	3.89	5	3.01	0.29
W_6	28	2.60	10	2.11	1.26
W_7	26	3.28	6	1.57	3.21
W_8	17	3.71	4	1.59	0.18
W_9	20	3.12	2	2.10	0.70
W_{10}	7	2.69	3	3.07	0.05
W_{11}	6	1.66	5	1.09	0.14

（二）对 W 大学综合评价结果的实证分析

在对各高校指标进行无量纲化处理后，将指标进行合成，求得综合评价值，同时进行比较和排序。

1. 财务层面

由表 10 可以看出，W 大学财政收支总额和预算结余率都有改善的空间。首先要拓宽资金来源渠道，扩大学校科研合作领域，重点与地方政府和企业进行合作、共同发展，增加研究经费和学校收入。充分利用校友及关心教育事业发展的外界社会人员的力量，通过项目合作等形式进行融资。其次，W 大学的预算结余太多，学校应当给予重视，找出结余的原因，对症解决问题。此外，W 大学的预算支出准确率也比其他高校低，应加大资金管理力度，加快预算执行速度，消化年初结转资金。

2. 学生层面

由表 11 可以看出，W 大学的师生比、就业的比例都在 12 所高校中处于上游水平。W 大学的学校占地面积位居前列，校舍面积占比在 50%以下，说明学校绿化面积较大，适宜学生放松身心，有利于提高学习效率。

3. 管理层面

由表 12 可以看出，不管是专职教师比、高层次人才还是教育支出占比，W 大学在 12 所高校中均居于前列；但是 W 大学的硕博导师比例不高。培育人才是大学最基本也是最重要的任务，师资力量不够会大大影响高校的教学水平。W 大学可以把结转金额投入到教师进修中，提高教师队伍的职业能力。同时 W 大学要重点引进优秀人才，给教师队伍注入新鲜血液，提高 W 大学的整体教学水平。

4. 学习和创新层面

由表 13 可以看出，在学习和创新层面，W 大学在 12 所高校中排名第一。W 大学的重点实验室数量比其他 11 所高校多；同时，W 大学非常重视国际交流，来华留学生支出比例相对来说较高。虽然 W 大学的学术期刊数相对较少，但 2018 年学生在 SCI（科学引文索引数据库）上发表的论文数很多。

总的来说，通过预算执行绩效评价指标体系对 W 大学 2018 年预算进行的评价，基本客观地反映了 W 大学的预算执行综合绩效及在 12 所高校中的综合排名。

四、构建高校预算执行绩效评价体系的若干建议

（一）完善预算执行绩效评价管理制度

首先，国家层面应协调高校加强有关绩效考核制度的建设，并将其纳入绩效考核体系中。与此同时，应实现绩效评价制度法规化。其次，设计完善的绩效评价流程，使工作人员有参照依据。

（二）积极推进事前绩效评价

平时我们所讲的绩效评价大都是事后评价，虽说“亡羊补牢，为时不晚”，但还是有损失。为了减少损失，我们应当找出问题的源头，事前绩效评价就变得很重要。

（三）建立多层次全方位的绩效评价体系

1. 构建多层次预算绩效评价体系

高校预算涉及面甚广，不但包括预算的编制、执行，而且还包括执行中的监督和决算后的评价等众多环节，牵扯到各方面的利益。所以高校应针对不同的使用者建立不同的绩效评价体系。使用绩效评价体系的主要包括高校自身、财政部门、审计部门、教育部门以及社会公众。只有针对不同的对象建立多层次的绩效评价体系，才能更准确完整地作出评价。

2. 构建全方位的预算绩效评价体系

高校预算管理包括资金的收支，所以绩效评价要贯穿财务资金一个运转周期。建立绩效评价体系不但要考虑财务方面，还要考虑学生层面以及社会层面，故构建体系时需要把三者结合起来，全方位地进行绩效评价。一个好的绩效评价体系应当包含高校各个层面，为了避免遗漏，需要划分不同的子系统。子系统下再细分，所有的子系统结合起来就是一个完整的绩效评价体系。

3. 合理确定绩效评价指标

高校预算管理的核心要点是建立绩效评价指标体系，构建绩效

评价指标体系的难点主要是指标的选取。通常在遵循指标选择的原则(整体原则、科学原则、可执行原则等)下,还要运用定性指标和定量指标相结合的方法构建体系。

五、结语

预算是高校财务管理活动的重点,预算编制的好坏直接决定了高校的财务运作效率和资源配置使用效益。本文结合高校实际情况建立了预算执行绩效评价指标体系。评价指标体系的构建主要是参考了平衡计分卡原理,从四个层面挑选指标,既避免了指标的漏选,也防止了重复。此外,在绩效指标求取权重时利用了层次分析法,此法相对准确且全面地展示出每个指标的重要程度。

主要参考文献

[1]吴勋,张晓岚. 高校预算绩效评价探讨[J]. 财会通讯,2010(8)

[2]张文利. 高校预算绩效评价体系设计研究[J]. 财会研究,2009(23)

(作者单位:潍坊科技学院)